世界の学者が語る
「愛」

レオ・ボルマンス 編　　鈴木 晶 訳

The World Book of

LOVE

西村書店

本書を
本書を絶対に読まないであろう
世界のすべての人びとに捧げる
きっと彼らも愛の力と温かさを
みずから経験することだろう

以下の方々に謝意を表したい
リエット、イネ、カスパー、私の父と母、友人たち、家族
イヴ、マーテン、幸福大使館
デ・ヒーアリケット・ヴァン・エスルメレン
そしてこのすばらしいプロジェクトのすべての協力者

Original title: The World Book of Love. Het geheim van de liefde
Edited by Leo Bormans

Printed and bound in Japan

秋が君の肌を通り過ぎ
僕の目の中の何かを捉える
生きる必要はないが、
死ぬ必要もない光
愛の本の中の謎
それは曖昧で頑なだ
千回のディープなキスを
いまここで、自分の目で見るまでは

レナード・コーエン

目次

082 愛におけるユーモアのスタイル……シャー・S・カザリアン（カナダ／レバノン）……378
083 情熱は変化する……ロイ・F・バウマイスター（アメリカ）……382
084 山と積もる愛……ミハイ・チクセントミハイ（アメリカ）……386
085 感情に目を向ける……スー・ジョンソン（カナダ）……389
086 イスラムの愛……ハビブ・ティルウィン（アルジェリア）……394
087 幸せなカップルを目指して……イヴォン・ダレール（カナダ）……398
088 愛、セックス、リスク……パノス・コルドティス（ギリシャ）……402
089 みえない壁……エイミー・カラム（レバノン）……406
090 目には目を……ヨハン・カレマンス（オランダ）……410
091 愛の息吹……トーマ・ダンサンブール（ベルギー）……415
092 幸せな恋……ヴィルヘルム・シュミット（ドイツ）……419
093 ベトナムの愛――ティンカム（感情）……ハリエット・M・フィニー、クワット・トゥ・ホン（ベトナム／アメリカ）……424
094 愛が生みだす影……アヤーラ・マラク・パインズ（イスラエル）……428
095 生命の基盤？　それは愛……ジャン゠ディディエ・ヴァンサン（フランス）……432
096 感情の知性……マーサ・C・ヌスバウム（アメリカ）……435
097 ときめきは消えても……キム・バーソロミュー（カナダ）……440
098 ネット上の愛……パスカル・ラルデリエ（フランス）……445

099 愛するとは、あり方そのもの……ジャスミート・カウル（インド）……449
100 魔法の処方箋……シャオメン・（モナ）・シュー（中国／アメリカ）……455
101 恋愛の中のセックス……マーサ・タラ・リー（シンガポール）……460
102 もしもからだが話せたら……バーバラ・L・フレドリクソン（アメリカ）……464
103 愛に定年はない……カーリナ・マータ（フィンランド）……469
104 愛について私たちが知っていること……エレン・バーシェイド（アメリカ）……475
訳者あとがき 482

＊本書に出てくる文献のうち、邦訳のあるものに関しては、タイトルの後ろに（　）で出版社名を入れた。

はじめに

ハリウッド映画が終わるところから、本書は始まる。そして映画よりも遠く、深く、恋愛の核心にまで読者を連れて行く。私たちはなぜ、どんなふうに恋に落ちるのか。もし「愛」という言葉が消滅したら、本、映画、雑誌、歌の九割が消えてしまうだろう。私たちは家で、街で、そしてインターネットで、愛を探している。朝も夜も探している。グーグルで「愛」を検索すれば、たちまち八九億三〇〇〇万の検索結果があらわれる。この数は「セックス」の検索結果の二倍以上だ。**にもかかわらず**誰かに向かって、愛について、価値のある、決定的で本質的なことを語ってほしいと頼むと、**無言の答えしか返ってこない**。

文化的な差異はあるが、愛そのものはいつの時代にも存在していた。愛は普遍的だが、同時に、さまざまな形を取りうる。**愛は、きわめて力強い感情状態だ**。だが、誰もが知っているように、永遠に燃え続ける火はない。最近まで、愛というテーマは大学で教えることを禁じられていた(「どうして愛のような馬鹿げたことを研究するのに金を注ぎ込む必要があるのだ?」)。だが、時代は変わった。世界中の何千という社会学者、心理学者、人類学者、神経科学者、セラピスト、性科学者が人間関係を研究し、「人はなぜ、どんなふうに愛し合うのか」を研究している。彼らの研究のおかげで、私たちは人類の本質に近づいてきた。

本書では、約五〇の国の一〇〇人以上の優れた学者が、愛についてこれまでにわかっていることを語ってくれる。彼らは愛着心、情熱、献身について、また嫉妬、虐待、プレッシャーについて、ダーウィンからSFまで、隠されてきた秘密からオープンなセックスまで、さまざまなことを語ってくれる。愛のメカニズムを解説してくれ、謎を解いてくれる。グローバル化し、急速に変化する現代世界では、誰もがおたがいに学び合うことができる。極東からアメリカまで、ヨーロッパからアフリカまで。親の愛、動物の愛、結婚と離婚、一〇歳の恋愛、老人への思いやり。愛の世界は驚嘆と驚き、痛みと涙、絶望と希望にみちている。この本は鏡であり、窓である。読者はその中に自分自身を、そして愛する人を発見するだろう。

前著『世界の学者が語る「幸福」』は世界中で話題を呼び、欧州議会の初代議長ヘルマン・ファン・ロンパイは世界各国の指導者への新年の贈り物にこの本を選んでくれた。その後、私は二年かけて、世界中の、愛に関する科学的研究について調べた。その結果、最も著名な学者たちや、予想していなかった新進の学者たちに、私たちは愛について究極的に何を知っているのかについて、自身の言葉で語ってもらうことができた。彼らは一〇〇〇語以内で、世界中の読者へのメッセージを語ってくれた。すべての筆者は、私たちの誰もがよりよい伴侶、友人、親、恋人になれるのだと確信している。筆者たちの洞察は科学的な研究調査にもとづいており、彼らの文章を合わせ読めば、世界的な規模で、愛をめぐる私たちの思索がより実り豊かなものになるだろう。彼らは見事に情報を知識に変え、知識を叡智に変えてみせた。すべての筆者に心から謝意を表したい。そして愛がもっと広がり、世界がもっと愛すべき世界になることに、本書がなんらかの形で貢献することになれば、それ以上の喜びはない。筆者たちの言葉はちょうどキューピッドの矢のように読者の心を射るだろう。でもキューピッドはヴィーナス（愛）とマルス（戦争）の間の子どもであることをお忘れなく。キューピッドの矢には甘美さや調和だけでなく葛藤や誤解も染み込んでいるのである。

レオ・ボルマンス

『世界の学者が語る「愛」』にようこそ。

001

恋愛は永遠？

恋愛と性欲はすべての文化に共通する普遍的なもの

エレーン・ハットフィールド、ミーガン・フォーブズ——アメリカ

エレーン・ハットフィールド博士は一九三七年にハワイで生まれた。愛についての比較文化的研究によって数々の賞を受賞。夫のリチャード・L・ラプソンと共同で、愛とセックスに関する重要な研究を数多く発表している。その中で彼女は、「恋愛」と「友愛」の違いを力説している。果たしてどちらも永遠に続くのか。

最近、心理学（社会心理学、文化心理学、進化心理学）、神経科学、人類学、歴史学など、さまざまな分野の研究者たちが、恋愛をめぐる重要な問題のいくつかに対して、ようやく答えを出しはじめた。彼らがその答えを出すために用いた方法論は、自然界に生きる霊長類の観察から、大脳スキャン写真の精密な解析にいたるまで、実にさまざまだ。いっぽう、そうした現代の驚異的な科学技術や最先端の分析方法とは別なところで、歴史学者たちは、「下からの歴史《ボトムアップ・ヒストリー》」と呼ばれる方法を通じて、ひじょうに大きな貢献をしてきた。「下からの歴史」は、王や女王の生涯だけを研究するのではなく、人口統計、建築、医学書、教会の布告、歌の歌詞、個人の日記などを通して、一般大衆の生活（と愛）に光を当てる。学者たちは、こうしたさまざまな方法論を用いて、一世代前の学

者たちを魅了した（そして当惑させた）疑問に対して、さまざまな答えを出しはじめた。その答えのいくつかをみてみよう。

恋愛とは何か？

恋愛とはきわめて強い感情であり、一般的には「誰かと結ばれたいという強い欲求を抱いている状態」と定義できる。恋愛は複雑な感情だが、顕著な特徴がある。恋している人は極端に気分が高揚したり落ち込んだりする。また、愛する人のことしか考えられなくなる。恋が実ると、つまり相手もこちらと同じ感情を抱いていた場合には、心はみたされ、有頂天になる。恋に破れると、つまり相手がこちらと同じ感情を抱いていなかったときは、心が空っぽになり、不安に悩まされ、絶望する。恋愛とは「恋に取り憑《つ》かれる」こと、「夢中になる」ことである。「恋の病」とはよく言ったものだ。

恋愛と性欲は結び付いているのか？

最近、社会心理学者、神経科学者、生理学者たちは、恋愛と性欲と性的行動の関係を研究しはじめた。そして彼らが発見したのは、（少なくとも西洋では、またおそらくは世界の多くの地域でも）恋愛と性欲は固く結び付いているということだ。若い人が情熱的に（またはロマンティックに）誰かに恋をすると、ほとんどつねにその相手に対する性的欲求が湧きあがってくる。もちろん、若者は恋愛感情がなくともセックスを欲するものだ。それは、ゆきずりのセックスがいかに多いかを考えてみればわかる。

愛はどれくらい持続するか？

恋愛は、はかない感情である。それは「ハイ」の状態であり、ハイの状態は永遠には続かない。結婚してしばらくすると、情熱は確実にしぼんでいく。結婚生活の長い夫婦の多くは、相手に対して「多少の」情熱しかもっていないと言う。

なんだかさびしい話だが、幸いなことに、この話には明るい側面がある。友愛が恋愛に取って代わるのだ。友愛は優しい感情だ。それは深い親密感であり、相手に対する深い思いやりである。情熱が衰退するとかならず友愛の感情が増大する、と主張する研究者もいる。しかし、恋愛関係における友愛の役割に関しては、それを肯定する証拠も、否定する証拠もある。たとえば右にあげた、「情熱が冷めると友愛が増大する」と主張する研究者も、その主張を裏づける根拠を提示していない。時が経つにつれて恋愛も友愛も薄れていく、と証言するカップルも少なくない。

恋愛はいつからあるのか？　どこにでもあるのか？

恋愛の歴史は人類の歴史と同じくらい古い。紀元前二〇〇〇年頃に、古代シュメール人の語り部《かたりべ》は、恋とセックスと戦争の女神であるイナンナが羊飼いのドゥムジに恋をしたという寓話を語っている。かつて人類学者たちは、恋愛は純粋に西洋文明の産物だと主張していたが、現在ではほとんどの学者が異口同音に、恋愛と性欲はすべての文明に共通する普遍的なものだと主張する。

もちろん、人が恋愛をどう捉えているか、この嵐のような感情をどのように体験するか、恋愛を結婚の前提条件と考えているか、あるいはもっと現実的な条件にもとづいて結婚すべきだと考えているか、などは文化によって異なる。

歴史学者たちは、愛、セックス、親密さに対する社会の態度が時代とともにいかに大きく変わりうるかを証明してきた。たとえば長い歴史をもつ中国について考えてみよう。中国の歴史は四千年前の夏《か》王朝に始まる。古文書を調べて明らかになるのは、中国人が恋愛に対して、時代によってまったく異なる態度をとってきたことだ。「愛」に対して、時代によってまったく異なる意味を付与し、恋する相手のどこに欲情するかについても時代によってまったく異なる。また、情熱を表に出すべきか、あるいは心の奥底にしまっておくべきかに関しても、時代によってさまざまだ。

文化的差異はたしかに存在するが、愛そのものは、ひとつの文化内部でも、文化と文化の間でも、普遍的に存在する。これまでの膨大な研究から学ぶべきことはただひとつ、愛はさまざまな形をとりうるということである。文化によっては、すべてを呑み込み、すべてを焼き尽くす感情にもなりうるし、優しい、心を育む感情にもなりうる。永遠に続くこともあれば、陽炎《かげろう》のように消えてしまうこともある。ただひとつ確かなことは、愛は存在する、しかも、どこにでも普遍的に存在するということである。

Love is …

- 恋愛はきわめて強烈な精神状態であり、一般には、誰かと結び付きたいという強い欲求を抱いている状態と定義される。恋愛は性欲と密接に結び付いている。
- 時が経つにつれ、恋愛も友愛もしぼんでいくと主張する研究者もいれば、友愛が恋愛に取って代わると主張する研究者もいる。
- 文化的差異は存在するが、愛そのものは普遍的であり、多様な形をとりうる。

エレーン・ハットフィールド　Elaine Hatfield
ハワイ大学心理学教授。性科学研究学会元会長。最近、その生涯にわたる学術業績に対し、数々の（たとえば心理科学学会から）栄誉ある賞を受賞した。二冊の著書は、全米心理学会のナショナル・メディア賞を受賞している。エレーン・ハットフィールドとリチャード・L・ラプソンの夫妻は共同で『愛、セックス、親密さ―その心理学・生物学・歴史学』、『愛とセックス――比較文化的視点から』を出版している。

ミーガン・フォーブズ　Megan Forbes
ハワイ大学社会心理学科の大学院生。専門分野は、恋愛、公平理論、伴侶選択、バーチャルな（インターネットの）人間関係。

002

「アイ・ラブ・ユー」とはどういう意味か?

自分とだいたい同じ意味で愛という言葉を使っている人を探せ

ロバート・J・スターンバーグ――アメリカ

愛に関する研究書を読んでいると、かならず彼の名前に出会う。ある心理学者は言う。「こと恋愛に関しては、彼の名前はフロイトとかマズローに匹敵する」。彼の「愛の三角形」は、愛という概念を説明するための最良のモデルのひとつとして広く知られている。だが今日、ロバート・J・スターンバーグは、「アイ・ラブ・ユー」という世界で一番有名な言葉を理解するために、その三角形に、私たちの個人的な「愛の物語」を付け加える。

人はよく、「私たちは愛し合っている」と言うが、後になって、二人の考える愛がそれぞれ違ったものだったことを知って、愕然とする。時間とお金と、何よりもすべての感情を二人の関係に注ぎ込んだのだから、もっと早く気がつけばよかったと後悔する。「アイ・ラブ・ユー」という言葉は、どういう意味なのだろう。私の「愛の三角形理論」によれば、愛にはたくさんの異なった意味がある。したがって恋愛関係が成功するかどうかは、主に、二人それぞれの考える愛の意味が食い違っていないかどうかによる。

愛の三角形

私の理論の出発点は「愛の三角形」である。つまり愛は、親密さ、情熱、コミットメントという三つの基本要素からなる。親密さとは、信頼、思いやり、同情、コミュニケーション、理解、共感、一体感である。情熱とは、興奮、エネルギー、熱中のことであり、誰かにどうしようもなく惹きつけられるという、磁石のような感覚である。コミットメントとは、愛する人との関係にどれくらい深く関わっているかという度合いであり、何があろうとも長期間にわたって（できれば一生）関係を続けようという決意のことである。

親密さ、情熱、コミットメントの比率が変わると、愛の種類も変わってくる。三つのうちのどれかひとつが欠けると、愛ではなくなる。親密さだけだったら、それは単に「好きだ」「好ましい」というだけにすぎない。情熱しかなかったら、それは一時的な「のぼせあがり」にすぎない。コミットメントだけだったら、それは形だけの、中身のない愛だ。親密さと情熱があってコミットメントが欠けていたら、それは一時的な恋愛だ。親密さとコミットメントがあって情熱がなかったら、それは友情に近いものだ。情熱とコミットメントがあって親密さがなかったら、それは形だけの恋愛だ。親密さと情熱とコミットメント、この三つを含んでいるのが完全な愛である。

時間による変化

この三要素は時間が経つにつれて変化するが、その変化の仕方が異なる。最初に出会ったとき、親密さは低いが、関係がうまくいくと、時間が経つにつれ親密さは増していく。関係がうまくいかないと、親密さは薄れていく。関係がうまくいけば、たがいの距離感が限りなくゼロに近づく。片方あるいは双方がそれぞれ秘密をもつようになると、親密さは薄れていく。秘密をもつことは、二度と閉められない扉を開けるようなものだ。

情熱は依存症と同じような変化をする。最初は、こちらを惹きつける誰かと一度会っただけで、快感が全身を貫く。時が経つにつれ、だんだん慣れてきて、関係が始まった頃に感じたような「わおーっ」という快感は感じなくなる。さらに時間が経つと、情熱はどんどん冷めていく。しかし相手を失うと、長年にわたって摂取していた習慣性の物質（アルコール、タバコ、カフェインなど）を急にやめたときと同じような禁断症状が出ることもあり、その禁断症状を克服するにはしばらく時間がかかる。

関係がうまくいっている場合、コミットメントは時とともにしだいに高まり、たとえば結婚を決断するときなどに、最高レベルに限りなく近づく。関係がうまくいっている場合には、コミットメントはずっと高まったままで、さらに上昇することさえある。だが関係がこわれると、コミットメントはきれいに消えてしまう。

さらなる満足

私たちは、特定の関係における愛の三要素の比率を測るため、アンケート調査をした。その結果、愛においてより大きな幸福と満足を得るには二つの条件が必要であることが判明した。まず、両者が親密さ、情熱、コミットメントを深く経験すればするほど、カップルはより幸福になる。その一方で、バランスの問題がある。両者が心に抱えている三角形の形が似ていればいるほど、恋人たちはより幸福になる傾向がある。つまり、親密さ、情熱、コミットメントのバランスが両者とも同じ場合、ということはつまり両者の三角形がよく似ている場合、恋愛関係はうまくいく。たとえば、一方が情熱ばかりを求めて親密さをあまり求めないのに、他方が親密さを求め、情熱は抑え気味だと、関係はうまくいかない。

愛とは物語である

愛の三角形はどこから来たのだろうか。その起源は愛の物語にある。生まれた瞬間から、人はさまざまな愛の物語に触れる。父と母の関係、友だちの両親の関係、本、テレビ、映画、そしてもちろん自分の経験。どの物語にもかならず登場人物が二人いて、その二人が同じような役を演じたり、たがいに補い合うような役を演じたりする。時が経つにつれ、愛の物語は進化し、変化することもある。人が心に抱えている愛の物語には優先順位がつけられている。言いかえると、大好きな物語をひとつだけ大事にしているわけではなく、順位の付いた数多くの物語を抱えている。自分たちの関係が順位の高い物語に似ていると、より幸大きな幸福感が得られる。順位の低い物語と似ている関係は不安定で、順位の高い物語に似た関係が結べそうな相手が出現すると、そちらに惹かれてしまう。愛の物語が現実にうまく適応しうるかどうかは、物語によってずいぶん違う。悲惨な結果を生む物語もある。

ひじょうに一般的な愛の物語は二四、五くらいある。一般的な愛の物語の例は以下のとおり。①メルヘンチックな物語。王子様とお姫様はいつまでも幸せに暮らしました。②ビジネスライクな物語。このタイプの恋人たちはビジネス・パートナーみたいで、自分たちの関係を利害得失を伴うビジネスとみなしている。③旅の物語。恋人たちはいっしょに旅をして、できるだけ離れずに同じ道を行こうとする。④刑事物みたいな物語。一方がつねに他方を監視しているような関係。⑤ホラー・ストーリー。一方が他方を利用したり、虐待したりする。⑥コレクターの物語。一方がたくさんの恋人を収集する。

私たちは、愛の物語が個々の関係にどの程度影響を及ぼしているかを測るアンケート調査をした。その結果、次のようなことがわかった。自分の好みの物語が現実にぴったり合っていて、しかも両者の物語の好み（どういう物語が好きかというランキング）が一致しているとき、関係は一番うまくいく。

それで？

「アイ・ラブ・ユー」と言うとき、そこに込めた意味は人によって異なる。あなたが考えている意味と相手の考えている意味がだいたい一致したとき、あなたは一番幸福になれるのだ。

Love is ...

- 愛には、三角形を構成している基本三要素が含まれている。親密さ、情熱、コミットメントである。その比率によって、愛の種類も変わってくる。
- 愛の三要素は、時間による変化がそれぞれ異なる。三つすべてを深く経験すればするほど、そして三要素相互のバランスが両者ともに同じであればあるほど、幸福になれる可能性が高い。
- 私たちの誰もが、たくさんの愛の物語を自分の中に抱えている。それらの物語には順位が付いている。順位の高い物語に近い関係がもてたとき、そしてその順位が自分と相手で同じとき、私たちは一番幸福になれる。

ロバート・J・スターンバーグ Robert J.Sternberg

心理学および心理測定学の教授で、オクラホマ大学（アメリカ）の副学長をつとめている。全米心理学会会長であり、『アメリカン・サイコロジスト』をはじめ数多くの学術誌の編集委員をつとめている。イエール大学卒業後、スタンフォード大学で学位を取得。北米の一大学、南米の一大学、欧州の八大学から、計一〇の名誉博士号を授与されている。ケンブリッジ大学心理測定センターの特別会員。彼の主な研究領域は、高次の精神機能（知性、創造性など）、愛、憎しみである。『キューピッドの矢』、『愛とは物語である　愛を理解するための26の物語』（新曜社）など著書多数、「愛の三角形理論」をはじめ論文多数。

003

変化は予測できる

愛は情熱、親密さ、コミットメントの三つの側面で測ることができる

ヨシプ・オブラドヴィチ、ミラ・チュディナ——クロアチア

ヨシプ・オブラドヴィチ博士とミラ・チュディナ博士は、およそ一〇〇〇組の夫婦の感情の変遷を分析した。彼らの情熱・親密さ・コミットメントに影響を与えたものは何か？　あなたの愛情生活において予測されうる変化に対して、心の準備をしようではないか。

私たちは、愛を計測するために、有名なロバート・スターンバーグの物差しを用いた。その物差しは、情熱、親密さ、コミットメントという、愛の三つの側面を測る。その結果、愛の強さを測るためのさまざまな変数が特定できた。そこで私たちは、結婚生活における愛の行方を最も的確に予測しうる特徴や環境を明らかにしようと試みた。

情熱度は変化する

結婚生活における情熱を増大させるような個人的特性や関係の要素がいくつかある。一般的には、夫婦の両方が外向的で、愛想が良く、精神的に安定していて、自分に自信があると、結婚生活にお

いても情熱が高いレベルで持続する。また若い夫婦のほうが情熱が強い。ただし情熱と結婚年数との関係は複雑である。結婚してまもない頃は情熱がひじょうに強いが、五年も経つと弱まってくる。結婚一〇年後あたりで最低レベルまで落ちる。一五年後からまた増大するようになるが、新婚時代のレベルに戻ることはない。子どもがいるかどうかにもよる。一番情熱が強いのは子どものいない夫婦である。第一子が生まれると、情熱には顕著な低下がみられるが、第二子が生まれてもそれ以下にはならない。不思議なことに第三子を産んだ後に情熱が増大することもある。

親密度も変化する

情熱の決定要因と同じように、親密さの決定要因も「良い」人間的特徴である。夫婦の両方が外向的で、愛想が良く、精神的に安定していると、結婚生活における親密度も高い。自分に自信がある人、また外見的に魅力的な人の場合も、親密度が高い。新婚夫婦の親密度は高く、しばらくすると低下するが、その後また回復する。子どもの存在も影響するが、情熱の場合ほどではない。親密度が一番高いのは子どものいない夫婦である。子どもが生まれると低下するが、わりとすぐに元に戻る。

コミットメントも変化する

夫婦両方が外向的で明るいと、コミットメントは高まる。自分に自信がある、あるいは外見的に魅力がある場合も同様である。若い夫婦は結婚に対するコミットメントが強いが、それは年とともに低下し、三〇歳から四〇歳の間に最低レベルまで落ち込む。だがその後は急速に回復する。言うまでもなく、個人的な問題に直面しているときや、将来についてあれこれ悩んでいるときには、コミットメントは低下する。同様に、コミットメントと結婚年数との間には明らかな関係がある。新婚時代のコミットメントは高いが、じきに低下しはじめ、結婚六年後から一五年後までの間に最低レベルまで下がる。それを過ぎると回復し、結婚二五周年を過ぎると新婚時代よりも高くなる。もちろんコミットメントが低い時期はつらく、さまざまな課題に直面し、いっしょに生きるという決意も揺らぐ。だが、いったんその決意が固まると、コミットメントは年を追うごとに高くなっていく。子どもが生まれるとコミットメントはやや不安定になるが、第二子あるいは第三子が生まれた後は、コミットメントは以前よりも高くなる。

情熱も親密さもコミットメントも学歴とは無関係である。だが一方、経済的な苦境は愛の三要素を深刻に脅かす。

Love is ...

- 最も有望なのは、愛想が良く、開放的で、外向的で、精神的に安定していて、自分に自信のある人たちである。
- 年月と加齢が結婚にもたらす変化に注意しよう。心の準備をし、それを防ごう。
- 子どもの誕生に対して備えがないと、情熱、親密さ、コミットメントがおびただしく失われる危険性がある。心の準備をして、計画を立て、助けを求めよう。

ヨシプ・オブラドヴィッチ　Josip Obradović

学士号は心理学、博士号は社会学。クロアチアのザグレブ大学クロアチア研究学部教授。専攻は家族心理学と結婚および家族の社会学。

ミラ・チュディナ　Mira Čudina

学士号も博士号も心理学。ザグレブ大学クロアチア研究学部名誉教授。専攻は感情、動機づけ、新春期の発達。

二人は共同で、結婚のプロセス、とくに結婚の質に関する論文を多数発表しており、『結婚と家族の心理学』という大学用教科書も出版している。

004

愛の実験室

恋をするとストレスが増える

ドナテッラ・マラッツィーティ——イタリア

ドナテッラ・マラッツィーティ教授は、恋愛が生化学的異常にもとづくことを初めて発見し、全世界に衝撃を与えた。彼女は愛のロマンを破壊し、恋愛を分子レベルのゲームに貶《おとし》めた、という批判さえされた。だがマラッツィーティ教授の実験室は今もなお愛の神秘を探求し、その生物学的メカニズムを少しずつ解明している。それに加え、マラッツィーティ教授は恋に恋して、それが彼女の人生を根本から変えた。本章は彼女の物語である。

私は研究の過程で、まったく偶然に「愛」と出会った。一九九〇年代の半ば、私は強迫性障害［自分の意に反して不合理な行動や思考を繰り返してしまう精神疾患］とセロトニン［哺乳類が体内にもつ血管収縮物質。食欲、睡眠などに関係する。神経伝達物質の作用ももつ］に関心を抱き、多くの人間を対象に、この両者の関係を探求できるような病理学モデルを模索していた。ある日、指導教授と話している最中に、突然、強迫性障害に苦しんでいる患者は恋愛をしている人に似ているということに気付いた。どちらも、年がら年中同じことを繰り返し考える。そこでセロトニンの末端細胞マーカーを計測した結果、強迫性障害の患者も、恋愛している人も、セロトニンが同じレベルまで低下していることを発見した。だが研究者は慎重の上に慎重を重ねなくてはならない。結果が出たのは一九九六年だったが、私はその後も検査を繰り返し、一九九九年まで待って結果を公表した。私が心配していたのは科学的なことではなかった。というのも実験そのものは正しかったからだ。だが、恋愛という最も人間的な感情が生化学的異常にもとづくことを歴史上初めて発見したのだから、それを公表したら世間に計り知れない衝撃をあたえるかもしれない。それが心配だったのだ。

一九九九年になってようやく、私の論文が引き起こすであろうさまざまな問題に対処できるだけの心の準備ができたので、『心理学的医学』〔精神医学・心理学の学術誌〕に投稿した。同誌は私の論文を賞讃してくれ、すぐに掲載してくれた。予想していたとおり、私の論文に対するメディアの反応は大きく、世界中からインタビューの申し出があり、私は何度もテレビに出演するはめになった。全般的には、コメントの大多数は好意的だったが、恋愛のロマンを破壊して分子レベルのゲームに貶めたという批判もわずかながらあった。しかし、**愛は分子の活動と生物学的システムの結果に「すぎない」のではなく、分子生物学的「にも」説明ができるものだ**ということを、私は知っていたし、今もそう確信している。さらに言えば、愛の表現には生物学的システムが関与しているということを知っても、愛のもつ美と驚異が減じることはない。私はそう確信している。さらに付け加えると、私の目的は、強迫性障害の患者の独特の思考法も、恋愛している人の思考法も、同じく生物学的異常にもとづいていることを明らかにすることだったが、言うまでもなく愛はたんなる生物学的異常以上のものであり、愛があるひとつの神経伝達物質のみにもとづいていると仮定することは、それほど非科学的なことではない。

ジャーナリストたち

論文を発表したことで、私の生活は大幅な変更を迫られた。第一に、大勢のジャーナリストに会い、一般人の前で話をしなければならなかったので、理解してもらうために、話し方を変える必要があった。おかげで私は、**学問の世界の外へ知識を広め、一般の関心を高めることも時には重要だということ**を学んだ。その結果、愛に関するすべての科学的発見をまとめた一般向けの本を書くことにした。そういう本はこれまでになかったからだ。おまけに私は子どもの頃から文章を書くのが大好きだった。予期せぬことや幸運なことが重なって、私は優れた編集者と出会い、最初の著書である『愛の本質』を出版することができた。これは何か国語にも翻訳された。その数年後、今度は『二人はいつまでも幸せに、でも嫉妬しあいながら暮らしました』という嫉妬に関する著書を出版した。

神経ホルモン

第二に、科学的な面では、愛が私の主要研究テーマとなり、その研究範囲は嫉妬、愛着、社会的関係などにまで広がった。人間の幸福にはこれらのものが基本的メカニズムとしてあるということに気付いたからだ。セロトニンに続いて、私たちは恋愛をしている人のいくつかの神経ホルモンを測定し、コルチゾール［生体の必須ホルモンのひとつ。炭水化物、脂肪、タンパク質の代謝を司るが、ストレスによっても分泌され、量によっては血圧や血糖値を上げ、免疫機能の低下や不妊をもたらすこともある］が増加することを発見し、恋愛がストレスをもたらすことを明らかにした。興味深いことに、**テストステロン**［いわゆる男性ホルモン］**の濃度は男性と女性では正反対の変化をする**。女性の場合は増え、男性は減るのである。まるで、たがいに相手に合わせ、相手に近づこうとしているかのようだ。こうした発見は、恋愛はほとんど男女差のない基本的な感情であるという主張と合致する。私はさらに、嫉妬深い人を研究し、異常なほど嫉妬深い人はセロトニンが減少していることを発見した。同時に、ふつうの嫉妬が、実に複雑であり、しかもほとんど理解されていないことを思い知った。嫉妬にもさまざまなタイプがあり、私たちは少なくとも五つの基本タイプがあることを発見した。

次に調べたのはオキシトシン［下垂体後葉ホルモン。愛情ホルモン、幸せホルモンなどと呼ばれる］である。この神経ペプチドを計測するための信頼できる方法を確立するにはかなりの時間がかかったが、現在では日常的に計測できる。私たちはこのテーマに関する主要論文で、**オキシトシンは恋愛にまつわる不安と関係があること**、つまり誰かを愛しているときにリラックスできるためにはオキシトシンが必要であることを明らかにした。当時は、誰かに恋をする、恋愛関係を続ける、誰かを愛し続けるといったことは人間にとって有益だと信じられていた。脳の機能という点からすると、愛がもたらす恩恵のいくつかはニューロトロフィン（神経栄養因子）、つまりニューロン（神経細胞）の生存・

分化・機能に関係した分子の生産と関わっている。興味深いことに、私たちは、いわゆるＢＤＮＦ（脳由来神経栄養因子）は恋愛と相関関係があることを発見したが、その関係は男性と女性とではまったく異なる。女性の場合にのみ、高濃度のＢＤＮＦは、相手を避ける傾向の低下と相関している。言いかえると、女性は恋愛相手に対してはふだんよりも大胆になり、一般的に社交性が高くなるということである。私の別の実験によると、女性は男性の腋臭（フェロモン？）に対してきわめて敏感で、セロトニンのレベルに変化があらわれ、平常時よりも衝動的になり、愛着傾向が強くなる。現在、私の研究室では、愛のその他の生物学的側面を解明する研究がいくつか進行中であり、同僚たちは全員、私と同じようにこのテーマに熱中している。私は恋に恋しているといってもいいいだろう。

恩恵

第三に、愛の研究は私を根本から変えた。私は自分の生活を見直すことになり、その結果、自分がきわめてラッキーであることを知った。素晴らしい両親のおかげで、私は自分に自信をもてるようになった。両親は私に自由を与えてくれ、私の選択を尊重してくれた。また、パートナーと知り合ったのはずいぶん昔のことだが、今なお私を愛してくれているし、私も彼を愛している。愛を研究すればするほど、私は愛という現象に魅了される。愛について知れば知るほど、それが実に素晴らしいものであることを思い知らされる。**愛することと愛されることは、人間にとって最も素晴ら**

しい経験である。しかしそれには配慮、心づかい、注意深さ、柔軟さ、変化を恐れぬ勇気が必要だ。私たちは自然が与えてくれた装備のおかげで、愛を育むことができ、愛が与えてくれるすべての恩恵、つまり人生最高の歓びを享受することができる。今、科学は愛の神秘を探究している。おそらくいつの日か、科学は愛の生物学的メカニズムを解明し、それによって私たちは最高の愛し方ができるようになるだろう。

Love is ...

- 最も人間的な感情である恋愛の根底にあるのは、強迫性障害の患者と同じような生化学的異常である。
- コルチゾールの増加をみれば明らかなように、恋愛はストレスをもたらす。だが脳の働きが示しているように、最終的には、誰かを愛することは恩恵をもたらす。
- 恋愛は素晴らしい経験だが、配慮、心づかい、注意深さ、柔軟さ、変化を恐れぬ勇気を必要とする。

ドナテッラ・マラッツィーティ Donatella Marazziti

イタリアのピサ大学精神医学・神経生物学・薬理学・生体工学部の精神医学の教授である。同大学で医学と外科学を学んだ後、精神医学、ついで生化学を専攻した。イタリア内外の数多くの賞を受賞し、いくつもの学術誌の編集に関与している。約三五〇の学術論文、八冊の専門書、二冊のベストセラー、そして小説を一冊出版している。

005

西洋の産物？

近代以前のウェールズでは、若者は女性のドレスに放尿して愛を告白した

スーミン・テオ――オーストラリア

これまで非西洋社会における恋愛の研究はほとんどなかった。それは、人類学者も心理学者も歴史学者も、恋愛というのは欧米でつくられた文化であり、それがヨーロッパ人による探検と植民地化によって世界の他の地域に広まったのだ、と信じ込んでいたからだ。スーミン・テオによれば、それは間違いである。

二〇世紀後半を通じて、アメリカの学者たちはしばしば、恋愛は、アメリカのような、西ヨーロッパの伝統文化に由来する信仰体系をもった国や社会にしかみられない、と主張した。ヨーロッパの学者たちもすぐにそれに同調し、恋愛はかなり局地的な現象であり、一二世紀頃の南フランスで発生した宮廷恋愛の原理に由来する、と主張した。彼らはフランスの文芸批評家ドニ・ド・ルージュモンが示した先例に倣ったのである。ルージュモンは、一九四〇年に出版した画期的な『愛について　エロスとアガペ』（平凡社ライブラリー）の中で、西洋文明は、恋

愛を発明しそれを讃えてきたという点で他の文明とは異なる、と主張した。ルージュモンによれば、恋愛は対象を理想化するものであり、自己犠牲、友愛、エロス、強烈な情熱を混ぜ合わせた感情だ。ルージュモンに言わせれば、恋愛はやがて夫婦愛に統合され、その欠かせない一部となった。二〇世紀の多くの学者によれば、この理想と実践が、西洋文明のグローバリゼーションを通じて世界中に広まったのである。

ルージュモンは、フランスのトゥルバドゥール（吟遊詩人）たちの書いたものに依拠して自説を展開したのだったが、他の歴史家たちはその説を斥け、文学や音楽に描かれているからといって、それが社会一般に広く受け入れられ、実践していたとはかぎらない、と反論した。たとえばフランスの歴史家フィリップ・アリエスは、子どもに関するその著書の中で、ほとんどヨーロッパの全歴史を通じて、家族の間にも、求愛し合う男女の間にも、愛があったことを示す証拠はほとんどない、と主張した。イギリスの歴史学者と社会学者は競ってこう主張した――恋愛や家族愛が初めて登場するのは一八世紀のことであり、近代化の過程と軌を一にしている。あるいは間接的に近代化を促進したのかもしれない。近代化とは、農業と工業における革命であり、そうした経済的変化によってもたらされた社会的変化でもある。

恋愛は西洋文明が例外的なものであることを示すために、あるいは、「文明」を示す指標として使われたのである。

最近になって、多くの人類学者たちは、非西洋文明における恋愛に対するそうした否定的評価を見直そうとしてきたが、彼らの主張もまた似たようなものだ。つまり近代西洋文明における恋愛の定義を、非西洋的な社会に無理やり当てはめようとしている。西洋の学者たちは、西洋の文化的規範と表現にしたがって恋愛を定義したうえで、非西洋文明や未開文明の中にそれを探そうとするが、なかなか見つからなかったりもする。だがそこには大きな問題がある。西洋においてすら、恋愛の表現や恋愛の儀式は時代とともに変化してきた。現代では、赤いバラと一箱のチョコレートが恋愛を意味するのかもしれないが、近代以前のウェールズでは、若者たちは女性のドレスに放尿して愛を告白した（この行為は現地ではリュトゥーと呼ばれた）。

愛の感情は普遍的かもしれないが、恋愛の表現や儀式は文化によって異なり、時代によっても変化する。学者はこのことを忘れてはならない。このことを踏まえれば、恋愛は普遍的なのか西洋文明特有のものなのかという袋小路から抜け出すことができ、そのときはじめて、特定の歴史的・文化的な恋愛を研究することができるのだ。

スーミン・テオ　Hsu-Ming Teo
シドニー（オーストラリア）にあるマッコーリー大学の近代史学科に籍を置く文化史研究者である。最近、オーストラリアにおける恋愛の大衆文化に関する本を出版し、また雑誌の特集を編集した。著書には『オーストラリア文化史』、『不毛の情熱　オリエンタリズムと恋愛小説』などがある。また、その小説『愛とめまい』は文学賞を受賞した。『オーストラリア研究』、『大衆恋愛文化研究』の編集委員もつとめている。

006

愛とセックスの建築家

愛が天から降ってくるまで待つな

エミル・ン・マン・ルン（呉敏倫）――中国

もし建築家や技術者が、おとぎ話や神話やゴシップや小説にもとづいて家を建てたとしたら、ひどい家が建つだろう。にもかかわらず、われわれの人生における最も重要な建築である愛とセックスは、いまだにそうしたものの上に築かれている。エミル・ン・マン・ルン教授は、愛という建築の研究に生涯を捧げ、世界性科学学会から「性科学における金メダル」を受賞している。私たちはどのようにしたら、自分の愛の生活のより良い建築家になれるのだろうか。エミル・ン・マン・ルン教授はその答えを知っているのだろうか。

現代では、長続きする恋愛や性愛は人気が衰えてきたらしい。それが証拠に、東洋でも西洋でも、離婚率が上昇し、結婚年齢が上がり、短期間の性関係が増え、出生率が減っている。その重要な原因は、セックスと愛について、専門的、公的、そして実践的な教育がなされていないことだ。どこの国でも、学校における性教育はひどいものだが、愛の教育はもっとひどい。愛のほうが教えるのがむずかしいからだ。それに、性教育や愛の教育は、将来の出世のために大事な勉強の妨げになるとみなされている。愛の教育が疎《おろそ》かにされているもうひとつの理由は、愛はセックスほど危険ではないと思われているからだ。実際、セックスは性病、妊娠中絶、性犯罪をともなうことがある。

そのため、現在おこなわれている性と愛の教育はいずれも公的なものではない。大衆メディアや、おとぎ話や伝説や小説が、神話や間違った知識をまき散らしている。たとえば、ハッピーエンドに終わるほとんどのおとぎ話は、結婚式やそれに似たもので終わり、たいした努力をしなくても「いつまでも幸せに暮らす」ことができるかのような、誤った印象をふりまいている。愛を語る伝説や小説は、嫉妬、憎しみ、所有欲、自殺なども含めた、愛のすべてを美化し、讃えるが、実際には、嫉妬、憎しみ、所有欲、自殺などによって恋愛関係が壊れることも珍しくない。

誤解を生むメッセージ

最近ますます、大衆向けの哲学、心理学、スピリチュアリズムが、日常的に性教育をおこなうようになってきた。だが、そうしたものもしばしば人を混乱させ、誤解を生む。たとえば『愛の病理学』の著者サム・ヴァクニンは、恋愛やセックスは精神病や依存症の一種だと断言している。エイン・ランドは、恋愛やセックスは利己主義の一種であり、「人が愛に求め、愛から得るものは、自分自身の個人的で利己的な幸福にすぎない」と書いている。日本にはかつて「心中」という慣習があったというが、それを引き合いに出して、ストーカー行為や暴力や自殺を肯定する人たちさえいる。キリスト教の聖書は、どんな場合でも「守り、信じ、希望をもち、堪える」ことは人間の能力を超えた神聖な力だと主張する。精神分析家のエーリッヒ・フロムは世界的ベストセラー『愛するということ』（紀伊國屋書店）の中で、愛をセックスとは切り離し、純化する。彼に言わせれば、性的要素は、「理想的な」形へと向かう愛の成長過程において、単に過渡的な役割しか演じない。だがフロムの言う理想的な愛とは、セックス抜きの自己犠牲、あるいは神への愛にすぎない。愛を論じる他の哲学者たちも、愛を、このうえなく抽象的で複雑で高度な次元へと高め、論理的には理解できない、予測できない、制御できないものとして祭りあげようとする。『一目惚れの統計的確率』の著者ジェニファー・スミスは言う。「愛は世界で最も不思議な、最も非合理なものである」。彼女が言いたいのは、愛のことは偶然と運命に任せ、ギャンブルか贅沢品のように扱えばいいのだ、ということだ。ほとんどの人びともそう考えているだろう。

長続きする愛とセックスへの希望と信頼を取り戻すためには、愛をめぐるそうした相矛盾したメッセージをすべて取り除かなくてはならない。たしかに、長続きする愛やセックスはなかなか実現できないし、いつでも偶然や運命の忍び込む隙《すき》がある。しかし、どんな成功だって同じではなかろうか？　たとえば長続きする社会的成功だって、手に入れることはむずかしいし、偶然や運命が関与しているだろうが、だからといって誰も、複雑な理論をつくりあげて、社会的成功を望むことは精神病だ、幻想だ、人生における一瞬の通過地点だ、などと主張したりはしない。そのような理論は、人に、だから働かなくてもいいのだ、というお墨付きを与えるだけだろう。しかしながら、長続きする愛とセックスは、生涯にわたる社会的成功よりもずっと重要かもしれない。なぜなら愛とセックスは、自分だけのことではなく、人類の生存に関わる問題だからである。

五つの原理

私たちは人生において社会的成功だけでなく、愛とセックスにおいても成功をおさめなくてはならない。だとしたら、社会的成功の場合と同じ方法と努力、つまり知性、勤勉さ、献身、感情や生活をコントロールする能力などを身に付けなくてはならない。ここでは詳しく述べることはできないので、最も重要な五つの原理を掲げよう。

1　**できるだけ早く準備を始めること。**将来仕事で成功するためだけではなく、愛とセックスの良い関係を続けるためにも、良い人格が必要だ。そのためにはできるだけ早く訓練を始めること。

2　**自分が何を求めているかを早めに知ること。**理想的な関係とはどんな関係か、理想的なパートナーとはどんな人かについて、早いうちに判断基準を決めなくてはいけない。それも明確かつ具体的に。伝統的なモデルとか、大多数の人が考えているようなモデルのような、すでにあるモデルをそのまま真似てはいけない。欲求や状況は人によって異なるのだから。自分を取り巻く環境の変化に応じて、その基準はときどき変えてもいいが、両親や将来のパートナーがあなたの変化についてこられるよう、頻繁に変えてはいけない。

3　**理想的なパートナーを探し、積極的にアプローチしよう。**良い仕事を探すときと同じで、家で待っていても降ってはこない。自分で探すのだ。そのためには優れた観察力と、適切な感性と、アプローチするための技術と、（平和的かつ優雅に）どこで押し、どこで引くかを見極める判断力を身に付ける必要がある。

4　失敗から学べ。たとえ準備や訓練が完璧だとしても、一回目で成功する人はめったにいない。傷を早く治し、他人ばかりを責めないことだ。どうすれば良かったのかについて反省し、次回の成功率を高めよう。

5　持続的な教育と成績評価。現代社会では、どんな仕事でもこれが欠かせないが、長続きする愛とセックスの関係についても同じだ。生活や関係に応じて、精神、身体、環境は時々刻々と変化する。愛による満足感を保持するためには、知性と、入念な計画にもとづいた調整が必要だ。

実践的教育

愛を取り巻く霧が晴れて、そうした実践的教育が開始されるまでには、まだ時間がかかりそうだが、中国の大衆向けメディアはすでにそれを始めている。多くの大都市のテレビ局はお見合い番組を放映していて、男性（あるいは女性）がカメラの前で、自分の理想的なパートナーはどんなタイプかを話し、その後、一〇人かそれ以上の女性（あるいは男性）に会って、もし両方が気に入れば、付き合いはじめる。こうした番組はすでに長く続いており、高視聴率を保っている。中国は多文化国家であり、セックスや愛や結婚に関する実践的で開放的な哲学の長い歴史がある。おそらく中国は、自分たちでつくりあげた、愛とセックスを取り巻く迷路から、他のどの国よりも先駆けて抜け出し、さまざまな深刻な問題を真っ先に解決するだろう。

コラム

ラブレター

現代社会に浸透している一夫一婦制に対する厳しい批判者であり、多元的システムの熱烈な擁護者であるエミル・ン・マン・ルン教授は、「生涯ただひとりの愛とセックスのパートナーと、四〇年以上結婚している（しかも二人の愛は今もなおどんどん高まっている）」という。結婚四〇周年の記念に、教授はラブレターをまとめて出版した。それは一九六九～七二年に、香港にいた教授が、戦時下ベトナムに暮らす妻に宛てたものだった。二人は一九七一年にベトナムで、初めて、しかも一週間だけ会ったのだった。この本は中国で、恋愛関係を自分の一生の仕事として大事にしなければならない、ということについての生きた証拠かつ教科書として、広く読まれている。

私たちの誰もが、恋愛と性愛についての正式な、専門的な、かつ実践的な教育を必要としている。私たちが受けている性教育のほとんどは、大衆メディア、おとぎ話、伝説、小説などによってなされている。そこでは、愛やセックスは精神病や所有欲の一種として貶《おとし》められたり、ストーカー行為、暴力、自殺のような破壊的な行動を許容するものとして讃えられたり、人間の能力をはるかに超えた神聖なものとして崇められたり、どんな状況でも「守り、信じ、希望をもち、堪える」べきものとして祭り上げられたり、殺菌されてセックスを完全に除去されたり、どうしようもなく抽象的で複雑な哲学的なものとみなされたり、非合理的で、予測も制御もできないものとして、偶然と運命に委ねるものとされたり、単なる娯楽や贅沢品として片づけられたり、スローガンや観念的な言説を通して、まったく実践的でない教育がなされたりしている。中国やその他の国では、愛とセックスをそうした歪んだ形では扱わない傾向がみえはじめている。そこでは、愛とセックスは大切な一生の仕事とみなされ、自分の愛情生活・性生活を築く建築家になるためには、配慮と理性と技術が必要なのだということが強調されている。

Love is ...

- 愛に関して、これまでなされてきた大衆的な教育も、専門的な教育も、その多くは誤解を招くものであり、有害である。
- 豊かな愛情生活を手に入れるためには、知的で実践的な目的を設定し、入念に計画を練り、その関係がうまくいくように、たえず努力しなくてはならない。先に述べた五つの原理に従おう。
- 自分の愛情生活・性生活を築く、より良い建築家になるためには、愛と性に関する、正式で、専門的で、かつ実践的な教育が必要である。

エミル・ン・マン・ルン（呉敏倫）　Emil Ng Man Lun

中国の香港大学の家族研究院の名誉教授、副院長をつとめている。最初は一九七七年にロンドン大学で教育を受けた。それ以来、中国語の著書が二〇冊以上、英語の著書が七冊あり、精神療法、愛、セックスに関する論文は一〇〇を超える。香港性教育学会（一九八五）、アジア性科学連盟（一九九〇）の創立者・初代会長であり、WHOをはじめ、香港あるいは国際的な政府機関や非政府組織の顧問をつとめる。アジア性科学連盟からアジア性科学賞（一九九四）、世界性健康学会から性科学における金メダル（二〇〇三）を受賞している。

007

愛の経済学

妥協は、いい傘にはなりうるが、いい屋根にはならない

ハンノ・ベック――ドイツ

経済学者は愛について何を教えてくれるのか。実は、多くのことを教えてくれる。彼らは、貴重な研究法について、結婚がもたらす経済効果について、また、一足す一がいかにして三になるか、どうして私たちは高価な結婚指輪を交換するのか、などについて研究している。経済学者ハンノ・ベックは語る。「愛の経済学は、愛を取り巻いている神秘のヴェールを剝ぎ取ったりはしない。経済学を賢く用いれば、自分の愛情生活から最大限の恩恵をこうむることができるだろう」。

人は計算によってではなく、直観によって恋人を選ぶ、とあなたは思っているかもしれない。たしかにそのとおりかもしれないが、愛がもたらす利益と不利益を比較するなんて馬鹿げている、と判断するのは早計かもしれない。最初の感情の嵐が去った後に、「後悔先に立たず」とつぶやくことになるかもしれない。のぼせあがっているときの決断を（もう一度）よく考えてみれば、より良い決断が下せるのではなかろうか。

なぜ結婚するのか（しないのか）？

長期の関係のデメリットは何か？　第一に、長期の関係はあなたから自由を奪う。関係を保つことは妥協することを意味する。しかし妥協が好きだという人はいない。妥協は、いい傘にはなりうるが、いい屋根にはならない。第二のデメリットは、選択の自由がなくなるということだ。もしひとりなら、自由にパートナーを探すことができるが、結婚していたらそれは許されない。

一方、安定した関係にはメリットがたくさんある。第一に、**カップルは生産性を上げることができる**。つまり、それぞれが自分の得意なことに専念できる。もし双方がそれぞれ違ったスキルをもっていたら、分業が可能になる。たとえば一方が家事が得意で、しかも好きだったら、家事に専念でき、他方に子育ての才能があったら、子育てに専念できる。そのようにすれば、共同生活による生産力は最大になる。このアイデアを最初に発表したのは、一九世紀初頭イギリスの経済学者デイヴィッド・リカードである。彼は、国家間で分業すれば参加国全体の利益が増大すること、そして国家間について言えることは愛し合うカップルにも当てはまることを発見した。こうした視点からみると、ある関係が分業によって得るメリットは、パートナーの差異に左右される。二人の違いが大きければ大きいほど、分業による生産量は大きくなる。

安定した関係にはもうひとつメリットがある。親密さである。経済学的な視点からすると、**人間関係は会社のようなものである**。仕入れたもの（二人のパートナー、たくさんの妥協、わずかな愛情）を使って、何かを製造しなくてはならない。愛の場合、その製品は順風満帆の家庭ではなく、親密さである。この特殊な製品は、店では売っていない。愛と配慮に溢れたパートナー、あなたの悲しみや不安を理解してくれる誰か。親密さは、安定した関係の中で、二人がおたがいを知り、おたがいを思いやるときに初めてつくられるものだ。

似た者どうし、それとも対照的？

右のようなメリットとデメリットを調べることで、愛をめぐる最も重要な疑問に答えることができる。似た者どうしがいっしょになるべきなのか、それとも正反対のタイプが惹かれ合うものなのか。後者について先に論じると、右に述べたように、この組み合わせの経済的メリットは分業によって得られる。二人の違いが大きければ大きいほど、分業によって得られる利益は大きくなる。この見方からすれば、タイプの違う者どうしが惹かれ合うのは、その違いから大きな利益が得られる、つまり専門化によるメリットが得られるからである。

だが、関係から得られる二番目の大きな利益、すなわち親密さについて考えてみると、似た者どうしが惹かれ合うのは当然すぎるくらい当然だ。二人の考え方、感じ方、好みが似ていれば、妥協する必要性も小さくなり、利害の衝突も、正反対のタイプがいっしょになった場合ほど大きくないだろう。これが調和と親密さを生むための重要な必要条件である。

現代

このジレンマを解決する鍵は、現代の科学技術の進歩の中にある。電気掃除機、調理済み食材、食洗機などの発明によって、独身者が誰の助けも借りずに暮らせるような世の中になった。その結果、男は金儲けに専念し、妻は複雑な家事をこなすという、昔の典型的なパターンは現代には当てはまらない。そのような昔の結婚パターンは、先に述べたような、専門化と分業による利益を最大にすることが目的だったのである。

技術の進歩によって、家事は楽になった。その結果、お見合い結婚は人気を失い、専門化と分業による利益は減少し、したがって違ったタイプの人と結婚するメリットはあまりなくなった。正反対のタイプの結び付きから得られる利益はなくなってしまったのである。

後に残ったのは「似た者どうし」の結婚である。親密さ、調和、愛といった、関係の生産物は、技術で生み出すことはできないし、店で買うこともできない。もはや結婚生活に分業は必要なくなったが、調和と愛は今なお安定した関係からしか生まれない。ということは、経済学的見地からすると、最良なのは似た者どうしが結婚することである。

歴史を振り返ってみても、この結論が正しいことがわかる。数十年前にはお見合い結婚が主流だったのに、今では人びとは、分業による利益によってではなく、恋愛感情にしたがって、パートナーを選ぶようになった。現代においては、誰と結婚すべきかという問いは、分業がうまくいくかどうかという問題ではなく、愛しているかどうかの問題なのである。

Love is …

- 結婚のデメリットは自由と選択が奪われることである。メリットは生産性と、経済的安定と、親密さという特殊な生産物である。
- 科学技術の進歩によって、「正反対のタイプ」の結び付きによるメリットはなくなってしまった。
- 経済学的な視点からすると、現代においてパートナー探しの最良の方法は、自分と似たタイプを探すことである。

ハンノ・ベック　Hanno Beck

ドイツのプフォルツハイム応用科学大学教授。専攻は日常生活の経済学、行動経済学、メディア経済学、金融市場である。経済学に関する数多くの論文の他、愛の経済学に関するベストセラーを出版している。私生活では家族、友人、犬、ギターを愛している。

008

幸せな独身者たち

あなたが生涯をかけて愛しているのは「誰か」ではなく「何か」かもしれない

ベラ・デパウロ――アメリカ

「私はこれまでずっと独身をとおしてきましたが、不幸だと思ったことは一度もありません」とベラ・デパウロ教授はいう。「もちろん偏見にさらされてきましたし、差別も受けてきました（私はそれを『独身者差別』と呼びます）。何しろ誰もが結婚・結婚式・性交・恋愛を無条件に褒め称えていますからね（結婚至上主義）」。教授は独身者の恋愛と生活を徹底的に調査したが、そこには何の問題点も見つからなかった。

マスコミだけでなく学術的な本ですら、結婚や恋愛を褒め称える。だから私は、きっと独身生活を愛しているのは私ひとりだけなのだろうと思っていた。他の独身者たちは独身生活から抜け出したいと思っているのかもしれない。でも私はそう思っていない。私が独身を通してきたのは、理想的なパートナーがみつからなかったからではないし、私に何か問題があったからでもない。私はひたすら独身生活が好きなのだ。独身生活は私にとって、とても意味のある生産的な暮らし方だ。なぜなら、心はいつだって独身だから。

ひとたび調査を始めると、自分の発見に驚かされた。人びとはこう思い込んでいる――独身者は不幸で、孤独で、何よりも独身生活から抜け出したいと願っている、と。これは神話にすぎない。そうした思い込みは極端な誇張だし、多くの場合、事実無根だ。科学的データは、その思い込みをはっきり否定している。**多くの人が独身生活をエンジョイしている。そのひとつの理由は**、彼らが、恋愛よりもずっと多くのものを含んだ、**奥深い、幅広い愛を抱いているからだ。**彼らはその生活において、大事な人たちを大切にしている。独身者自身がそう言っているだけではない。いくつかの調査からも、独身者は既婚者よりも、兄弟姉妹、親、隣人、友人たちと、より良い関係を築いていることが明らかにされている。

調査結果の中で、私のとくに好きな例は、ジョン・F・ケネディ大統領のスピーチ・ライターとして知られ、「ケネディの分身」とまで呼ばれたセオドア・ソレンセンだ。『ニューヨーク・タイムズ』の記者から「仕事上でのケネディ大統領との関係は、あなたの人生において最高の恋愛関係だったんじゃないですか？」と聞かれた彼は、「もちろんそのとおりです」と答えた。ソレンセンには家庭があったが、彼は全身全霊をあげて仕事に打ち込んだ。このことは、独身者、既婚者を問わず、私たちすべてに多くのことを教えてくれる。実際のところ、自分の魂にじかに触れるような仕事を一番大事にするのは、独身者ではなかろうか。高校生を対象にしたある調査によれば、二〇代後半まで独身でいるつもりだと答えた者は、結婚するつもりだと答えた者よりも、すでに意義のある仕事のほうを重要視していた。それは一〇年近く経って再調査したときも変わらなかった。

『自由は（愛よりも）よりよい夫である』という書名は、『若草物語』の著者ルイザ・メイ・オルコットの日記に出てくる。彼女が念頭においていたのは南北戦争以前の独身女性だ。その女性にとって「自由とは自立と社会参加である（…）自由があれば、彼女は自身の性やコミュニティ、親族に関わる闘いに、人生と能力を捧げることができる」。社会的正義のために身を捧げてきた幾世代もの男女にとって、愛と情熱はつねにダイアモンドの指輪や赤いバラよりもずっと大きなものを意味していた。

あなたが生涯をかけて愛するのは誰だろう。ひょっとしたら「誰か」ではなく、「何か」かもしれない。あるいは、たんにひとりの人間よりも、ずっと大きなものを愛するかもしれない。広く深い愛に対して自分を開けば、最良の、そして最も意味のある人生が送れるかもしれない。

ベラ・デパウロ　Bella Depaulo

社会心理学者。ハーバード大学にて博士号取得。カリフォルニア大学（アメリカ）心理学科客員教授。一〇〇以上の学術論文を発表している他、『シングルド・アウト　どうして独身者は偏見で見られ、刻印を押され、無視されてきたにもかかわらず、いつまでも幸せに暮らしているのか』をはじめ、何冊かの著書を出版している。長年、「現代心理学」のウェブサイトに「独身で生きる」というブログを書いている。

009

私的な嘘

「完璧な」愛ばかりを求めると、孤独の世界に取り残されるかもしれない

ジュリー・フィットネス——オーストラリア

人間関係においては信頼と誠実さが重要視されるが、たいていの場合、不倫したからといって、かならずしも離婚にいたるとはかぎらない。私たちはそれをうまく処理する術を身に付けるからだ。ジュリー・フィットネス教授は、そのためにはどうすればいいかを発見した。愛とは、素直に本気で謝ることである。

一九八〇年代に社会心理学の研究をはじめたとき、私は、おそらく人間にとって最も重要な社会的問題である「親しい関係」についての研究が、これまでほとんどなされていないことを知ってショックを受けた。さらに驚いたことには、感情とか情緒といった、親しい人間関係にとって最も重要な特徴と機能だと人びとがみなしているものに関する調査も、ほとんどなかった。その後ようやく、心理学者たちの間では、他人との関係が私たちの人生に形を与え、恋愛・憎悪・嫉妬・喜び・怒り・憤りなどが人生に意味を与えるのだ、ということが広く認められるようになった。

ルールを破る

私の研究によれば、男女関係における裏切り行為は、不倫や浮気だけではない。パートナーが二人の関係のルールを破ったとき、私たちは裏切られたと感じる。騙された、利用された、嘘をつかれた、こちらのことを考えてくれない、冷たい、など。パートナーに愛がないとか、パートナーが二人の関係を軽視しているように思われたとき、私たちは裏切られたと感じる。また私の研究によって明らかになったのは、どんな裏切りであろうとも、究極的には許すことができるということだ。ただし、許すには時間と忍耐と意志が必要であり、人間の感情や弱さに対する深い理解を必要とする。

愛の努力

裏切られれば、人は深く傷つく。その痛みから回復するためにはいろいろなことが必要だが、最も重要なもののひとつは、裏切った人が深く反省し、それを正直に告白することだ。単に言葉で謝るだけでは足りない。口で「ごめんなさい」とか「すまない」というのは簡単だが、何度も繰り返しているうちに、相手に信じてもらえなくなる。大事なのは行動で示すことだ。相手に許してもらいたかったら、自分が相手を心から愛していること、そして自分の犯した過ちを償い、信頼を回復するためには何でもするつもりであることを、行動で示さなくてはいけない。それには時間がかかるだろう。私がインタビューしたある年輩の男性は、三〇年ばかり前に、どのように妻を裏切ったかを話してくれた。信頼を回復し、関係を修復するために、彼は辛抱強く、妻への愛情と、二人の関係を心から大事に思っていることを、行動で示す努力を続けたが、関係が元に戻るには二年以上かかったという。相手を許すことができず、あるいは相手から許してもらえずに、結局離婚した何組かのカップルは、同じことを強調した。裏切り行為の後、痛み、苦しみ、恥ずかしさ、罪悪感に苦しめられ、その状態が永遠に続くような気がして、そこで下した結論が離婚だったのだという。しかし、彼らのなかには、今から振り返ってみると、苦しみを乗り越え、自分たち（と子どもたち）にとって大切だった関係を修復することも可能だったのではないか、と感じている者もいる。ただ、その当時は方法が、あるいは、そもそも和解が可能かどうかもわからなかったのだ。

じゅうぶん反省しているかどうか

実は、パートナー双方がこのゴールに達するには、ある重要な要因が必要だ。そのひとつは、心理学者が「感情的知性」と呼んでいるものだ。これは自分の、そして相手の感情を察知し、理解し、それに正しく対処できる能力のことである。感情的知性の中でも、私の研究において、「許す」「許される」といったことに最も深く関係していたのはどういう能力だったかというと、それは自分や相手の感情を正しく認識し、理解できるだけでなく、それを言葉で説明できる能力だった。全体的に言って、裏切った側にしても、許す側にしても、その人に感情的知性が備わっていれば、裏切り行為にともなうさまざまな感情をうまく処理し、関係をうまく修復できることが多い。たとえば、感情的知性の高い人が相手を裏切ったとする。その人は、相手が深く傷つき、怒っていることを正しく感知して、すべてを正直に告白し、深く反省し、なんとか罪を償おうとする。反対に、感情的知性がそれほど高くない人は、自分だけがひたすら恥じ入り、相手はきっとこちらを憎んでいるだろうと思い込む。その結果、破壊的な行動に出ることが多く、事態を悪化させてしまう。また、裏切られた人の感情的知性が高いと、相手が「じゅうぶんに反省している」かどうかを正しく見抜き、相手を許し、信頼を新たにすることができる。感情的知性の低い人が裏切られると、相手の動機について最悪のことを想像し、この苦しみは永遠に続くだろうと思い込み、堪えられなくなってしまう。

コラム　不倫

アメリカでは既婚者の約一〇パーセント（男性一二パーセント、女性七パーセント）が、過去一年以内に結婚相手以外の人とセックスをした経験があると答えている。この数字は、過去四十年間ほとんど変わっていないが、最近、熟年層（六〇歳以上）と若年層（三五歳以下）に増加傾向がみられる。

愛情のしるし

要するに、私が自分の研究から学んだことは、何か悪いことが起きたとき、愛情関係を維持することはむずかしいが、関係を解消することによる代償はもっと大きいということだ。皮肉なことに、私たちは「完璧な」愛ばかりを求めると、孤独の世界に取り残されることになりかねない。私たちは誰しも不完全であり、自分も相手も過ちを犯すことがあり、感情の強さというのは相手をどれだけ大事にしているのかのあらわれなのだと理解すること、それが許しと関係修復への第一歩である。忘れてならないのは、**感情を正しく理解する能力は努力すれば身に付くものであり**、この能力が高まると、自分や相手に共感・同情する能力も高まるということである。

Love is ...

- 相手を許すためには時間、忍耐、行動、そして人間の感情に対する深い理解が必要である。
- 許してもらうために「ごめんなさい」と言うのは一番簡単な方法だが、繰り返しているうちに信じてもらえなくなる。大事なのは行動で示すことだ。
- 私たちは誰もが不完全であり、感情の強さというのは相手をどれだけ大事にしているかのあらわれである。それを理解することが、関係修復への第一歩である。

ジュリー・フィットネス　Julie Fitness

一九九一年カンタベリー大学にて博士号取得。オーストラリア、シドニーのマッコーリー大学心理学教授。その関心領域は感情、裏切り、復讐、許しなど。感情的知性による結婚や、家族に見放されることの原因と結果、などについての著作もある。学術誌『人間関係』の編集委員でもある。

010

愛の五つの顔

地獄とは、愛の不在が現実化したものである

ミハイル・エプシュテイン――アメリカ／イギリス／ロシア

現代の最も偉大な批評家・思想家のひとり、ミハイル・エプシュテイン教授は言う。「愛というのは完全な感情ですから、それを要素に分解することは冒瀆《ぼうとく》のように思われます。愛の使命は二つの存在をひとつの全体に結合させることです。だがまさにそのために、愛を結合の要素のひとつと誤解することなく、愛が何からできているかを理解しなければなりません」。

小さな子どもが母親に向かって、「ぼく、ママが全部（at all）好きなんだ」という。母親は訂正する。「全部（at all）じゃなくて、とても（very much）でしょ?」子どもは反論する。「ちがうよ、全部（at all）だよ。おもちゃの馬やおもちゃの自動車はとっても好きだけど、ママのことはなんでも好きなんだ」。ここで母親は、息子が彼女の存在のすべてを愛していることを理解する。これは愛の最も重要な特質かもしれない。私たちは以下のように、愛の最も際立った五つの特徴をあげることができる。欲望、霊感、痛み、優しさ、思いやり。

1　欲望。これは愛の、一番はっきりしていて、わかりやすい、生理的な動機をもった側面であり、

これまで一番詳しく論じられてきた側面である。しかし愛における欲望は、他の生理的欲望とは違って、完全に満足させられることはない。愛の欲望は尽きることがない。おまけに、愛における欲望はけっして満足することがない。いつまでもなくならず、さらに膨れあがることを欲している。愛は、欲望を充足させるのではなく、増殖させるのである。

愛の欲望のもうひとつの奇妙な点は、相手の欲望に対して対話的に開かれていることである。生理的な欲望、すなわち肉欲は他者を対象とみなすが、愛の欲望は身体的な面だけで満足させられることはない。相手の意志に左右されるからであり、相手の欲望や反撥《はんぱつ》と相互作用をする、つまり相手の「オーケー」「たぶん」「だめ」といった意志と対話するからだ。**私は、私を欲望する誰か他人の欲望を、欲望する。**これが性的な欲望の黄金律である。これは暴力を排除し、倫理における黄金律と一致する。「自分がしてもらいたいことを他者にしなさい」。

2　霊感。

欲望が他者に依存することであり、楽しくもあり、苦しくもあるのに対して、霊感は、自分自身のアイデンティティから自由になることである。これまでなったことのないものになる自由である。大多数ではないかもしれないが、多くの人にとって、恋愛は人生において唯一の霊感体験である。たとえ人間が「神の子」ではなく、「地を這《は》う虫」だったとしても、恋する者から、あの空に舞い上がるような高揚感を奪うことはできないだろう。この舞い上がる霊感に関しては、詩人も画家も、恋人にはかなわない。愛は、創造的な人間どうしの間にしか生まれない。二人で詩や音楽をつくるという意味ではない。愛そのものの過程で、二人はおたがいを創造し合うのだ。

3　痛み。愛は強い。すべてが手に入ることもあれば、すべてを失うこともある。上限のない賭けだ。だから愛はつねに苦しみをともなう。愛が苦しみそのものを意味することだってある。「彼は彼女のせいで苦しんでいる」、彼女がいないと胸が痛む。どうして愛は、たとえ幸福な愛であっても、つねに痛みを（少なくとも痛みの予感を）ともなうのだろうか。どうして他人によって引き起こされるこの苦しい感情が、しばしば、その人に対する愛の目覚めのしるしになるのだろうか。

誰かを好きになると、その人に全面的に依存するようになる。つまり捕虜、あるいは人質になる。まるで心臓がからだの外に付いているような状態だ。心臓が血管からぶら下がっているみたいな状態を想像すればいい。そうなると、身体組織はとても脆弱になり、その外に付いている心臓の状態にふりまわされる。痛みをともなわない愛はない。その痛みを取り除くには、二つの選択肢がある。ひとつは無感覚になり、感受性を鈍らせ、愛情を減らすこと。もうひとつは愛情を増やし、外に付いている心臓に大量の血を送り込むことだ。

4　優しさ。愛の五つの顔の中で、一番説明がむずかしいのはこれだ。優しさとは献身、自己犠牲であり、欲望や霊感によって手に入れたものすべてを相手に捧げることだ。相手の一歩一歩を見守り、全力をあげて相手の痛みや不安を取り除こうとする。優しさとは、愛する人を、世間の荒波から守ることだ。いやもっと重要なのは、こちらのがつがつしたむきだしの欲望から相手を守ることだ。

5　思いやり。何を思いやるかというと、相手の弱点・欠点・苦しみ・無知・愚かさ・無能力に対して寛容になることだ。思いやりと愛を混同してはならないが、もっと危険なのは愛から思いやりを排除してしまうことだ。思いやりのない愛であっても、情熱的で、霊感にみち、優しく、ロマンティックな愛になりうるが、そういう愛は、相手の欠点から目を背《そむ》けている。愛があれば、その欠点を強さに変えることができるのに。

弱さのほうが強さよりも魅力的であり、だからこそ私たちは強い人よりも弱い人に惹かれる、なぜなら愛の一番の力は愛する人に自分のすべてを捧げることだからだ、と言う人もいる。ただし、弱さが愛を生むわけではない。愛は強さの中にも弱さを発見することができ、愛していれば、自然に思いやりも生まれるのだ。

強くて、外見が美しく、知的で、幸運な人に恋をすると、その人が自分では気付いていないらしい、あるいは自分で自分から隠している弱さがみえるようになる。自分の愛する人もやがては死ぬのだという悲しい気持ちや、いつかは別れがくるのだという覚悟がないと、二人の間で交わされるキスも抱擁も幼稚な味しかしない。死すべきもの、すなわち人間が抱き合うときには、血の臭いも汗の臭いもする。それがないと、文字どおり味気ないものになってしまう。

統合

右の五つのうちのどれが一番大事であるかは言えない。どれが恋の引き金になるかも言えない。

概して、男性は欲望から、女性は思いやりから、恋が始まる傾向があるが、霊感に導かれる人もいれば、優しさに導かれる人もいる。どれがきっかけだったとしても、欲望、霊感、痛み、優しさ、思いやりが統合されたときに初めて愛が生まれる。私の人生のモットーは、ごく平凡だが、**「愛を育むものはすべて善であり、愛の破壊を招くものはすべて悪である」**というものだ。

年をとるにつれて、喧嘩・非難・口論・いがみ合いといった、愛以外のことに無駄遣いする暇はなくなる。ちょうどいいタイミングをみつけて、愛し、抱擁し合い、寄り添い、たがいの温かさを感じ合おうではないか。ただし急がなくてはいけない。あなたの内部に愛の源がなくなってしまい、愛を現実化するための手段が枯渇してしまう前に、急いで愛さなくてはいけない。ドストエフスキーによれば、地獄とは愛することができなくなることだ。

Love is ...

- 愛の五大要素は欲望、霊感、痛み、優しさ、思いやりである。
- 愛を、これらのいずれかひとつと同一視してはならない。五つの要素が統合されてひとつの完全な感情になったときに初めて愛は愛となる。
- 愛を育むものはすべて善であり、愛の破壊を招くものはすべて悪である。

ミハイル・エプシュテイン　Mikhail Epstein

エモリー大学（アトランタ、アメリカ）の文化理論およびロシア文学の教授、またダラム大学（ダラム、イギリス）のロシア語および文化理論教授。モスクワに生まれ、一九九〇年にアメリカに移住し、九一年にエモリー大学に着任した。とくに関心を寄せるのは人文科学の実践的拡張・応用と、その分野への創造的貢献であり、これは最新著『変形人文科学――マニフェスト』でも展開されている。二九の著書と六〇〇を超える論文を世に問うており、それらの多くは一七カ国語に翻訳されている。ロシアとアメリカの文化交流の発展への傑出した貢献に対して、「リバティ賞」をはじめ、国内外の数々の賞を受賞している。

011

からだとからだ

私たちはからだを合わせることで愛と親交を表現する

ロドリゴ・ブリトー――ポルトガル

愛は、誰を愛するかによって、さまざまな形であらわれ、さまざまな形で表現される。恋人、夫や妻、子ども、親、兄弟姉妹、友だち、同僚、チームメート、赤の他人、国、いや人類全体を愛することだってある。それによって、強烈であったり、仄《ほの》かであったり、束の間だったりする。だが私たちはどうしてそれらすべてを「愛」と呼ぶのだろうか。ロドリゴ・ブリトー博士は、私たちすべてが共有しているもの、すなわち「からだ」を研究している。

愛とは、私たちを親密な関係を「築きたい」結合、融合、共有）したいという欲望（あるいは「維持したい」という気持ちに掻き立は満足）として経験する。この合体を神聖なものとして崇拝する人たちもいるが、日常生活でてる感情すべてを指す総称である。人はこの感情を、自己を超越して愛する人と「合体」（付着、は、人は、からだを接触させる（直接的、間接的など、さまざまな形がある）か、身体的結合の比喩を用いて表現する。ではその身体的結合にはどのようなものがあるだろうか。

1　まず、**直接的な身体的結合**。人類や他の多くの哺乳類では、母と子の絆が最も強い結合だろう。子どもは生まれる前から母親と身体的に繋がっている。生まれてからも、母は子に乳をやり、キスし、抱きしめる。恋人たちは、セックスをしているとき、二人のからだが解けて融合し、「ひとつになる」かのような感覚をおぼえる。キスする、抱きしめる、ハグする、触る、といったしぐさは、愛（少なくともある種の好意）を表現するために、恋人、友人、隣人、同僚の間で、いや他人どうしでも、用いられる。歴史を振り返ってみると、多くの共同体や結社における「血の契《ちぎ》り」は、分かちがたい固い絆を形成するものであり、実際に血を混ぜたのだった。

2　次に、さまざまな形の間接的な身体結合がある。これもまた、自分たちは絆で結ばれているという感情を生みだす（少なくともたがいに漠然と好意を感じる）。そのひとつは**食べ物や飲み物を分け合うこと**。他者のために食事を用意していっしょに食べる、ひとつの皿の食べ物を突つき合う、酒を酌み交わす、といった行為は、世界のどこでも、人びとの結束を固める慣習である。タバコの回し飲みというのも同様だ。

3　もうひとつは、同じリズムでダンスを踊るとか、軍事教練とかのような、**ぴったりシンクロした動き**。参加者たちは自分のからだが、全員を包み込む、ひとつの大きなからだの部分になったような感覚をおぼえる。興味深い心理学の実験によると、まわりにいる人の体温を感じただけで、同じ部屋にいる人たちとの間に何らかの絆を感じる傾向があるという。私たちは、身体的接近を示すサイン（たとえば温もり）を、社会的な絆のサインとして用いているのだ。

信頼と愛着

そうしたさまざまな形の身体的接触、とくに母と子の絆や、セックスをはじめ、あらゆる種類の身体的結合においては、数種類のホルモン、とくにオキシトシン〔脳下垂体後葉ホルモン〕がさまざまな役割を演じており、快感、信頼、愛情を生み出し、親密な関係を、ある心理的な形にして、脳の中に「定着」させる。

もちろん、触る、抱きしめる、キスする、セックスする（愛があるにせよないにせよ）、授乳する、食べ物、飲み物、タバコを分け合う、いっしょに踊る、といったありとあらゆる直接的・間接的接触について、誰と、いつ、どのようにすべきかについては、文化的な決まりがある。**すべての人を同じように愛するなどということはできない**。実際、どこの文化においても、人は他人一般よりも家族に対して愛情と親しさを感じる。どんな文化においても、家族は他人間関係よりも優先される。時にはその人の人間関係を独占することもある。同じように、多くの文化では、夫婦あるいは恋人だけがセックスすることを許される。しかし私たちはいろいろな形で人を愛することができ、さまざまな形で人と結び付くことができる。だから文化的な拘束に縛られずに、幅広く人を愛することはむずかしくない。そう、からだとからだを結び付けよう。怖がらずに、人に触ろう、キスしよう、抱き合おう（ただし文化的に許される範囲で）。

みんなと愛を分かち合おう。家族や友だちのために料理をつくり、いっしょに食べよう。それによって人と人の結び付きを味わおう。どんな音楽でもいいから、それにぴったり合わせて、誰かと踊ろう。それによって、人と人の結び付きを讃えようではないか。

ロドリゴ・ブリトー　Rodrigo Brito
リスボン（ポルトガル）のリソフォネ大学の心理学講師。ブリュッセル自由大学（ベルギー）で博士号を取得した後、数カ国で生活し、文化による愛の表現の仕方の違いを研究してきた。世界中の社会心理学、実験心理学の研究者たちといっしょに、精神的交流や人間どうしの絆を中心に、社会的関係には普遍的な構造があるという人類学の発想にもとづいた仮説を検証している。

012

儒教的な愛

同じ愛でも、恋愛と思いやりとでは、愛の種類が異なる

ヨン・ファン——アメリカ／中国

孔子は紀元前六世紀の人である。「しかし現在もなお、東アジアの人びとは儒教的な考え方をしている」と、ヨン・ファン博士は言う。彼は「儒教的な愛」、すなわち「愛にはさまざまに異なる種類がある」という概念の専門家である。

儒教によれば、人は家族愛から出発し、それを他人に対して拡大していく。しかしこれは儒教的な愛の概念にかぎったことではない。他の多くの哲学者たちも、同じようなことを言うだろう。儒教で一番ユニークなのは「愛にはさまざまに異なる種類がある」という概念である。

これは一般には次のように解釈されている。すなわち、家族に対する愛が一番強く、範囲が広がるにしたがって愛は弱くなっていく、と。しかしこの概念の真の意味は、対象の違いに応じて、それぞれ違った愛があるべきだ、というものだ。なぜなら正しい愛は、個々の対象それぞ

れの独自性を考慮に入れなければならないからである。このことは、孔子以後の最も重要な儒学者である孟子の思想に一番はっきりとあらわれている。孟子は三種類の愛を区別する。「優れた人間は物を愛するが、相手が物だから、仁をほどこす心はもたない。人間一般に対しては仁の心をもつが、相手は他人だから、親族に対するように心からは親しまない。**人はまずその親族を心から愛しみ、人びとに仁をほどこし、しかるのちに物を愛する**」。ここでは、愛、思いやりのあること、愛情を抱いていること、この三つは同じ愛の程度の差ではなく、物、人びと、親という三種類の異なる対象に応じた、三種類の異なる愛である。

憎しみ

孔子自身は「愛にはさまざまに異なる種類がある」という言葉は用いていないが、私たちの愛はその対象の多様性に応じてそれぞれ異なるべきである、と孔子が考えていたことは明らかだ。たとえば孔子は「**仁をもった人だけが人を愛し、憎むことができる**」と書いている。言い換えると、儒教的な見方からすると、「憎しみ」もまた「愛」と同じく、広い意味での「愛」の一種である。一方では、人間らしさの最も本質的な意味は愛であり、したがって愛することも憎むこともできる人間こそが愛情ある人間である。だが一方、「憎しみ」には悪意という意味はない。むしろ、愛する対象が、本来もっているべきものをもっていないという残念な気持ちと、その対象に良い人間になってほしいと強く望む気持ちのことである。

内面

　これに関連して、儒教的な愛にはもうひとつユニークな点がある。人を愛するということは、その人の外面的な幸福のみを願うことではない、ということだ。実際、相手の内面的な幸福を願うことのほうがずっと重要である。したがって、もし相手が良い人間でなかったら、真に愛情ある人間は、その人が良い人間になれるよう、全力で力を貸してあげなければならない。孔子の言葉の中に、一種の「黄金律」とみなされている名言がある。「夫《そ》れ仁者は己立たんと欲して人を立て、己達せんと欲して人を達す」（自立したい人は他人を自立させなくてはならない。**自分が栄えたいと思ったら、他人を栄えさせなければならない**）。しかし、ここにはひとつひじょうにユニークな点がある。西洋の伝統においてふつう「黄金律」といったら、自分が人からしてもらいたいことを人にしてあげなさい、という意味である。しかしそこには、他人も黄金律にしたがわせるということは要求されていない。つまり、困っている人を助けようとするとき、相手の人が別の人を助けるように仕向ける、という発想がない。それに対して、孔子は次のように言っている。私たちが正しい性格の持ち主となり、正義を愛し、人の言っていることに耳を傾け、人の顔色を注意深く観察し、つねに質素を心がけるようになるためには、他人がそういう人間になれるよう、全力で手助けしなければならない、と。要するに、優れた人間になりたければ、他人が優れた人間になれるよう手助けしなければならず、自分が劣った人間になりたくなければ、他人が劣った人間にならないよう、助けなければならない。孔子の考えでは、これこそが愛の真の意味なのである。

ヨン・ファン　Yong Huang
ペンシルヴァニア州（アメリカ）のカッツタウン大学の哲学教授。五冊の著書、数冊の共著書の他、雑誌論文は一〇〇を超える。『タオ／比較哲学雑誌』および『タオ中国哲学必携』の編集長でもある。

013

愛のピラミッド

私たちは恋愛を持続させるようには、遺伝子によってプログラムされていない

ロバート・M・ゴードン——アメリカ

「人間の愛情関係はおそらくこの世で一番複雑なものでしょう」と、ロバート・M・ゴードン博士は言う。彼はこれまでの理論や研究を調べてみた。彼によれば、どの理論もすべてを説明し尽くしていない。そこで彼は、恋愛を理解するため、そして恋愛がどうしてこんなにむずかしいのかを理解するための、独自の「理論の理論」を打ち立てた。それが「愛のピラミッド」である。

私たちが「愛」と呼んでいるものは、たがいに葛藤し合ういくつかの不合理な力が生んだものである。比較的健康な人の場合、その葛藤は少なく、洞察力と健康的な価値観によって解消される。問題を抱えた人の場合は、愛情関係は葛藤にみち、退行的で、多くの場合、自己中心的で、憎しみに溢れ、自己防衛の傾向が強い。

五つのレベル

人間の恋愛関係には五つの主要な要因がある。種としての特性、先天的特性、関係の内在化、信

念、そして現在の状況である。恋愛がどうしてこんなに不合理なのかは、この理論モデルによって説明される。恋愛関係は何よりもまず原始的な本能にもとづいている。したがって気質の問題や、育てられ方が良かったのか悪かったのかという問題にも影響される。また文化による違いや期待、また状況に起因するストレスの影響もこうむる。愛はあらゆる方向からの攻撃にさらされているのだ。この五つの要因をピラミッドの形に視覚化してみよう。底面はすべての人間に共通する生物学的本能であり、頂点は現在自分が抱えているさまざまな心理的問題である。

1　ピラミッドの底面は人間という種としての特性であり、私たちの行動に最も強い影響を与えるものである。数百万年にわたる生存競争の結果として、私たちはそれを抱えている。私たちが人間として（動物とは違って）どのように人を愛するかは、これによって決まる。私たち人間が愛の対象の中に見出す魅力は、身体的な特徴と、こちらの感情を掻き立てるものであり、それらは、かつては生存、保護、生殖能力と結び付いていた。そうした本能のおかげで、私たちは数百万年も生き延びてきたのだが、これは、現代人の愛が長持ちするかどうかとはほとんど関係がない。女性が強い男性に恋することも、男性が美人に惹かれることもあるが、そのことと、恋愛関係を長持ちさせる能力とは関係がない。

2　第二レベルは個人的特性。私たちは一人ひとり違った気質と特性をもって生まれてくる。これまでの研究によれば、外向性、神経質、攻撃性、衝動性はほとんど生まれつきのものである。攻撃性や衝動性が過剰な人は、他人と親密な関係になることはむずかしい。

3　次のレベルは両親、幼児期の愛着、家族内の力関係が及ぼす影響である。そうした関係は内在化され、無意識的な人格の一部となる。幼児期にどのように他者に愛着したかが、後の恋愛関係において反復される。子どもが自分の攻撃性や性欲にうまく対処できるよう手助けをしてくれ、健全な自己概念をもたらしてくれる愛情溢れる親、または親の代わりをしてくれる人との安定した愛着が、成熟した恋愛の前提条件になる。幼児期に放っておかれたり虐待されたりすると、人格が傷つけられ、人を信頼することができなくなる。不幸な子ども時代を送ったとしても、弾力性のある人なら、心理療法を受ければ、成熟した恋愛ができるようになる。

4　次は、文化的規範から、あるいは個人的恋愛体験から得た信念である。私たちは、第一に、人類という種の一員である。第二に、独自の個性をもって生まれてきた個人である。第三に、親の影響を受けている。次に問題になるのが思春期からおとなにかけての時期であり、認識的学習の影響である。しばしば、恋愛関係における誤った選択を避けるには、文化的規範に合う人や理想的な家庭にふさわしい人や、有害な親や以前の恋人とは正反対のタイプの人と結婚するのが良い、と考えられている。そうした考えは、ただの迷信にすぎず、偏見にみちている。自己犠牲、正直さ、公平、思いやりを大切にするような価値観を双方が共有していることのほうが、関係を長持ちさせるためには重要である。

5　最終段階は、現在の心理的な状況である。自分が人生のどんな時期にいるのか、あるいはどのような感情的状態に置かれているかによって、人は相手を過剰に理想化してしまうことがある。

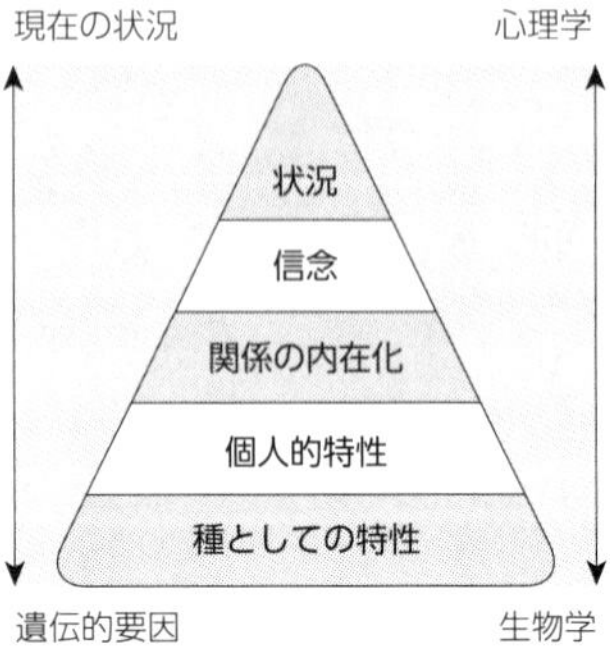

五つのレベル	不健康な愛	健康的な愛
現在の状況	相手に感じる魅力が現在の恐怖や不安にもとづいている。	相手に感じる魅力が、相手の良い特性への評価にもとづいている。
信念	迷信的で不合理で不公平な信念と、具体的で利己的な価値観。	公平と自己犠牲的な価値観に対する強い意識。
関係の内在化	愛着をめぐるトラウマ、育てられ方の有害な内在化は、親密な人間関係における恐怖、歪曲、挑発を引き起こす。	幼児期の安定した愛着と良好な子ども時代は、持続的な愛を育む健康的な能力を伸ばす。
個人的特性	過剰な攻撃性、不合理性、自己中心、無責任、過剰防衛。	健全な人格は持続的な愛情、思いやり、責任感を生む。
種としての特性	相手に感じる魅力は原始的な刺激にもとづいている。	相手に感じる魅力は原始的な刺激にもとづいていない。

人生には、「人恋しい」時期があるものだ。その時期が過ぎ、状況が変わると、恋愛も色あせてしまう。相手の性格や特徴をしっかり見抜き、それを受け入れることが、恋愛を長持ちさせるコツである。

ピラミッドの上へ上へと登るにつれて、あなたは進化の歴史をたどり、現在の心理的状況へといたる。これらの五つのレベルが合わさって、恋愛の不合理性を構成している。本能的な刺激に頼り、人格的特性が未熟で、有害な内在化がなされ、愛着においてトラウマがあり、愛の対象について不合理な信念を抱いていて、たがいの価値を歪めるような、ストレスにみちた状況に置かれていたら、関係が築けるはずがない。

人間的成長

恋に落ちるというのは本能的なことである。相手を過剰に理想化することは、種の生存に必要な生殖を可能にする。私たち人間は、性欲をもち、好ましい相手をみつけだすように、遺伝子によってプログラムされている。しかし私たちは、恋愛を持続させるようにはプログラムされていない。恋愛を持続させるためには、思いやりと優しさが必要である。思いやりと優しさはその人の感情の成熟度に比例する。感情が成熟するためには、正常な気質と、適切な育てられ方が必要である。相手を理想化する時期が過ぎると、関係がぎくしゃくしはじめるものだ。二人はしだいに親密でなくなっていき、昔の傷や感情が甦ってくる。感情が火をつけたものを、感情的成熟が引き継がなければ、やがて恋の火は消えてしまう。

恋愛関係は、無意識のうちに過去を反復し、そこから先へと成長する機会である。誰でも、感情的により成熟すれば、それだけ良い恋愛ができるようになる。人間的成長は時間がかかるし、楽ではない。より良い恋愛ができるようになるためには、恋愛に本気でのぞみ、建設的な話し合いをし、自分の欠点を直視し、相手を思いやり、後悔をおそれず、自分の行動と自分がもたらした状況に責任をもち、より良い人間になろうという強い意志をもたねばならない。

Love is ...

- 人間の恋愛関係には、種としての特性、個人的特性、関係の内在化、信念、現在の状況、の五つの主要な要因がある。
- ピラミッドを上へ登るにつれ、あなたは進化の歴史をたどり、現在の心理的状況へといたる。これらすべてのレベルが恋愛の不合理性をもたらしている。
- 恋愛を長続きさせるには、思いやりと優しさが必要である。誰もが人間的に成長することによって、より良い恋愛ができるようになる。人間的成長は時間がかかるし、辛い仕事である。

ロバート・M・ゴードン　Robert M. Gordon

アメリカにおける臨床心理学および心理学的精神分析の有資格者である。アメリカ心理学会のフェローであり、その運営委員を長年つとめている。ペンシルヴァニア心理学会の元会長で、功労賞を受賞している。研究者かつ臨床家として、学術論文が多数ある他、心理療法、恋愛関係、司法心理学、倫理学などの分野で多数の著書がある。恋愛関係をめぐる彼の考察は『君に首ったけ』と『専門家から見た愛、親密さ、人格の成長』で詳しく論じられている。趣味はヨット、釣り、オートバイである。

014

共感的な愛

中心的な特徴は思いやり、信頼、助力、理解である

スーザン・シュプレッヒャー――アメリカ
ベヴァリー・フェアー――カナダ

最近、恋人たちだけでなく、親しい人たち（家族、友人）や、さらにはまったくの他人や人類全体によってさえ体験されうるようなタイプの愛に関する研究が進んでいる。スーザン・シュプレッヒャーとベヴァリー・フェアーは共感的な愛の利点を研究している。

社会科学者たちはこれまで、愛にはさまざまなタイプがあることを明らかにし、そのそれぞれについて研究してきたが、その大半は恋愛や共感的な友愛に関する研究だった。共感的な愛は、思いやり、気配り、優しさに焦点を当てた感情・認識・行動と、他者に対する援助・助力・理解へと向かう方向性を含んだ、他者に対する態度と定義されてきた。共感的な愛には、同情、共感、自己犠牲などといった概念と共通する特徴がある。**このタイプの愛は、ひじょう**

に大きな利点があるという点でユニークである。それがもたらす恩恵は、共感的な愛を与えることによっても、受け取ることによっても得られる。また、自分自身を含め、ひじょうに幅広い人びとが享受できるものでもある。

他人

最近私たちは共感的な愛の度合いを計測する尺度をつくり、CLS（共感的な愛の測定基準）と名づけた。いくかのバージョンをつくり、それを用いることで、さまざまな対象に対する共感的な愛の程度をそれぞれ計測することができる。たとえば他人や人類全体に焦点を当てたバージョンの例文には次のようなものがあり、被験者はこれにイエスかノーで答える。「私は人類の幸せについてよく考える」、「たとえ相手が知らない人であっても、その人の苦しみ（や喜び）を容易に感じることができる」、「私はすべての人に対して共感的な愛を抱いている」。特別に親密な人についてのバージョンの例文は、たとえば「Xさんが悲しそうにしていると、救いの手を差し伸べたくなる」。一般的に親しい人についてのバージョンでは、「友だちや家族が困っているようにみえると、彼らに対して優しい気持ちが湧いてくる」。この測定尺度にはかなりの信頼性があることは、すでに実証されている。

この「共感的な愛の測定基準」を用いた調査の結果、他人や人類全体に対する共感的な愛の度合いが高い人は、同情心があり、他人を助ける行動と自発的な行動をし、また精神性や宗教にも共感を示すことがわかった。また、親しい人に対する共感的な愛の度合いの高い人は、社会的支援の能力も高いことが判明した。当然ながら、親しい人に対する共感的な愛のほうが、他人や人類全体に対する共感的な愛よりも大きい。共感的な愛が一番強いのは、恋人との関係においてである。**共感的な愛の経験は、他の種の愛と同じく、恋愛における満足や充実感と結び付いている。**また、共感的な愛の大きな人は、恋愛関係が終わるときも、より共感的な別れ方をすることもわかった。

直接的に与える

さらに私たちは、一般の人びと（専門家でない人びと）が共感的な愛をどう捉えているかについても調査した。この研究では、被験者に、共感的な愛の特徴をあげてもらう。あるいは、リストをみせて、どれが共感的な愛の中心的特徴かを尋ねる。その結果わかったことは、人びとの考える共感的な愛の中心的特徴は、思いやり、信頼、助力、理解だということである。その対象が親しい人であれ、他人や人類全体であれ、共感的な愛を与えることにも受け取ることにも多大な利点があるので、**共感的な愛が育まれるような教育をほどこすこと**が重要である。

数多くの研究者が、どのような教育をほどこすべきかに関する研究を始めている。たとえば、厳重にコントロールされた研究室での実験によって、さまざまな方法（昔のことを思い起こさせる、たがいに助け合っている写真を見せる）で共感的な愛を高めると、困っている人に対する社会的な感情（同情、共感）が育まれることがわかった。また、安心感を与えられると、自分の嫌いな集団に対する嫌悪感が減じることが判明した。サンタ・クララ大学でおこなわれた実験では、人道的行為の集中キャンプによって、他者に対する共感的な愛が高まることが証明された。医学の分野での実験では、瞑想が他者に対する共感的な愛を高めることがわかった。
人びとがこの種の愛を高め、それを経験することは、他者のためにもなる。共感的な愛の経験を増やすことは、個人的な幸福だけでなく、人類の社会的幸福を高めることに繋がるのである。

スーザン・シュプレッヒャー　Susan Sprecher
イリノイ州立大学（アメリカ）の社会学・人類学部のディスティンギシュト・プロフェッサー（優れた業績のある教授）。心理学も担当している。三〇年以上にわたる研究では親密な関係やセックスに関連するさまざまな問題を取り上げてきたが、最近は共感的な愛も扱っている。『人間関係』誌の編集長であり、また『人間関係百科』その他の著書・教科書の共著者でもある。

ベヴァリー・フェアー　Beverley Fehr
ウィニペグ大学（カナダ）の心理学部教授。国際人間関係研究学会の元会長で、『パーソナリティと社会心理学』誌の共同編集長。最近の編著に『共感的な愛の科学——理論、調査、応用』がある。

015

ダーウィンの寝室

一夫一婦制に類するものは、哺乳類のたった五パーセントにしかみられない

ピーター・B・グレイ——アメリカ

チャールズ・ダーウィンの『種の起源』（一八五九年）は、共通の祖先、自然選択、生殖の成功により生命の多様性に説明を与え、生命科学を根本から変えた。ダーウィンの理論は私たちの愛の概念にどのような影響を与えているのだろうか。ピーター・B・グレイ博士はダーウィン的な視点から愛をみる。

結婚の是非についてあれこれ思索をめぐらしたあげく、ダーウィンは日記にこう書いている。「ソファには優しい妻、それに暖炉と、本と、ひょっとしたら音楽があれば、それ以上何もいらない」。このような空想からロマンティックな情熱の炎は生じないかもしれないが、伝記から察するに、ダーウィンは、後に妻となる女性エンマや、結婚してからは、一〇人の子どもたちを心から愛していたようだし、愛娘アニーが一〇歳で死んだときには絶望のどん底に突き落とされた。

ボノボ

恋愛は、進化の究極の目的、すなわち生殖に奉仕する。人間の場合、生涯にわたって続く深い友

情、夫婦間の愛情、子どもに注がれる母の愛、子どもたちのために払う父親の犠牲などを根底で支えているのが、愛だ。愛は、人と人とを結び付ける接着剤のようなものだ。それによって人は社会的地位を築き（思春期や、大人になってからの職場では、友情も同じ働きをする）、長期間にわたる社会的・性的な絆、つまり夫婦を形成し（人類が生殖行為をおこなう最も典型的な形が夫婦だ）、親は子どもに愛情を注ぐ（人間が他者に対して払う最も大きな犠牲は、子どもに対する自己犠牲である）。

進化は、生殖の成功度を高めるために、愛を用いて生理機能に働きかけるが、生理機能が似ているからといって、愛の用い方が似ているというわけではない。人間の生理機能は、地球上の他の生物とひじょうによく似ている。**最も近い親類であるチンパンジーやボノボとは、遺伝学的にも生理学的にもほとんど同じであるが、それでも、愛し方は、似ている面もあれば、まったく異なる面もある。**哺乳類の場合、愛の生理学はすべて母子関係から始まる。そこには、オキシトシンやプロラクチンのようなホルモンや、ドーパミンやエンドルフィンのような神経化学物質のさまざまな働きがすべて含まれる。これらのシステムはすべて多面発現的に、つまり一個の遺伝子が複数の結果を生むという形で働く。たとえばオキシトシンは、出産における子宮の収縮、授乳期間中の乳の放出、感情の落ち着きと冷静、などを促進する。これらはすべて、子どもの生存率を高めようとする母親の行為と、目的が一致している。ドーパミンの効果もきわめて幅広く、生存のための直接的な効果（たとえば栄養を与える）もあるが、感情面で、人間を、自分の配偶者や子どもたちのほうに向かせる役割も担っている。

テストステロン

そうした母親による子育ての上に、一夫一婦制と、父親の子育てが乗っかっているのだが、雄と雌では多少事情が異なる。というのも、哺乳類の場合、母親の子育ては種に共通しているが、一夫一婦制と父親の子育ては少数派で、哺乳類全体の五パーセントにしかみられない。いうまでもなく人類には、一夫一婦制も父親の子育てもみられ、その点で哺乳類の中でも少数派に属するが、最も近い親類である類人猿はそうでない。ということは、**一夫一婦制も父親の子育ても、最近になって生じた**ということである。おそらく過去二〇〇万年以内に、アフリカに住む私たちの祖先の間で発生したのだろう。現代の人間の雄の社会的行動（雄どうしの競争、協力、雌への求愛、長期間にわたる夫婦関係の形成、子育てへの参加など）は、テストステロン（男性ホルモン）のレベルと関係があり、家族をもった男性は、独身で子どものいない男性よりも、テストステロンが少ない。これは進化の過程で発生した関係に、人間の雄が生理的に適応したことを物語っている。進化の過程で形成された生理と、人類の世界のさまざまな社会的・生態的特徴（一夫多妻が許されるかどうか、夫婦関係が固定的か流動的か、子どもを養うだけの感情的・物質的な力が親にあるかどうか）との関係は、地域によっても、人生の時期によっても異なるが、基本的には人類に特有のものであり、進化の刻印を帯びている。イギリスの歌手デヴィッド・グレイが、失恋を歌った『シャイン』の中で歌っているように、「最後には愛だけが残る」。ダーウィンが教えてくれたように、この愛とは生殖成功のことである。

Love is ...

- 愛は、進化の究極の目的である生殖成功に奉仕する。
- 愛は人と人とを結び付ける接着剤のようなものであり、人の行動を、恋愛の相手や子どもに向けさせるのを助ける。
- 一夫一婦制や父親の子育ては自然界では少数派である。母親の子育ては哺乳類全体に共通しているが、一夫一婦制や父親の子育てはその上に乗っかっており、雄が環境に適応したことによって生まれたものである。

ピーター・B・グレイ　Peter B. Gray
ラスベガス（アメリカ）にあるネヴァダ大学の人類学准教授。ハーバード大学で生物人類学の学位を取得。共編著に『社会的関係の内分泌学』、共著書に『父親であること／進化と人間の父親の行動』、『進化と人間の性行動』。専門分野は人間の性差、性、子育ての進化と内分泌学である。

016

愛のジェットコースター

私たちは単葉機やジェットコースターを降りて、二人乗りの頑丈な船に乗り移ることができる

エリカ・ヘッパー――イギリス

どうすれば順風満帆で大海を進むような、安定した恋愛関係が築けるのだろうか。次々に相手を替えては、そのたびに激しいドラマを繰り広げる人もいれば、どうしても心を開けず、二回目のデートができない人もいる。エリカ・ヘッパー博士はジェットコースターのような恋愛を研究し、人それぞれの愛し方のスタイルの違いが大きな役割を演じていることを発見した。

人間がすべて同じだったら、人生はさぞ退屈だろう。だがいっぽう、どのように人を愛するかは人によって違い、その違いを理解することは容易ではない。私は、人による愛し方の違いがどうしてこれほど根深いのかを研究してきた。恋愛関係には、人が自分自身をどう感じているか（アイデンティティ）、また、どれほど自分をポジティブに評価しているか（自己評価）が、深く関与している。

人が他人とどのように近密な人間関係をもつかを、心理学では「愛着スタイル」と呼ぶ。成長の過程で経験するさまざまな人間関係（たとえば親との関係）が、私たちのアイデンティティだけで

なく、愛着スタイルにも大きな影響を与えると考えられている。したがって、ある人の愛着スタイルを知れば、その人のアイデンティティと自己評価が、その人がおとなになってから経験した人間関係と大いに関わっていることがわかる。相手がどう感じているかにかかわらず、いつでも自分自身を肯定的に評価する人がいる一方、ジェットコースターに乗っているかのように、相手にちょっと褒められると有頂天になり、ちょっとでもけなされると地獄に突き落とされたように感じる人もいる。自分自身の愛着のスタイルを知ることは、自分の行動を理解するのに役立つし、喧嘩しそうになったとき、衝動を抑えるのにも役に立つ。

愛着スタイルは二つのレベルから構成されている。親密さを避けることと、捨てられることに対する恐怖である。**回避と不安はいずれも精神的不安定性のあらわれである。**回避と不安が低ければ、精神的に安定していると言える。回避と不安の度合いは、身長と同じように、高い人から低い人まで、人によってさまざまである。以下に、愛着の高低によってどのような違いが出るのか、またそれが自己評価とどのような関係にあるのかについて、私の研究にもとづいて解説しよう。

頑丈な船

安定した愛着とはどのようなものか。それは、恋愛相手と接近することや、相手から頼られることに歓びを感じ、自信をもって人生を生きている状態のことだが、援助が必要なときには相手に助けを求めることもある。安定した愛着スタイルをもっている人は、過去においてもいい関係をたくさん経験していることが多い。その経験から、彼らは、自分には恋愛する資格があること、そして恋愛するに値すること、努力すればうまくいくこと、を知っている。したがって**比較的安定した愛着スタイルの人は概して自己評価が高い**。しかもその評価のレベルは一定していて、失敗したり批判されたりしても、すぐに元に戻る。安定した愛着スタイルの人は、頑丈な船で航海しているようなものだ。海はおだやかだが、たとえ大波がきたとしても、船は頑丈で、じゅうぶんに堪えられる。

単葉機での単独飛行

回避傾向が強い人は、人と接近すると居心地が悪くなる。この手の人は心を開いたり、他人と親しくなったりすることを避け、自分しか信用しないし、自分しか頼らない。回避傾向の強い人は、過去において、あまり豊かでない人間関係を経験していることが多い。そうした経験から、相手から捨てられないためには、感情を隠し、相手と距離を置き、ひとりで人生に立ち向かわなくてはならないと信じている。重要なことは、回避傾向の強い人の自己評価は、独立と成功をもたらすものに依存するようになるということだ。回避傾向の強い人の自己評価は、自分が仕事やスポーツや個人的な目標において成功すると高まるが、他人の評価からは影響を受けない。そのため、**回避傾向の強い人は大きな野心を抱き、人間関係よりも仕事を優先する**。回避傾向の強い人の自己評価は、単葉機で単独飛行しているようなものだ。他の人びとからは切り離され、飛行を続けるにはかなりの努力が必要だ。

単独飛行には欠点がある。回避傾向の強い人との付き合いは、相手からすると、あまり面白くない。そしてその感情の壁を打ち破るには時間がかかる。とくに、回避的な人の自己評価は、自分がどれだけ独立しているか、どれだけ他人と距離を置けるか、といったことで決まってくる。だから人と接近すると不安になる。あなたの、あるいは相手の回避傾向が強い場合、それが自己防衛であることを理解し、辛抱強く関係を改善していかなくてはならない。人間関係においては、時が経てば、誰でもだんだん回避的でなくなっていくものだ。回避傾向の強い相手がわずかでも心を開き、ちらっと感情をみせたら、ポジティブに反応しなくてはいけない。ただし心を開くことを無理強いしてはいけない。

山あり谷あり

愛着に対する不安が大きい人は、他人から捨てられるのではないかとつねに怯《おび》えている。自分には価値がないのではないかと不安になり、慰めがほしくて、他人に接近しすぎる傾向がある。不安の大きい人は概して、過去に、長続きしない関係や、不安定で過剰防衛的な関係を経験している。そうした経験から、自分の要求は相手にとって重要ではなく、自分は愛されるに値しない人間であり、相手に守られていないと何もできない、と考えている。したがって、不安の大きい人の自己評価はひじょうに低く、その評価は、人から愛され、承認されるかどうかにかかっている。お世辞を言われたり、ハグされたり、というように、他人からちょっとでも好意を示されると、彼らの自己評価はぐんと跳ね上がるが、そうしたサインが色あせてくると、または相手に拒否されていると感じると、とたんに急降下する。愛着に対する不安が大きい人は、いわばジェットコースターのようなもので、たえず上がったり下がったりしている。

当然ながら、ジェットコースター的な自己評価をする人は、ジェットコースターのような関係をもつ傾向にある。大きな不安を抱えた人は、やたらに相手につきまとい、独占欲が強く、嫉妬深く、喧嘩も頻繁で、別れた後に同じ相手とまたよりを戻したりする傾向がある。そうしたジェットコースターみたいなパターンが落ち着くには、やはり時間がかかる。もし相手が不安の強い人だったら、安心させる必要があるし、「わざとつれない態度をとる」ようなことは絶対に避けるべきだ。幸運なことに、人は一般的に言って、年をとるにつれて愛着に対する不安は小さくなる傾向がある。

安定した関係

もちろん多くの人は自分の経験を、右のような例ほど極端ではないと思っているだろう。また、いくつかの愛着スタイルに関係づけるかもしれない。回避傾向と不安が**ともに**高いということもありうる。しかし、こうした極端な反応がどこから来るのかを理解すれば、自分自身や相手の傾向がわかってくるし、そうした極端な反応に接したとき、自分に対しても相手に対しても優しくなれる。ひじょうに安定した関係であっても、喧嘩をしたり、ストレスが溜まったりすると、「元の」愛着に戻ってしまうこともある。自分が自動的に回避的あるいは不安的に反応していると気付いたら、深呼吸して、そうした不安定な本能の声に耳を傾ける必要はないのだと、自分に言い聞かせよう。相手の愛着の安定性を増大させる（そして彼らの回避・不安傾向を減少させる）最良の方法は、自分が安定したパートナーとなって、安定した愛と助力を相手に与えることだ。時が経つうちに、二人はたがいに、安定した愛着と自己評価へと向かうのを助け合えるようになり、単葉機や恐ろしいジェットコースターから降りて、二人のためにつくられた頑丈な船に乗り移ることができるだろう。

Love is …

- あなたの愛着スタイルは二つのレベルから構成されている。親密さの回避と、捨てられることに対する不安である。
- ある人の愛着スタイルがわかると、その人のアイデンティティや自己評価が二人の関係に依存していることがわかってくる。
- 二人はたがいに助け合うことができる。相手の愛着の安定性を増大させる最良の方法は、自分が安定したパートナーとなり、安定した愛と助力を与えることである。

エリカ・ヘッパー　Erica Hepper

サリー大学（イギリス）の社会心理学者・人格心理学者。博士。愛着および人間発達の国際諮問会議の会員である。自身がひじょうに回避的で、しかもひじょうに回避的な人と結婚したため、人間関係を研究し、愛着スタイルが親密な関係やアイデンティティにいかに影響を与えるかを理解することは、自分の問題であり、自身に大いに役立っている。

017

与える歓び

与えることは、成長と歓びをもたらす

スティーヴン・G・ポスト——アメリカ

「私に『ヘルパー療法』とでも呼びうるものを最初に教えてくれたのは、アイルランド人の母でした。『何もすることがない日』に、ひとりで暇そうにしていると、母モリー・マギー・ポストはこう言いました。『スティーヴィー、外に行って、人のために何かしたらどう?』」と、スティーヴン・G・ポスト博士は言う。彼は愛と贈与の関係を研究している。

母は「本を読みなさい」とか「部屋を片づけなさい」とは言わなかった。だいたい私は本をたくさん読んでいたし、部屋もきれいにしていた。私は外に行って、落ち葉を掃いているミューラー爺さんを手伝ったり、船のマストを修理しているローレンスさんを手伝ったりした。手伝いをすると、とても気分が良かった。ほんのちょっとしたことにすぎないのに、精神的にも、道徳的にも、精神衛生上も、なんだか調和のとれた気分になれた。これは、普遍的真理を構成

しているもののひとつかもしれない。

共同体においては、ボランティア活動をすることがネットワークづくりに大いに役立つ。ボランティア活動をしている人は、概して、健康状態が良く、幸福感も大きく、不安レベルが低く、人生が充実していて、よく眠れる。**人を助けることは、無力感を解消してくれ、自信を高めてくれる。**「私は人の役に立てる!」何か意味のあることをみつけ、自分の力と才能を発揮し、次のように信じることだ――最初は何も感じないかもしれないが、やがて行動に見合うだけの歓びが得られるだろう、と。近年、多くの研究者がそろって次のような結論に到達した――脳は本質的に社会的器官であり、細胞も神経経路も、共感、つまり他人の歓びや苦しみを自分のものであるかのように経験できるようにつくられている。贈与を禁じたら、人類は滅亡することだろう。

愛の自由

よく言われることだが、良い行いはそれ自身が報いであり、将来に向けて先払いするようなもので、払い戻しは期待しない。受け取った人が自分と同じようにすることを願う。だが誰かに何かを贈ることは、歓びをともなう。自分の中から、歓びが泡のようにぶくぶくと溢れてくる。これは生きる喜びにつながる。それに対して、交換原理はかならずしもうまくいくとはかぎらない。たしかに、こちらの親切に対して、他人がお返しをしてくれるときには、喜んで受け取るべきだろうが、**「背中を掻いてあげるから、私の背中も掻いてくれ」という、お返しを期待するような考え方はやめなくてはならない。**この交換主義の鉄の掟は、ダモクレスの剣のように、私たちの頭上にぶら下がっている。そのために私たちは、限界のない愛の内的自由を得られずにいる。

他人を助けることが、それだけで終わることはまずない。さまざまな研究によれば、そうした行為は内面の自由、そして自分は意味のあることをしているという充実感、歓び、期待、平安をもたらす。どんな愛も、私たちの上にのしかかっているありとあらゆる重い感情から、私たちを解放してくれる。歓びや幸福感を与えてくれない愛などはない。どんな愛も希望を与えてくれる。しかし愛を持続させるためには、内面の平和と充足感が必要だ。それらが、感情、言葉、意図、行為から、暴力的なものを取り去ってくれる。

光る棒

二〇一〇年に「健康管理・ボランティア仲介連合」が発表した「より充実した生活の研究」によれば、調査した全米四五〇〇人の成人のうち、四一パーセントが年平均一〇〇時間のボランティア活動に携わっている。**前年度にボランティア活動をした人の六八パーセントが、ボランティアによって肉体的により健康になったと答え**、八九パーセントの人が「ボランティアによって幸福感が高まった」と答え、七三パーセントが「ストレスが減った」と答え、九二パーセントが「人生により深い意味を見出せるようになった」と答え、七二パーセントが自分を「楽観主義」だと答えている（ボランティアをしていない人の場合は六〇パーセント）。四二パーセントが「人生がとても良いものだと感じられるようになった」と答えている（ボランティアをしていない人の場合は二八パーセント）。善意をもって他人のために何かすることは、こんなにも良いことをもたらすのだ。

この、私が「与える歓び」と名づけたものには癒しの効果もある。自分をさらけ出す愛は、内面的な充実感、涅槃《ねはん》の境地、真の平穏をもたらす。よく玩具店で売っている「光る棒」をご存じだろう。半透明のプラスチックのチューブで、中に入っている物質が混じり合うと、化学変化を起こして、発光する。チューブの中に入っている小さなガラスのカプセルが割れて、化学物質が混ざり合うのだ。このように「割れる」ことも、愛のプロセスのひとつである。与えることは成長と歓びをもたらす。

スティーヴン・G・ポスト　Stephen G. Post
ストーニー・ブルック大学医学部（アメリカ）の予防医学教授、医学的人文科学・共感的ケア・生物倫理学センターの創立者・所長。愛、自己犠牲、共感的ケアに関する論文は二〇〇、著書は、ベストセラーになった『助けることは隠された贈り物』を含め、一七冊を数える。

018

東洋的な視点

愛は愛着から解放されている

ビゼイ・ゲワリ——ネパール

「私は東洋文化の中で育ち、東洋医学の医師であり、臨床心理学ですから、『愛』に対する私の見方はヒンドゥー教と仏教の影響を強く受けています」とビゼイ・ゲワリ博士は語る。「この視点からみると、愛は幸福の最高の形です」。

私の考えでは、「愛」は世界で最もよく用いられて、最も誤解されている言葉である。愛の解釈は無数にあるが、愛がポジティブなエネルギーであり力であることは広く認められている。客観的なものではなく、主観的なものだから、愛は「感じられる」ものである。私にとって、愛とは幸福の最高形態である。言い換えると、愛は幸福をもたらし、幸福は愛を高める。

「私だけを愛して」と「私はあなたのもの」

ふつう「愛」というと、異性間の、夫と妻との、若い男女の、あるいは親子の、家族どうしの、同国人の間の、関係を指す。しかしこれは真の愛ではなく、かならずや苦しみと憎しみを生みだす引力・愛着にすぎない。愛とは、人類全体に平和と繁栄をもたらす普遍的なものである。愛は愛着から解放されている。つまり「私だけを愛して」とか「あなたは私のもの」といった感覚とは無縁のものだ。愛は無限であり、無条件である。自発的で、純粋である。真の愛は幸福と満足をもたらす。心に愛があるときにだけ、あなたはすべての人、いや宇宙のすべての生き物を差別なく愛することができる。**愛は、分けるのではなく、統合する。**愛に理屈はない。たんに自然に生まれる。愛は、尽きることのない泉から流れる水のようなものだ。それは純粋な心だ。

「私だけを愛して」「あなたは私のもの」という概念に囚われた人は、自分を檻に閉じ込め、普遍性に到達することができない。そうした精神状態の人は、親、配偶者、子ども、孫、親類、せいぜい同国人しか愛せない。これは愛というより利己主義に近い。愛着に囚われていると、何かが実際に起きる前から、愛する人の身の上になにか悪いことが起きるのではないかと、いつも不安を抱えてしまう。実際に何かが起きると、ひどく苦しむ。だがもしそれが真の愛ならば、内面は落ち着いている。愛は内面にも周囲にも調和をもたらす。「私のもの」「それ以外の人」といった差別にもとづいた愛は、偏見を生むだけである。自分の愛の対象以外は、無関心と憎悪の対象になる。愛着と差別は、自分にとっても他人にとっても苦しみの源である。

カルナとマイトリ

真の愛は親切と共感という形であらわれる。ヒンドゥー教や仏教の哲学で用いられるカルナ、マイトリという用語は、親切と共感にあたる。カルナは他者の苦しみを取り除くことのできる能力のことであり、マイトリは他者に幸福をもたらす。**愛着することなく他者の幸福に気を配れば、あなた自身が幸福になる。これは普遍的な法則である。**マイトリとカルナは何も見返りを要求しない。真の愛は、親、配偶者、子ども、親類、同国人に限定されない。マイトリとカルナは愛をすべての人びと、すべての存在へと拡大する。マイトリとカルナには差別が存在しない。差別がなければ、愛着もない。愛着がなければ、苦しみも緊張も痛みもない。

実際のところ、『真の愛』は人間存在の真の本性である。真の愛は、私たち人間の心の中にしかない。誰でも、ちょっと努力するだけで、自分の内面に真の愛をもつことができる。ほんの取るに足らぬ努力で、真の愛に到達することが可能だ。その努力とは単に、自分の内面や周囲で起きることをしっかりみることだ。見るためには、瞑想が必要だ。そして瞑想できるためには、単純で純粋な生活をする必要がある。

Love is ...

- 愛着（「私だけを愛して」「あなたは私のもの」）に囚われた愛は、実は愛ではなく単なる利己主義である。
- 愛は人間存在の真の本性であり、かならずや幸福をもたらす。真の愛は親切と共感という形をとる。
- 愛は内面にも周囲にも調和をもたらす。真の愛は特定の人びとに限定されず、すべての人とすべての存在に及ぶものである。

ビゼイ・ゲワリ　Bijay Gyawali

ネパールの臨床心理学者、鍼灸師。国際医療福祉大学（日本）卒業。ネパール指圧鍼灸協会の創立者・副議長。東洋医学に関する著書が二冊ある。ネパール内戦が精神衛生に及ぼした影響に関する論文により、日本で学位を取得。

019

ストックホルム症候群

このような偽りの愛の罠にはまってはいけない

フランク・オクバーグ――アメリカ

夫に虐待されている妻、親に虐待されている子ども、強盗の人質にされた人、そうした人の中には、加害者に対して愛に似た感情を抱く人がいる。これは「ストックホルム症候群」と呼ばれる。最初にこの用語を定義した精神科医フランク・オクバーグは生涯にわたって、心的外傷後ストレス障害、連続殺人犯と被害者などを扱ってきた。彼は赤十字のボランティア医師として、地震、洪水、火事、飛行機事故の現場で、多くの家族を支援してきた。そのオクバーグ博士が、この偽りの愛の感情の背後にあるシステムを解説する。

時として、思いがけない、奇妙な状況で愛が生まれることがある。そのたびに私たち精神科医は説明を求められる。一九七〇年代半ばにストックホルムで起きた事件のときもそうだった。銀行員クリスティンが、彼女を金庫室に六日間監禁した強盗犯オルソンに対して愛情を抱いたという事件である。このとき、「ストックホルム症候群」という用語が生まれた。

私たちがこの現象を「症候群」と呼ぶのは、以下の三つのことが認められるからである。(1)人質が犯人に対して強い好意をおぼえる。(2)犯人も人質に対してポジティブな感情を抱く。(3)犯人と人質の双方が、犯人を逮捕して人質を救出しようとしている警察権威に対して反感を抱く。当時、私はアメリカ政府の依頼で、精神科医としてＦＢＩで、凶悪事件を解決する「交渉人」を教育したり、誘拐されたり人質にされたりした人に面談したり、人質事件が長引いたときには捜査本部にいて、アドバイスをしたりしていた。一九七七年に旧オランダ領モルッカ諸島で、テロリスト集団が学校と汽車で人質をとって立てこもったときも捜査本部にいた。人道主義的な立場から、私たちはストックホルム症候群を大切にする。というのも、犯人が人質に好意的な感情を抱くということを利用して、人質の命を救えるからだ。私たちは犯人との交渉人に、ストックホルム症候群がみられないかどうか探すこと、そしてそれを助長するようにアドバイスする。

コラム

ストックホルム症候群とは何か？

一九七三年にストックホルムで起きた銀行強盗人質立てこもり事件（銀行員たちは六日間人質になった）にちなんで、ストックホルム症候群と呼ばれるのは、次のような現象だ。人質や被害者の四分の一が犯人に対して共感や好意を抱いているようにみえ、なかには犯人をかばう者すら出てくる。少数ながら、犯人に恋心を抱く者もあらわれる。

この用語は予想外の愛情のさまざまな例についても用いられ、イギリス人に対するインド人の感情や、フランス人に対するアルジェリア人の感情のような、かつて植民地だった国の人びとの感情についても用いられる。

生きる許可

私はこの症候群の発症過程を次のように説明した。まず突然、予想だにしていなかったのに、人質にされる。銃が発砲される。悲鳴が聞こえる。これまでの生活がひっくり返される。人質はしゃべることも、動くことも、トイレに行くことも禁じられる。まるで幼児のように、生活の最低条件に関して、親のような存在に全面的に依存しなければならなくなる。多くの人の体験談によれば、彼らは「自分が死ぬのだということはわかっていました」と言う。たんに「死ぬのだろうと思った」というのではない。死ぬことが「わかっていた」のだ。だが、そうした全面的な無力感に襲われた後で、急に、動くこと、話すこと、食べることを許される。危険を招いたのと同じ、力をもった恐ろしい存在、つまり犯人から「命の贈り物」が贈られるのだ。人質はみな、犯人の残忍性を否定する。それどころか、犯人は究極の親切、すなわち「生きてもいいという許可」を与えてくれたのだ。

たいてい人質たちが語ったのはごく断片的なことだったが、それをまとめてみると、彼らが感じたものは感謝に似た感情だったということがわかる。しかも痛みとか恐怖から解放されたという歓びでもあった。この感謝に似た、歓びにみちた感情は、母の愛、友だちの愛、恋人の愛など、さまざまな人間の愛の根源かもしれない。ある人質経験者は若い犯人について、「私の十代の息子みたいだった」と語った。彼が浮かべた、いかにも父親らしい温かな笑みを、私は今でもおぼえている。別の人質経験者は、「彼らは毛布をくれた。タバコをくれた。彼らは人殺しだが、それでも人間だった。同情したくなるのを、必死に我慢しなければならなかった」と語った。年齢や性別がちょうどいいと、恋愛関係が生まれることもある。ストックホルム事件の銀行員クリスティンや、誘拐されたパティ・ハーストがシンバイオニーズ解放軍のクージョに抱いた感情は、その一例だと思われる。

力をもった人間

私は数十年間にわたって監禁や人質の力学を研究してきたが、いまだにある種の状況においてはストックホルム症候群がみられる。それは人質が、(1)恐怖に震え上がっているとき、(2)幼児化したとき、(3)生存の糧《かて》を与えられたとき、(4)犯人との絆を深めるだけの時間と機会が与えられたとき、である。この比較的稀な状況が広く知られるようになると、ストックホルム症候群は、予期していなかった感情が生まれるという事例にも適用されるようになった。たとえば、横暴なコーチに対して忠誠心を抱くとか、虐待され続けた妻が従順になるとか。

これらの歪んだ愛着は、ストックホルム症候群の要素を含んでいる。力をもった人間が親の役割を担う。しかも生命を脅かすようなやり方で、または象徴的な形で生命を脅かすようなやり方で、親の役割を演じる。その人間に刃向かうと、すぐに、生命や生活や地位を脅かすような厳しい罰が与えられる。どこにも逃げ場がない（少なくとも、完全に支配されてしまった人の頭のなかでは）。だが、ほっとする瞬間がある。目指していた目標への道がみえてくる。死を確信していたところへ、突然、生命の光が差し込んでくる。その結果生じる外傷的な絆は、理性を超えているし、しばしば無意識のうちに生まれてくる。

偽りの愛

それまで隷属させられていた人にとっては、それは愛のように感じられるかもしれない。だが警告しておくが、これは偽りの愛であり、不健康な愛であり、避けるべきものである。もしそのような罠《わな》に陥り、そこからどうしても抜け出せないとしても、それはあなた自身のせいではない。しかし**感情的に誰かに縛られて生きる人生は、どこかおかしい**。これまで多くの女性が、友人たちや、DV被害者保護施設などの助けを借りて、そうした生活から救出された。もっと微妙でわかりにくい形で、いやな仕事に縛り付けられている、という場合には、適切な第三者の仲介や法による保護が必要だろう。いずれにせよ、まず安全で安心できる場所をみつけてそこに逃げることが大事だ。その上で、自尊心と自分自身を取り戻さなくてはならない。

ストックホルム症候群は真の愛ではない。それは、死の宣告が急に生存への希望に変わったときの、一時的な慰めにすぎない。本来、ストックホルム症候群は誘拐や人質事件にのみ使われるべき用語だが、その諸要素は、暴力行為が一時休止してほっとした瞬間に生まれる歪んだ感情にも当てはまる。自由と尊厳が私たちの究極の目標であることを忘れてはならない。自由と尊厳があるときに初めて、私たちは成熟した、信頼できる愛を経験できるのである。

Love is ...

- ストックホルム症候群を特徴付けるものは、犯人と人質の間に生まれる好意的な感情と、その双方が外部の権威に対して感じる反感である。
- この用語は、生きてもいいという許可、極端な感謝、死の予感の後の安堵など、さまざまな強い感情に起因する、予期しなかった愛情にも適用される。
- ストックホルム症候群は愛のように感じられるが、真の愛ではない。自由と威厳があって初めて、私たちは成熟した愛が経験できる。

フランク・オクバーグ　Frank Ochberg

ミシガン州立大学（アメリカ）で、刑法の助教授、ジャーナリズムの助教授を経て、臨床精神医学の教授。国際心的外傷後ストレス障害学会の創立者・理事で、同学会から最高栄誉である終身偉業褒賞を受賞している。同僚たちとともに、犯罪事件分析アカデミー、「内部からの贈り物」（心的外傷後ストレス障害の人びとに対する支援組織）、（連続殺人事件に対する）共同体意識・保護委員会などを推進してきた。また、ジャーナリストが外傷後ストレスを理解し、外傷後ストレスの専門家がジャーナリストを理解するための「ジャーナリズムと心的外傷のためのダート・センター」を創立した。

020

ストレス下の愛

日々の諍《いさか》いが私たちのプラスの感情を蝕《むしば》んでいく

ギイ・ボーデンマン――スイス

「日々のストレスこそが愛の隠れた敵です」と、ギイ・ボーデンマン博士は語る。彼は二〇年以上にわたって、二〇〇〇以上のカップルを対象に、その職場から寝室にいたるまで、日常のストレスが親密な人間関係に及ぼす影響について、分野横断的・長期的・実験的な研究をおこなってきた。

私の第一の目標は、日常的な条件がどのように愛に悪影響を与え、なぜ最初は幸福だったカップルの関係の質が時間とともに低下していくのか、そのメカニズムを明らかにすることだ。第二の目標は、その発見にもとづいて、カップル療法で用いるための予防戦略と方法を開発することだ。私たちの研究結果によれば、愛はしばしば、一方ではストレスによって、また他方では、そのストレスに対する間違った対処法によって、破壊される。それが私たちの研究の最も重要な発見である。

1　日常のちょっとした不和。外部からの慢性的なストレス（日々蓄積していくちょっとした不和）のせいで、関係はしだいにぎくしゃくしていき、相手に対するプラスの感情（思いやり、気配り、愛情）が減退し、二人は少しずつ、だが着実に、疎遠になっていき、ついには愛がなくなってしまう。

2 私たちは気付いていない。右のようなプロセスはしばしば意識の外で進行するため、カップルは関係がかなり悪化するまで、ストレスの悪影響に気付かない。

3 道に迷う。外部からの慢性的なストレスは、次の四つの媒介プロセスを通じて、カップルにマイナスの影響を与える。(1)いっしょに過ごす時間が減り、したがって、いっしょに何かを経験する機会が減り、「私たちはいっしょに生きている」という感覚が失われていき、相手に対して自分をさらけ出す機会も減り、関係が悪化していく。(2)たがいを否定するような会話が増え、たがいに反感をおぼえるようになり、双方とも自分をさらけ出さなくなると、家族生活が蝕《むしば》まれ、パートナーはたがいに遠ざかっていく。(3)睡眠障害、セックス障害、暗い気分などの心理的・肉体的危険が双方にのしかかり、バランスを乱す。(4)ストレスが多いと、人格のマイナス側面（頑固さ、貪欲、支配、不寛容）が表に出てくる。主体がそれらを隠し通せなくなるからだ。以前は相手のことを肯定的にみていたのに、見方がだんだん否定的になる。

4 他の要因が事態を悪化させる。外部からの慢性的なストレス（職場でのストレス、隣人たちとのストレス、実家でのストレスなど）が増えると、結果的に離婚する可能性が高まる。したがって、しばしば、親密な関係に忍び込んでくる外部からのストレスが引き金になって、親密な関係が悪化し、崩壊へと導く。

5　いっしょにストレスに対処する。ストレスに対して二人が「いっしょに」対処できれば、結婚生活の安定性とそれがもたらす満足度が高まる。私たちの研究によれば、二人が共同でストレスに対処する(一方が他方を助ける。あるいは二人が力を合わせて対処する)ような夫婦は、愛を実感する度合いが高く、結婚生活の質も高く、ストレスを感じる度合いが低く、心理的・肉体的健康度が高い。

6　二人がいっしょにストレスに対処すると、関係の満足度と安定性が高まるが、それだけでなく、共同作業は、言葉による攻撃から生じるストレスを軽減させるという重要な役割を担っている。外部のストレスが二人の関係に侵入し、言葉による攻撃の危険性を高めることがあっても、共同作業によってそれを軽減させることができる。

7　経験の共有。日常生活におけるストレス経験について、たがいに腹を割って話し合い、相手の話に耳を傾け、相手の経験を理解するよう努め、相手がその悪い経験に効果的に対処できるよう力を貸す（共感・理解を示して励ます、相手を信じる）ことによって、より幸福な関係を築くことができる。

8　言葉以上のもの。私たちの研究のもうひとつの重要な発見は、愛にとっては、たんなるプラスのコミュニケーション(お世辞を言う、贈り物をする、愛情を示す）よりも、たがいに相手を支え合う（いっしょにストレスに対処する）ほうが重要であり、反感的・否定的なコミュニケーションよりも、そうした積極的な共同作業のほうが愛に強く働きかけるということである。

9 たがいに支え合う。相手が心理的にも生理的にも関心を示すことで、ストレスを抱えている人は、より早く立ち直ることができる。

生理的には、ストレスを抱えているとコルチゾールの値が高くなるのだが、相手が協力的だと、コルチゾールの値が下がる。

ギイ・ボーデンマン Guy Bodenmann
チューリッヒ大学（スイス）の臨床心理学教授。カップルにおけるストレスとそれに対する対処法が、研究のメインテーマのひとつである。『社会関係・人間関係研究』をはじめ、数多くの国際学術誌の編集委員をつとめている。また「カップルのストレス対処法を高めるトレーニング法」を開発した。

021

七つの原理

愛は取り込むと同時に排除する

ヴォルフガング・グラッァー――ドイツ

「社会学の視点からすると、愛は何よりも感情ではなく社会関係と捉えられます。それは重要な他者と彼らの反応に向けられているのです」とヴォルフガング・グラッァー博士は語る。愛についての彼のアドバイスは、社会的な絆に関する七つの原理にもとづいている。

愛とは、二人以上の人間の決断にもとづいた、二人以上の人間どうしの関係である。それは人間関係を規定するために、日常生活において強力な場所を占めている。愛から葛藤が生じることもある。なぜなら愛されている者は特権的な立場にあり、愛されていない者はしばしば不利な立場に置かれるからである。愛が混沌を招くこともあるが、愛のない生活は堪えがたいだろう。愛は、共同生活をしていくために必要な、社会的な絆のさまざまな基盤のひとつにすぎない。ただし、愛だけでなく、

1　信用がなければ、生きていけない。私たち

は、「ふつうの条件下では、周囲にいる人たちは私たちに本当のことを話し、悪意をもった行動はしない」と信じていないといけない。

2　**信頼性がないと生きていけない。**約束を守ることは大切だ。

3　**誰かに認められないと、生きていけない。**私たちは他者に認められることを欲し、他者は私たちに認められることを欲する。

4　**社会的なネットワークにおいては、互恵関係が必要である。**私たちが誰かに物をあげたり、親切にしたり、誰かの役に立ったりすれば、ある種のお返しが期待できる。

5　**助け合いが最も基本的な価値観である。**誰もが人生の途中で困った状況に陥る可能性があり、誰もがそれを手助けする立場に立つ可能性がある。

6　**安定こそが個々人の基本的欲求**であり、それを築くことが個人あるいは社会的制度の責務である。

7　**公平さと正義もまた基本的欲求である。**これを侵すことは個人にも社会にも問題を引き起こす。

人生に必要なのは、右にあげたような欲求と価値観の基本的要素どうしのバランスである。誰もが、希望や感情についての自分なりの「カクテル」をつくらなくてはならないし、この全体的な仕組みのどこに愛を位置づけるかを決めなくてはならない。自分の欲求を全部同時にみたすことは絶対にできない。

愛の機能は両義的である。通常の状態では、愛は私たちの世界に秩序をもたらす原理だが、反対に混乱をもたらすこともある。愛の関係は秩序をもたらす。なぜなら私たちは人生で出会ったすべての人と関係を構築することはできないからだ。愛という原理は一部の人間を取り入れ、他の人間を排除する。排除の原理がとくに働くのは、恋人や夫婦の場合である。自分のパートナーになりそうな人たちの中からひとりを選び、他を排除するからである。子どもが生まれると、夫婦は、家庭外での人間関係が減る。愛は、愛している人、好きな人だけを受け入れ、愛していない人、好きでない人を排除する。

これらの洞察にもとづいたアドバイスとは？

自分を愛しなさい。あなたはこの世にただひとりであり、自分を愛することは自分のためになる。自分の人生を愛しなさい。それはひじょうに貴重なものであり、永遠には続かない。恋人を愛しなさい。恋愛は素晴らしい体験であり、あなたは相手からの愛を必要としている。周囲の人を愛しなさい。何かが起きたとき、助けてくれる人たちがいるというのは素晴らしいことだ。すべての人類を愛しなさい。とくに弱い立場にいる人たちを。私たちは全員、人類の一員であり、慈悲や助けを必要とするような事態は、誰にでも訪れる。人生に必要なのは愛だけではないが、愛は人生にとって最も重要な欲求である。

ヴォルフガング・グラツァー　Wolfgang Glatzer
フランクルト・アム・マイン（ドイツ）のゲーテ大学の社会学教授。生活の質（ＱＯＬ）について何冊もの著書を出版している。国際「生活の質」学会の会長、および『幸福研究』誌の編集委員を長年つとめている。

022

愛とは、自分のもっていないものを与えること

相手を放っておけるようになるには、相手をじゅうぶん愛さなくてはいけない

ポール・ヴェルハーゲ——ベルギー

「幸福と並び、愛はおそらく人生における最も重要なものです。愛という言葉はすぐに、死ぬまでいっしょに生きたいと思う『たったひとりの』人というイメージを連想させます。でも現実は私たちに辛い修正を迫ります」とポール・ヴェルハーゲ教授はいう。「愛とは、自分がもっていないものを与えることです」。

現代社会の特徴である「不信」は愛の領域にも到達しているようだ。大事な「たったひとりの人」が結局は期待はずれなのではないかという不安から、私たちは自分を守ろうとする。別離は日常茶飯であり、多くの結婚は法律に守られてかろうじて続いているという有様だ。ほとんど気付かないうちに矮小化《わいしょう》がおこなわれており、恋愛はしだいに結婚と同義になり、エロティシズムと愛が混同されている。まさにこの混同が悲劇の原因になっている。エロティシズムは単純化されて、ただの性欲、つまり緊張と弛緩になり下がっている。この過程で、相手が誰であるかはあまり重要でなくなり、相手の人は目標ではなく手段にすぎなくなっている。したがって交換可能だ。だが真の愛においてはその逆だ。相手は中心であり、憧れの的であり、こちらを、すべての犠牲にしてもいい

という気持ちにさせる。セックスはそれほど重要でなくなり、崇高な愛にとってはむしろ有害なものだという気がしてくる。この天と地ほどの違いをどう理解したらいいのだろうか。

それはみかけほどむずかしくない。**愛の基本モデルは、男女間のエロティックな関係ではなく、むしろ母と子の間の人間最初の関係である。**母子関係をどう経験したかが、後の恋愛関係すべてに強い影響を与える。ということはつまり、母子関係の基本的特徴を考え直してみる価値があるだろう。

排他性

子どもがまだお腹にいる間は、母子間の愛情関係は全面的であると同時に排他的である。生まれた後でも、母と子はまわりから孤立したひとつの単位であり、そこでは母は子にとって、また子は母にとってすべてである。二人の異なる人間どうしの関係ではなく、母子は完全に合体し、閉ざされているため、外部の人間が入り込む隙《すき》はない。このことを一番痛感するのは父親である。父親になったばかりの男性は、自分が妻を失い（妻は母親というものに変わってしまった）、自分にはほとんど理解できない母子の濃密な関係から排除されているという喪失感を埋め合わせるため、「自分は父親になったのだ」という事実をよく自分に言い聞かせなくてはならない。

ここに、成人してからの恋愛関係において避けられない問題を生じさせるもの、つまり排他性（の要求）という問題がある。恋愛の相手は私のもの、いや私だけのものであって、第三者は必然的に関係を脅かす存在である。子どもの場合は新しい弟や妹、新婦にとっては姑。自分の親が他の子どもの世話をしたり、子どもが自分以外の親的存在に関心を示したりすることは我慢がならない。ライバル関係は耐えられない。いつでも自分が一番でないと気がすまない。

この排他性への欲求が最も重要になるのは、生命の掟により、母親と赤ん坊のすべてを含んだ関係が壊れるときである。身体的分離が、しだいに精神的分離となり、結果的に、けっして満たされることのない欲望が生まれる。どうして満たされないかといえば、かつての全体的な関係は二度と戻ってこないからだ。それを一番よく表現しているのは、かつてある幼児から聞いた言葉だ。「ママが大きなキノコだったらいいのに。そうしたら僕はその中に住めるのに」。

鏡のような恋愛

最初の母子合体関係が壊れると、愛の関係が、与えることと受け取ることの関係へと移行する。ただし、どれほど与えたり受け取ったりしても、かつての融合を取り戻すことはできない。ここに、人間独自の特徴の基盤がある。人間は、自分の欲望には究極の解決法がないということを悟ると、想像力を駆使して、次から次へとさまざまな解決法を生み出す。

究極の解決法がないことを悟るための必要条件は明らかだ。まず母親から離れ、その後で、誰か他の人と新しい関係を築くことだ。この新しい関係においては、自分の人格の場所と相手の人格の場所との両方がある。この母子分離がうまくできないと、その後の恋愛関係はひじょうに強迫的なものになる。私が、私だけが、相手の欲望をみたせるのであり、相手が、相手だけが、私の欲望をみたすのだ、というような恋愛関係である。これは鏡のような恋愛であり、そうした恋愛は二つの理由から、かならず失敗する。その欲望は誰にも満たすことができないからであり、それを相手に要求することは、相手を別人格と認めていないからである。

幻想

成熟した恋愛はそれとは正反対だ。ある患者が、精神分析治療の最後に言った言葉がそれを一番よく表現している。「相手のことを放っておけるようになるには、相手をじゅうぶんに愛さなくてはならない」。相手の空洞を自分がもっているもので急いで埋め、それによって欲望を麻痺させるのではなく、放っておくことが大事なのだ。

放っておくということはつまり、相手が自分とはまったく違う存在であることを認めることである。これによって、両者の違いにもとづいた関係が築ける。**成熟した恋愛においては、はっきりとした形ではけっして与えられないものを受け取るのであり、**自分がもっていないものを与えることだ。フランスの精神分析家ジャック・ラカンはこう言っている。「恋愛、それは自分のもっていないものを与えることである」。

私たちの生きている物質文明の悲劇は、私たちが生まれつき、金で買えないものはない、という幻想を抱いていることだ。物の価値は商品的価値で決まるのであり、契約書が質を保証するのだ、と。愛は、これが真実ではないことの生きた証拠である。

Love is ...

- ほとんど気付かないうちに、矮小化がおこなわれていて、エロティシズムと恋愛が混同され、恋愛は結婚に矮小化されている。この混同が悲劇を生んでいる。
- 恋愛の基本モデルは母子関係であり、この関係は排他性への欲求をともなう。
- 私たちは母親から離れ、どこか他の場所で、他の誰かと、たがいの人格を認め合うような新しい関係を築かなくてはならない。

ポール・ヴェルハーゲ　Paul Verhaeghe

臨床心理学者・精神分析家。ゲント大学（ベルギー）教授であり、社会的変化・アイデンティティ・心理的問題の関係に関心を寄せている。その著者はいずれも世界的に売れている。『孤独の時代の愛』は八カ国語に翻訳されている。趣味は庭いじりとマラソンである。

023

ミケランジェロ現象

たがいの長所を引き出す

クマシロ・マドカ――イギリス

「私は長年にわたる同僚たちとの共同研究によって、恋愛関係が深まると、二人は、自分がなりたいと夢みているような人間になれる、ということを発見しました」と、クマシロ・マドカ博士は語る。自分の、あるいは相手の中にいる、ミケランジェロを発見しようではないか。

ミケランジェロはこう語ったと言われる。自分は彫刻家として、石の外側を削り、その中に眠っている理想の形を明るみに出すのだ、と。そこから類推して、ミケランジェロ現象理論は次のように考える――人間の内に眠っている理想的な形、「理想的な自分」、つまり自分が一番なりたいと思っているような人間を明るみに出すには、才能ある彫刻家が必要だ、と。恋愛中のカップルは、そうした彫刻家になるのに最良の位置にいる。おたがいに、長期間にわたって相当な影響を及ぼし合うのだから。

しかし、恋人たちは、それぞれの中にある最良のものを引き出すこともあれば、最悪のものを引き出すこともある。たとえば、メアリーがもっと積極的になりたいと思っている場合、ジョンがそれを後押しするような態度をみせれば、メアリーは、たとえジョンがいないところでも、自信をもって自分の意見が言えるようになるかもしれない。反対に、もしジョンが、メアリーの引っ込み思案が永久に変わらないと信じていているなら、メアリーがますます自分の意見が言えなくなるような態度をとってしまうだろう。このように、**恋人たちのおたがいに対する期待は、相手の自己実現を助けることができるのだ。**相手の特質を引き出し、相手が理想に向かって進む手助けができるのである。

理想的な自分

恋人たちがおたがいの中から、自分にとって望ましいもの、望ましくないもの、重要でないものを引き出したとする。その結果、どうなるのだろうか。われわれの研究によれば、おたがいに「理想的な自分」に近づけば近づくほど、自分自身について、またこの変身を可能にしてくれた関係について、良い感情を抱くようになる。反対に、望ましくない特質や不適切な特質を引き出してしまった場合は、自分自身や関係についてマイナス感情を抱くようになる。このように、二人の関係の枠内で、理想にどれだけ近づくか、あるいは遠ざかるかによって、恋愛関係はより深くなったり、弱まったりするのである。

もちろん、自分の目標を追求しながら、同時に、相手の支えになるだけの時間とエネルギーと動機がつねにあるとはかぎらない。とくに現代の恋愛関係はあれこれ問題を抱えている。おたがいが自分の目標を追求しながら、他者、たとえば子どもたちの要求もみたさねばならないからだ。カップルの一方、あるいは両方が多大な犠牲を払ったり、自分の目標を断念したりすることも珍しくない。こうした状況においては、**関係を深める秘訣は、双方が自分の目標を追求し続けることができるような解決法をみつけることだ。**たとえば、人が思い描く理想的な未来像はひとつではなく、そこにいたる道もさまざまである。また積極的に目標を追求するのではなく、単に理想的な未来を夢みるのを楽しんでいるだけのこともある。そのような場合、それぞれが目標を見定めて、ある特定の理想や、そこにいたるひとつの方法だけにこだわることなく、相手のこともじゅうぶん考慮に入れた方法を考えることが重要だ。それに、望ましい特質や目標は、長い人生の間に変わっていくものである。関係を持続させるためには、カップルの双方がそうした変化に気付き、それに応じて自分の行動を変えていく必要がある。

人間的成長

恋愛関係は人間の成長にとってきわめて重要な役割を演じる、と主張するのはミケランジェロ現象理論だけではない。私たちの発見を補うように、他の研究は、恋愛が愛着でもあることを明らかにしている。つまり、幼児が自分の保護者を「安全な基地」として用い、そこから人間的に成長していくのと同じように、成人もまた恋愛関係を「安全な基地」とし、自分の人間的成長を追い求めていくことができる。また他の研究によれば、より大きな幸福感が得られるかどうかは、自立や依存への欲求など、自分の基本的な心理的欲求をどれだけ満たせるかによる。自立と依存はしばしば正反対のものとみなされているが、さまざまな研究によれば、**最良の恋愛関係とは、パートナーがたがいに自立と依存への欲求をみたせるような関係である。**

しばしば、恋愛は各人の自由を制限し、望んでいない変更を余儀なくさせるものだとみなされているが、私たちの研究によれば、恋愛関係においては、双方がたがいの最良のものを引き出すことができ、二人の関係を安定した基盤として用いることで、個人的な成長を経験し、自分の最も重要な目標を達成することが可能である。

Love is …

- 最良の恋愛のひとつは、カップルの双方がたがいに、自分がなりたいと思うような人間になるのを助け合うような関係である。
- カップルの双方に、相手が重要な目標を達成するのを手助けする時間とエネルギーがあるとはかぎらないが、その目標は時が経つにつれて変化するものであるから、柔軟性をもってよく考えながら対処していくべきであろう。
- 「自立したい」という欲求も「誰かに頼りたい」という欲求も、ともに人間の基本的欲求である。その双方がたがいに補い合うとき、恋愛関係もそれだけ豊かになる。

クマシロ・マドカ　Kumashiro Madoka

ロンドン大学（イギリス）ゴールドスミス校の心理学准教授。ノースカロライナ大学チャペル・ヒル校で、最初にミケランジェロ現象理論を提唱したキャリル・ラズバルト教授の下で学位論文を準備していたときに、「自己」と「親密な関係」というこれまで別個であった二つの領域を統合することに関心を抱いた。数多くの学術論文の他、人間関係における「自己」に関する共著が複数ある。

024

私たちは何を望んでいるのか

私たちは、自分が好意をもっている人を、あたたかい肯定的な光をあててみている

ラーズ・ペンケ――イギリス

独身者に向かって、どんな恋人を求めているかについて質問すると、かなり具体的で明確な答えが返ってくる。しかし、そのイメージと最終的に選んだ人とは一致するのだろうか。ラーズ・ペンケ博士は、私たちは自分が何を欲しているのかを知るべきかどうかについて研究している。

自分が思い描いていた理想像と実際に選んだ恋人がまったく違うということはよくある。たとえばお見合いパーティーの参加者が、心のあたたかいリッチな人が好みだと宣言したとする。たしかに、人は相手がそうした資質を備えているかどうかを数秒で見抜くが、実際にデートを申し込む相手は全然違うタイプだったりする。同様に、遺伝的背景と育てられた環境が同一の一卵性双生児の場合、思い描く理想的恋人像はほぼ同一だが、実際に二人が選ぶ恋人はそれとは無関係だ。実際、遺伝子的により離れたふつうのきょうだいと比べた場合、恋人の選択

は、遺伝子の影響を受けないほとんど唯一の点であるかのようだ。すでに述べたように、思い描く理想の恋人像や、他の心理的特徴については、遺伝的要素が強い。

思い描いていた理想の恋人像と、実際に結ばれた相手とが、似ていることもある。しかし多くの場合、一致しているのは年齢のような些細な属性である。また、宗教、民族、教育などに関する好みが、家庭的・文化的環境の影響を色濃く受けている場合に、多くの一致がみられる。全体的に言って、**人は恋に落ちると、自分が欲しているものがよくわからなくなるようだ。**心理学者からすると、これはそれほど不思議ではない。なぜなら、人間は何かを決断するときに、実際に心の中で何が起きているのかについてごく一部しか知らない、ということを心理学者は知っているからである。また、人生における他の選択とちがって、恋人の選択は相互的でなければならない。つまり、一方だけが「自分の好みに合っている」と思うだけではだめで、相手もまたこちらに関心をもつ必要がある。結局、人が「魅力的な人がいい」とか「優しくて理解のある人がいい」と言うときに、実際には何を意味しているのかを知ることが重要である。「魅力的」と「優しい」について考えてみよう。

魅力的

男性にとっても女性にとっても、初対面のときに感じた肉体的魅力は、もう一度デートしたいという気持ちにさせる主要な要因のひとつである。肉体的魅力は、対称性、男性性／女性性、肌のなめらかさ、標準からの逸脱度などから客観的に計測ができ、現在ではかなりのことが判明している。しかし、**現実に男と女が初めて出**

会ったときに、どこに魅力を感じるかは、周囲にもっと魅力的な人がいるかどうかや、他の人たちがどんな人に魅力を感じているかなど、**他のさまざまな要因に影響される。**しかも、ある人の魅力は、こちらに対する態度によってかなり増すこともある。つまり、服装や身だしなみによってこちらに対する関心や「その気がある」ことを示していたり、自信たっぷりで近づきやすい外見だったり、微笑を送ってきたり視線を合わせたりして、こちらの気を惹こうとしていたりすると、より魅力的にみえるものである。

「魅力的なパートナーがほしい」と言うとき、その人が真に欲しているのは、こうした、こちらに向けたさまざまな合図なのかもしれない。

優しさ

未来の恋人に何を求めるかについてのランキングではつねに、優しさ、理解、あたたかさ、信頼性が上位を占めるが、そうした特性を求めている人が、かならずしも、誰がみても「いい人だ」と思うような人と結ばれるわけではない。たとえば、どんな人でも、恋愛の相手に関してだけでなく、人間全般に関して、信頼性を最も望ましい属性とみなしている。信頼性は、社会関係、とくに赤の他人との関係が成立するための前提条件である。**人はまた他人を、善人か悪人か、敵か味方か、といった大ざっぱなグループに分類し、**自分の好きなほうを過大評価する。そのため、同一人物に対して、「控えめ」と「自己主張が強い」、「柔軟」と「意志が堅い」といった相矛盾する特性を両方求めたりする。その上で「優しさ」と「あたたかさ」も求める。要するに人は最初から、自分が好意をもっている人物を、あたたかい肯定的な光をあててみているのだ。しかも、人はかならずしも、未来の恋人がすべての人に対してあたたかく優しいことを求めているわけではなく、自分に対してあたたかく優しいことを求めている。要するに、「あたたかくて優しい」人がほしいと言う人たちは、根本的にそういう性格特性の人を求めているのではなく、たんに自分を愛してくれる人を求めているにすぎない。

結局のところ、人びとが未来の恋人に求めるものを額面どおりに受け取るかぎり、**それは、その人が最終的に選ぶ人とは、まるで一致しない。**人間は、どうして自分が恋に落ちるのか、まるでわかっていないのである。ただし、恋人選びがでたらめに、あるいは、親近感とか偶然といった単純な要因だけで決まるというのではない。そうではなく、人が恋に落ちるときには、もっとたくさんの微細な、だが重要な役割を演じるプロセスが働いているのだ。たとえば人は、その場の雰囲気を読んで、あるいは自分が恋人としてどの程度魅力的かを計算に入れて、自分の希望を微調整する。また、女性の場合、生理と関連して、恋人選びの基準が周期的に変化する。人は、これらすべてのことを考えた上で恋に落ちるというわけではないのだ。

ラーズ・ペンケ　Lars Penke
スコットランド（イギリス）のエジンバラ大学の心理学講師。魅力、恋人選択、性的行動について、詳細な行動観察やお見合いパーティーの企画など、さまざまな方法を用い、進化論的視点から研究してきた。「個性と社会関係のネットワーク」の共同創立者でもある。

025

愛の化学

愛の博士の処方箋は、一日八回ハグし、「愛してる」と言うこと

ポール・J・ザック――アメリカ

彼の研究室は二〇〇四年に、脳内物質オキシトシン〔脳下垂体後葉ホルモン〕が、誰を信頼すべきかを決定することを発見した。これは世界的なニュースになった。ポール・J・ザック博士は、そのオキシトシンと人間関係の研究から、「愛の博士」と呼ばれている。彼は愛をどう扱うのだろうか。

私が現在も進めている研究は、オキシトシンが脳の「道徳分子」として働き、道徳的な行動を司っていることを明らかにした。現在、この発見は、文明や近代経済の根本を理解するために、あるいは、交渉をうまく進める方法を開発する鍵として、あるいは、神経・心理障害を抱える患者の治療に、活用されている。

「愛の博士」という呼び名に慣れるには多少時間がかかった。最初、大学院生たちが冗談のつもりで愛の博士と呼び始めたのだったが、ある雑誌記者のインタビューを受けた後に、その記者をハグしたことから、新聞や雑誌に「愛の博士」と書かれるようになった。私は科学者であり、十年間かけて、実験室で、人間を道徳的にする脳内化学物質を探した。人間の本性は優しいが残酷で、寛大

なのにけちくさく、我慢強いのに無関心だったりする。どうしてなのか。私が発見したのは、たとえ見知らぬ人どうしであっても、ほとんどすべての肯定的な社会的やりとりがあると、かならず神経化学物質のオキシトシンが分泌され、それによって人は顕著に他人に気を遣うようになる、ということだ。おお、これは大発見だ！

接触

私はさらに合成オキシトシンを安全に人体に注入する方法を開発し、これによって、まるで水道の蛇口をひねると水が出てくるように、他人への思いやりを示す道徳的な行動があらわれることを発見した。しかし薬品によってより共感的な世界を築くことはできない。そこで、オキシトシン＝思いやりという脳の回路を活性化させる他の方法はないだろうか、と考えた。そして私と私のチームは、接触がオキシトシンの分泌を促すことを発見した。そこで数年前、自分自身を実験台にしてみた。誰彼かまわずハグしてみたのだ。

驚いたことに、すべての人をハグすると公言したとたん、人びとの顔には微笑が浮かび、まるで稲妻の一撃のように（いやオキシトシンの一撃だ）、みんなが心を開いた。すべての人とのやりとりが以前よりもスムーズになった。**オキシトシンが分泌されると、脳は「目の前にいるこの人は安全だ。信頼してもよい」**という指令を出すのだ。私は、人間関係がより豊かになり、人生がより幸福になるのを実感した。恋愛相手に愛着するのも、親が子どもに気を遣うのも、オキシトシンのなせるわざだ。そのため、オキシトシンはしばしば「愛の化学物質」と呼ばれる。私たちが他人に気を配るのは、オキシトシンによって、他人を愛するように仕向けられているからだ。

慈愛

進化的には、オキシトシンは比較的古い脳内化学物質である。ということはつまり、愛は人間の本性の本質的な部分だということだ。私たちは愛を必要とする。それどころか、愛を渇望する。しかし、他人を無理やり自分のことを好きにさせることができないのと同じように、**脳に対して無理やりオキシトシンを分泌させることはできない**。できることは、他人のことを思いやり、それによってその人に刺激を与え、オキシトシンが分泌されるようにすることだけだ。そう、大切なのは愛という贈り物を贈ることだ。差別することなく。私が調査の対象にした人びとの九五パーセントは、愛の贈り物を受けると、愛のお返しをした。返さなかった五パーセントの人びとは、おそらく他の人たちよりもっと愛を必要としているのだろう。

愛の博士として、ひとつ処方箋を出そう。毎日八回はハグしなさい。一日に八人をハグすれば、配慮と共感の輪は少しずつ広がっていき、やがては愛情豊かな世界が生まれるだろう。もうひとつの処方箋は、「愛の言葉」を使うことだ。まわりの人に、愛していると言ってみよう。友達にも、同僚にも、近所の人たちにも。私の言っている愛とは「慈愛」のことだ。彼らの幸せを心から願う気持ちのことだ。さあ勇気を出して、始めよう。これにはちゃんとした科学的根拠がある。あなたが誰かを愛せば、愛は何倍にもなって帰ってくる。
すべてはハグから始まるのだ。

Love is …

- オキシトシンは進化的には古い脳内化学物質である。それは脳の道徳分子である。
- オキシトシンは恋愛相手への愛着を促す。それは接触によって分泌される。
- 愛という贈り物を贈ろう。一日八回ハグをして、心から彼らの幸せを願っていると言おう。

ポール・J・ザック　Paul J. Zak

カリフォルニア（アメリカ）クレアモント大学の、神経経済学研究センターの創立者・所長で、経済学・心理学・経営学の教授である。ロマ・リンダ大学医療センターの教授でもある。最初に公に「神経経済学」という用語を使った人物であり、この新しい分野の先駆者である。ベストセラーになった『経済は「競争」では繁栄しない——信頼ホルモン「オキシトシン」が解き明かす愛と共感の神経経済学』（ダイヤモンド社）の著者。

026

動物の愛

サルのカップルは一日の二〇パーセントの時間、ただいっしょに座っている

チャールズ・T・スノードン――アメリカ

科学者たちはつねに擬人主義、つまり人間の特質を動物に投影するという批判を恐れてきた。だがいまや彼らは、動物の行動における恋愛についても、大っぴらに発言しはじめた。チャールズ・T・スノードン教授はその分野の有名な専門家で、三〇年以上にわたってサルの行動を研究してきた。ティティ、マーモセット、タマリンといった種類のサルたちの愛の物語について語ってもらおう。

人間の言葉を学習したオウムのアレックスは、死ぬ前夜、長年の教師であり共同研究者であったアイリーン・ペパーバーグにこう言った。「愛している」。しかし、人間以外の動物のほとんどは、言語で愛を表現することはない。では、他の動物たちに愛が存在するかどうかを、どうやって判定するのか。

言語がないので、愛が存在するかどうかを判定するのは、行動に注目することになる。実際のところ、それは、異なった言語を話すためにコミュニケーションがとれない他の民族の人間関係を観察するのとさして変わらない。人間の場合、観察してみるとすぐに、愛情関係を示すいくつかの行

動パターンがあることがわかる。愛している者どうしがいっしょにいたがるかどうか。おたがいに相手に対して愛情のこもった行動を示すかどうか。離ればなれになったときに落ち込み、再会したときに歓びと安堵の表情を示すかどうか。同性の他人の前で、パートナーを守ろうとするかどうか。長期間にわたっていっしょにいるかどうか。物を分け合ったり、贈り物をしたりするかどうか。

これらが人間において愛情を示す行動だとしたら、他の動物たちにも同じ基準を用いることができるのではないか。人類のほとんどは一夫一婦制だが、一雌一雄制の動物には人間に最も近い愛情行動が見出される。南米の小型のサルであるティティサルの場合、カップルはしばしば尾を絡ませながらじっといっしょに座っている。自分のパートナーと別の同性のサルのどちらかを選択するような場面では、かならず自分のパートナーを選ぶ。パートナーと子どものどちらかを選ぶような場面ですら、パートナーのほうを選ぶ。

マーモセットとタマリン

同じく南米のマーモセット（キヌザル）とタマリン（シシザル）の場合、カップルは一日の二〇パーセントの時間、ただじっといっしょに座り、おたがいの毛繕《グルーミング》いをしている。ほんの短時間でも引き離されると、悲しそうな声で鳴く。再会すると、たがいに走りより、撫で合い、性行為に及ぶことも多い。マーモセットとタマリンは、雌に繁殖力がなくなった場合でも、またすでに妊娠している場合ですらセックスをするという点で、人間にひじょうに似ている。

これらのサルはよそ者に対しては攻撃的で、よそ者が近づくと、雄と雌が協力して撃退する。その後、長い時間、抱き合い、毛繕い《グルーミング》をし合い、セックスをする。野性のマーモセットやタマリンのカップルは数年間いっしょに生活をともにする。別れるのは、子どもを失うというようなショッキングな出来事が起きたときだけである。これは他の霊長類や一雌一雄制のネズミ（これらも数年間いっしょに生活する）の場合も同様である。

マーモセットやタマリンは、食べ物をみつけると特別な鳴き声を上げ、食べ物をパートナーと分け合う。マーモセットは、木の皮に穴を開けられる特殊な歯をもっていて、その穴から樹液を吸う。一匹のマーモセットが開けた穴から、家族全員が樹液を吸う。捕獲したサルを使った実験では、これらのサルは食べ物をみつけるために、全員が協力して問題を解決し、たとえ一匹が食べ物を独占した場合ですら、協力をやめない。これらのサルは、たとえ自身の分がなくなるとしても、あえてパートナーに食べ物を進呈しさえする。

愛情ホルモン

協力体制は子育てにもみられる。一雌一雄制の動物の場合、子育ての仕事は両親がうまく分担し、母親が授乳するときは、父親が子どもを抱きかかえるという肉体労働を引き受ける。また父親は、母親のおっぱいに吸い付こうとする子どもの関心をそらし、別の食べ物を与えて、離乳を促進する。子どもが父親の口に手を突っ込んで食べ物をとることさえある。

動物のカップルの行動は、多くのホルモンの変化をともなう。ヴォール（ハタネズミ）という小さなげっ歯類には、カップルが長期間いっしょに暮らす一雌一雄制の種と、長期間関係が続くことは稀な多雌一雄制の種とがある。一雌一雄制の種のメスは、オキシトシンというホルモンが脳内に分泌されると、身近にいるオスを好きになり（それがどんなオスであれ）、他のオスを避けるようになる。オキシトシンに似たバソプレシンというホルモンは、一雌一雄制のオスのヴォールに、同じような効果をもたらす。一雌一雄制のサルでは、長時間抱き合ったり毛繕いをしたりセックスをしたりするカップルは、それほど愛情豊かでないカップルよりも、体内のオキシトシンの分量が多い。オキシトシンは「愛情ホルモン」と呼ばれるが、これらのサルの場合、愛に似た行動やホルモンの分泌を保持するためには、身体的接触や頻繁なセックスが必要であると考えられる。

身近な接触

マーモセットの場合、オスは父親になるとますますパートナーに対して貞節になり、さまざまなホルモンの変化が生じる。新しいメスの臭いを嗅ぐと、父親でないオスは性的に興奮し、テストステロン［いわゆる男性ホルモン］が増大するが、父親のマーモセットは新しいメスの誘惑に無関心である。自分の子どもの臭いを嗅ぐと、父親のテストステロンは急減し、エストロゲンが増大する。

一雌一雄制の動物のオスとメスの間にみられる親密な相互行動は、一雌一雄制でない動物にはほとんどみられない。しかし、一雌一雄制でない動物の場合でも、母と娘や姉妹間、あるいは父と息子や兄弟間に、緊密な社会的絆がみられることもある。また、親密な身体的接触、たがいの毛繕い《グルーミング》、食べ物の分け合い、離ればなれになったときの不安などもみられる。つまり、一雌一雄制の動物のオスとメスの間にみられる異性愛的な行動は、他の種においては兄弟間あるいは姉妹間にみられるのである。

愛は人間だけのものではなく、みつけ方さえ知っていれば、他の多くの動物にもみられるものだということがわかる。

Love is …

- 人類のほとんどは一夫一婦制であり、人間の愛情行動に最もよく似たものが見出されるのは一雌一雄制の動物である。
- オキシトシンは「愛情ホルモン」とも呼ばれるが、一雌一雄制のサルの場合、愛情的な行動やホルモンを維持するためには身体的接触や頻繁なセックスが重要だと思われる。
- 愛は人間だけのものではなく、私たちがみつけ方さえ学べば、他の多くの動物にも見出される。

チャールズ・T・スノードン Charles T. Snowdon

マディソン（アメリカ）のウィスコンシン大学の心理学・動物学教授。生涯にわたるサルの研究において高く評価されている。三〇年以上にわたって、一雌一雄制のサルにおけるカップルの行動、子育て、ホルモンについて研究してきた。現在、サルの研究から得た知見や研究方法を人間の恋愛関係に応用しようと試みている。

027 愛は愛である

愛は愛ではないという人もいるが、それでも愛は愛である

キース・オートリー——カナダ

「多くの心理学者たちが、愛は愛ではなく別物であると主張してきた。愛着という状態への逆行だと主張する学者もいるし、ルーツをたどればサルの行動に行き着くと主張する人もいる。また、愛とは社会的交換だという人もある。これらの考えにはそれぞれ一理ある。それでもときに愛は愛である」と、キース・オートリー教授は言う。

私は同僚のマヤ・ジキックと、愛について本を書いた。愛は愛ではないと主張する学者は少なくないが、それでも愛は愛である。私たちはしばしば、とくにしばらくひとりぼっちでいると、なんだか心にぽっかり穴があいたような、人生の意味を失ったような感じがする。そのとき誰かに出会う。その人は素晴らしく見え、ほとんど神々しいほど輝いてみえる。そばにその人がいると、自分が変わったような気がして、自分が思っていたほどつまらない人間ではないように思われ、なんだか生き生きしてくる。あなたはその人をほとんど崇拝するようになり、その人があなたを受け入れてくれることが、あなたの人生に意味を与えてくれるような気がする。物ごとがうまく運んでいるときは、その人も、あなたについて同じように感じているのだと、あなたは思い込む。で、あなたに何ができるかというと、贈り物として愛を差し出すことができる。愛されることは幸運かもしれないが、忘れてならないのは、それが贈り物だということだ。だから、あなたもまた贈り返すことができる。

このように、愛とは私たちが必要としているものではない。恋人に、友だちに、家族に、子どもや孫に、贈ることができるものだ。もし幸運にも誰かから愛されたなら、自分の中にしっかりとした人生の意味が生まれ、あなたもまた誰かにその愛を贈ることができるはずだ。**愛とは、あなたひとりだけの問題ではない**。愛とは、誰か他の人を知ることだ。怒りは、関係がうまくいかなくなって、修復が必要なときの警告だ。相手を強く責めることなく、問題を解決すれば、相手のことがもっとよく理解できるようになる。

ロミオとジュリエット

パトリック・ホーガンによれば、世界のどんな社会でも、一番ポピュラーな物語はラブストーリーだ。典型的なストーリーは、二人の若者が結ばれたいと願うが、父親が反対するというものだ。悲劇的な場合、恋人たちは死ぬが、幸福な場合は、父親が折れて、カップルはめでたくゴールイン。「いつまでも幸せに暮らしましたとさ」となる。一番有名な悲劇は『ロミオとジュリエット』だろう。

恋に落ちるのに、あちこち遠くを探す必要はない。ただ自分の心を開けば良いのだ。すると部屋の向こう側に知らない人がいることに気付く。あなたはその人に惹かれる。ひょっとしたら二人の眼が合う。その後、しばらく会わないでいる間に、双方の頭の中で想像が広がっていく。そして再会したとき、相手の言葉の端々から、相手もこちらと同じように考え、感じていたのだと確信する。『ロミオとジュリエット』では、ロミオはジュリエットを崇拝してすらいる。彼は手を伸ばしてジュリエットに触れ、ソネットを口にする。ソネットとは愛を表現するための特別な形式の詩だ。その中で、ロミオはジュリエットを聖人にたとえている。一歩近づくたびに、妄想が頭の中で肥大していく。実際には相手のことをほとんど知らないのに。

崇拝は長く続かない。なぜなら相手は聖人ではなく、ふつうの人間であり、独特の個性と、その人だけの癖と、特定の欲求と要求を抱えている。そこであなたがしなくてはならないのは、舞い上がる心を抑えて、勝手な妄想を控え、自分の愛を相手に捧げることだ。ただし相手を聖人として崇拝するのではなく、ありのままをよくみて、人間として理解するよう努力しなければならない。そういう恋のステップを踏んだことが一度もないという人は多い。もしあなたもその中のひとりだとしたら、ありがたいと思うべきだろう。しかし、誰かを好きになるには別の（たぶんもっと良い）形もありうる。多くの文学は恋をめぐる葛藤を描いているが、恋というのは、基本的に、ひとりではできなかったであろうことを二人でできるようになることであり、ひとりだったらなれなかったような自分になれることである。

Love is ...

・愛についてはさまざまな理論がある。愛とは愛着である、進化である、社会的交換である、など。だが時として、愛は愛以外の何物でもない。それは贈り物であり、それをやりとりすることである。
・真の愛は、ありのままの相手を理解できるようになることである。
・最後に、崇拝や妄想を乗り越えることで、相手を深く理解できるようになる。

キース・オートリー Keith Oatley

心理学者、トロント大学（カナダ）名誉教授。ケンブリッジ大学（イギリス）卒、ユニバーシティ・カレッジ・ロンドンで学位を取得。パートナーである発達心理学者ジェニファー・ジェンキンス、およびダッハー・ケルトナーと共同で標準的な教科書『感情を理解する』を出版。小説を三冊出版しているが、いずれも恋愛小説。そのうちのひとつ、『エミリー・Vの場合』はコモンウェルス作家賞の最優秀新人賞を受賞している。

028

愛の六つの色

愛のスタイルは驚くほど多様だ

フェリックス・ネト——ポルトガル

カナダの有名な社会学者アラン・リーは、一九七〇年代に「愛の六つの色」として広く知られる愛の分類を発表した。それ以来、フェリックス・ネト博士はその色を用いて、世界的な規模で愛の研究を進めてきた。性別、世代、文化による違いはあるのか？　ストルゲー、ルードゥス、エロスが教えてくれる。

リーは、さまざまな人間の愛の形を、六つの社会的イデオロギーあるいはスタイルに分類する。リーによれば、これらのスタイルは生まれつき備わっている、学習・経験の基盤であり、おそらく文化や社会の影響を受けやすい。彼は「色相環」［色相を順に円環状に並べたもの］の比喩を用い、その上に愛のさまざまな「色」を位置づけていく。色と同じように、愛にも原色があり、二色混合、さらには三色混合がある。リーはその中から六つの比較的独立した愛のスタイルに着目した。原色に相当する基本の三スタイルはエロス（恋愛）、ルードゥス（ゲーム的愛）、ストルゲー（友愛）である。これらを二つずつ混ぜると、三つの二色混合スタイルができる。プラグマ（現実的な愛）、マニア（偏執的な愛）、アガペー（利他的な愛）。私の研究によって、どんなことがわかったか？

1 性差。愛のスタイルには二つの性差があることがわかった。男は女よりもより遊び的であり、より友愛的である。男のほうが、愛する人のために自分の要求を進んで犠牲にする傾向がある。これは、男のほうが供給者・保護者であるべきだという伝統的な役割分担のせいかもしれないし、単に男が社会的規範からイデオロギーを継承しているせいかもしれない。男のほうがアガペーが多い理由は、男のほうが異性愛に関してより理想主義的でロマンティックな見方をしているせいだろう。

2 世代。私たちは愛のスタイルの研究を人生全体にまで広げ、三世代にわたる女性の家族構成員、つまり娘、母、祖母の恋愛観を比較した。その結果、愛のスタイルに関しては世代によってずいぶん違った考え方をしていることが判明した。世代による違いがとくに顕著なのは、エロス、ストルゲー、プラグマ、アガペーに関してである。エロスについて言えば、娘の世代は、身体的な美の理想を含め、愛の身体的側面を重視し、強烈な感情を経験する（ただし偏執的愛のような要求的・所有欲的な欲求はもたない）。また母親の世代よりも自分の男性関係について自信をもっている。しかし、祖母の世代も、エロスに関しては娘や孫と大して変わらない。驚いたことに、老年になっても、精神的な面のほうが重要でないとみなされている。これが意外に思われるのは、社会が、性的なことを性行為に限定して考えているからだろう。年をとれば健康が失われ、性的表現も少なくなるが、かならずしもエロスのスタイルが影響されるわけではない。私たちの研究によれば、老人女性も中年女性も若年女性も同じようにエロス的な愛を経験する。このことから察するに、エロスは、これまで考えられてきたような、脆弱で一時的な経験ではないのかもしれない。この研究から推測されることは、エロス的な愛のスタイルは生涯にわたるものであって、青春時代に限定されるものではないということだ。

3 文化。愛に対するひとつの見方は、愛は文化的現象である、つまり経験と文化から生み出された、後天的に学習した行動である、というものだ。文化は意味を与え、経験を形成するものであるから、研究者は、愛や愛情関係に対する文化の影響を解明しなければならない。私たちは、アフリカ（アンゴラ、カーボベルデ、モザンビーク）、アジア（マカオ）、南米（ブラジル）、ヨーロッパ（フランス、ポルトガル、スイス）など、地球上のさまざまな地域で集めたデータに、愛の色相環がどれくらい適用できるのかについて検討した。その結果、①マニア、エロス、アガペーのような、強い個人的感情が関与するものは異文化間でもあまり違いがない、②厳格な規則を含み、したがって愛情度の低いプラグマ、ストルゲー、ルードゥスなどは文化による影響を受けやすい、という仮説が成り立つことがわかった。全般的結論を言えば、異なる文化間で共通する愛のスタイルがある一方、大きな興味深い差異もある。

愛の色彩

リーのモデルは愛の分類であり、愛にはさまざまな形があり、そのすべてがかならずしもロマンティックなものではないことを明らかにしようとしている。このモデルは愛を６つに分類する。

タイプ	説明
エロス	最も普通の形の恋愛をあらわす。その特徴は、突然、強く、愛する理想的対象の身体的魅力に惹かれることと、精神的に親しくなりたいという強い欲求、そして強烈な感情をオープンに表現したいという強い欲求である。
ルードゥス	エロスのほぼ正反対。相手の美しさに気付いてはいるが、愛する対象に捉われたりしない。ルードゥスは愛を、真剣には取り組まない、遊び心にみちたものであり、複数のパートナーをもつことも可能だと考える。その特徴は、精神的にどこか醒めていることである。いくつかの点で、恋愛から一番遠いものである。
ストルゲー	ゆっくりと育つ友情。共通の関心や活動を通じて、時間とともに自然に成長し、深い愛へと発展する。じっくりと築き上げた安定した基盤にのった、静かで快適な友愛。
マニア	このタイプのもっとも顕著な特徴は、偏執的で、満足を知らない、強烈な感情である。ルードゥスと同じように、マニア型の恋人は誰とでもうまくいくと信じているが、ルードゥス型と違って、諦めることができない。自分の魅力には自信がないので、相手のことがたえず気になり、相手に対する所有欲も強い。
プラグマ	論理的で、現実的で、常識的。まるで「買い物リスト」をじっくり眺めるように、相手の社会的地位とか個性を吟味する。いっしょにやっていけるか、結婚相手としてふさわしいか、自分の社会的地位にふさわしい相手か、などをじっくり考えるタイプ。
アガペー	利他的、つまり自己犠牲的で、義務感が強く、もらうことよりも与えることを第一に考える。感情よりも意志を、心よりも理性を優先するので、利益とか問題点は度外視して、相手に深く共感し、見返りを期待することなく愛の贈り物を惜しみなく与える。

フェリックス・ネト　Félix Neto

ポルト大学（ポルトガル）心理学教授。その学術的関心のひとつは文化と幸福の関係である。これまでに社会心理学および異文化間心理学に関する一六冊の著書と二五〇の学術論文を世に問うている。

029

黒と白

愛のスタイルはライフスタイルと関係している

ヒルトン・ラドニック、ケティ・パヴルー——南アフリカ

「南アフリカは多文化社会なので、愛のさまざまな側面を探求するためのひじょうに興味深い視点を提供してくれます」と、ヒルトン・ラドニック博士は言う。グローバル化していく世界で、黒人、白人、混血、インド系、アジア系の人びとは愛をどう見ているのだろうか。

南アフリカでは、先進国民と発展途上国民とが同居し、文化的にたがいに影響を及ぼし合っている。研究に際して、私たちは国民を四つの大ざっぱな民族グループに分け（黒人、白人、混血、インド系およびアジア系）、彼らがパートナーを選ぶときの基準について調査した。これら複雑多彩な民族グループが共存しているわけだが、歴史、過去の規制（アパルトヘイト）、あるいは自分の選択などの原因で、完全に混じり合っているわけではない。

南アフリカにおいて最も多い（八〇パーセント）民族グループは黒人だが、ひとくちに黒人

といってもさまざまな部族、さまざまな言語グループ、地域文化に分かれる。たとえば心理学教授ヌランラ・ムヒゼによれば、**そもそもアフリカ人というものは多層的で、宇宙とつねに対話している。**自己は、つねに対話しているために、環境の影響に合わせて全体的に変化し、異文化との接触による影響も受ける。それとは対照的に、南アフリカの白人は何よりも個人主義的であり、混血ははっきり分類することがむずかしい。最後に、インド系およびアジア系は自分たちの文化を守ろうとし、異なった世界観やイデオロギーに対して開かれていない。私たちが抱いた疑問は、それぞれの民族のパートナー選びがどれほど異なるかということである。私たちはヨハネスブルグ大学の学生四〇〇人（平均年齢二三歳）にインタビューした。

ロマンス

私たちはリーの「愛の色彩」モデル（一四六ページ参照）を用いた。この分類はひじょうに有効だが、限界もある。すべての人はこの分類よりも豊かであり、ある人をこの中のひとつのタイプに分類してしまうと、微妙なニュアンスが失われてしまう。そうした問題があるにもかかわらず、パートナー選びと民族性の相関関係についての私たちの研究はひじょうに興味深い結果を生んだ。

白人と混血の約四六パーセント、黒人の四〇パーセントが選択したのは、伝統的な恋愛に最も近いエロスだった。これに対してインド系・アジア系が一番多く選択したのはアガペーであり（二八パーセント）、エロスは第二位（二五パーセント）だった。明らかに**南アフリカでは、**

民族的な違いを超えて、いわゆる恋愛がパートナー選びの理想的な方法とみなされている。もっとも自己犠牲的な、愛を与えるスタイルであるアガペーは、全民族グループを合わせて第二位（二二パーセント）だった。この調査が示しているのは、文化的な違いを超えて、多くの人びとがロマンスを、つまり化学的変化、献身、身体的魅力、強烈な感情などを求めているということだ。恋愛からは最も遠いルードゥスを選択したのは全体の六パーセントにすぎなかった。ルードゥスの比率が一番高かったのはインド系・アジア系で、回答の一一パーセントを占めていた。

経済的豊かさ

文化的な違いの他に、私たちは男女の恋愛観の違いについても調査した。そこには明らかな違いが認められたとはいえ、その違いはそれほど大きくなかった。予想どおり、男性のほうが女性よりもルードゥスの比率が高く、長期間愛し合うよりも女性を征服することのほうが重要であることがわかった。ただしその違いは劇的というほどではなかった。同じように、女性のほうが男性よりもストルゲーの比率が高く、男性よりも、友情にもとづいた恋愛関係を望む傾向にあった。

社会経済学の視点からみると、さらに明確で重要な差が見出された。私たちは（上流から下層まで）社会経済的階層を五つに分け、どの階層で育ったかを調べた。いちばん上流から四番目の階層までは、八〇パーセントもの人が、結婚相手を決める最重要な基準は恋愛感情であると回答した。最後のグループ、すなわち経済的に最も困窮しているグループでは、その比率が五五パーセントにまで下がった。このグループはルードゥスの比率が高い。これはおそらく、経済的に厳しい状況では、関係が長続きするかどうかはあまり重要でないということを示しているのであろう。このことはまた、パートナー選びにおいて恋愛を重視するかどうかに関しては、**民族的差異や性差よりも社会経済的経歴のほうが重要な要因である**ことを示しているのかもしれない。愛のスタイルはライフスタイルと関係しており、経済的に豊かになれば、恋愛結婚がそれだけ増える、と結論していいかもしれない。

満足度

調査の結果を全体としてみると、以下のようなことが言えそうだ。発展途上国では、グローバリゼーションがパートナー選びの際の決断の要因に影響を与えている。アフリカにおけるパートナー選びは、かつては集団主義、現実主義、便利さ、親の干渉などに影響されていたが、現在では少しずつ欧米的な恋愛結婚観に傾きつつある。**とくに黒人はその傾向が顕著である**。インド系・アジア系も、そのほとんどは恋愛結婚を重要視しているものの、現実には右に述べたような欧米化の傾向は黒人ほど強くない。表面的には、これは全体によりリベラルになっていることを示しているのかもしれないが、周知のとおり、離婚率は上昇している。さらに問題を複雑にしているのは、恋愛結婚の場合も、お見合いなどの周囲が決めた結婚の場合も、結婚の満足度はあまり違わないという事実である。したがって、そのどちらが良いかを決めることは容易ではない。欧米ではほとんどの人が恋愛結婚を当然だと考えているが、リーの色彩モデルにみられるような多種多様な類型を考えてみると、愛にはさまざまな形がありうるのだということを認めざるをえない。しかし、繰り返すが、私たちの調査によれば、民族的な違いは多少みられるものの、ほとんどの人がパートナー選びにおいて最も重要なのは恋愛感情だと考えていることは確かである。

ヒルトン・ラドニック Hilton Rudnick
ヨハネスブルグ大学（南アフリカ）出身の心理学者。博士論文では、西欧の精神療法と南アフリカの伝統的な治療法との比較について研究した。応用心理学のさまざまなテーマについて、地元のいくつかの学術誌に論文を発表している。現在、南アフリカの、心理療法サービスを提供するオムニカー社の社長をつとめている。

ケティ・パヴルー Kety Pavlou
文化的視点から愛を研究している。

030

自由選択？

私たちは文化を身にまとった霊長類である

カルロス・ジェーラ——スペイン

あるとき、父と娘が、娘の結婚について口論した。娘は言った。「私は自分のしていることがちゃんとわかっている。これは私自身が、自由意志で決めること」。だがカルロス・ジェーラ博士は疑問を呈する。愛に関しては、私たちは自分で考えているほど自由でも理性的でもない。

私たちは、自分が考えているほど自由ではない。さまざまな生物学的、社会文化的な要因に左右されているからだ。それらの要因に、私たちは往々にして気づいていないし、それらをコントロールすることもできない。

●私たちの研究によれば、人間の恋愛行動は「服を着たチンパンジー」のようだ。人間は「文化」を身にまとった小さな霊長類である。私たち人類は「原始的な愛情の絆」を発達させた。これは他の種と共通するものであるが、人類はそれを「愛」という、複雑な生物的・心理的・社会的な合成物に変えた。人類は今もなお動物界の一員であり、私たち自身が考えているよりもずっと生物学的欲求や神経化学的プロセスの影響を受けている。

●**私たちはある特定の文化に属する者として人を愛する。**私たちはその文化の中で、どのような愛（たとえば情熱的な愛）が標準的な愛なのか、何がタブー（たとえば遊び）なのか、愛、セックス、結婚（あるいは安定した関係）はたがいにどのような関係にあるべきなのか、といったことについて習得する。たとえばスペインでは、多くの人が愛のないセックス、セックス抜きの愛、愛のない結婚を認めない。現在でも、その傾向はとくに女性のほうが強い。歴史を振り返ってみれば、そうでない時代もあったし、現在でも、そうでない文化もある。

●さらに、私たちは**社会的存在として人を愛する。**「恋愛に関する社会化」のプロセス（それは子ども時代に読むお話から始まる）を通じて、私たちは、どんなふうに、いつ、誰と、なぜ、どこで、恋に落ちるのか、あるいは、それが私たちにとってどういう意味をもつのか、そしてそれがどのような結果をもたらすのか、といったことについて学ぶ。恋愛感情が意味するもの（そして、それがもたらす結果）は、社会によって異なる。

私たちはそれほど理性的ではない。恋愛行動（私たちが何を考え、感じ、言い、するかを含め）はほとんど、知覚の誤り（恋愛している人は、相手を正しく認識できず、理想化してしまう傾向がある）や、強烈な感情（少なくとも初期段階においては、情熱が最も重要な恋愛の要素である）や、恋愛神話（恋愛がどのようなものであるか、どのようなものであるべきか、について私たちの社会が疑問をもたずに信じていることは、たいていばかげていて、実際にはありえないものであり、非合理的である）に左右されている。愛は人間生活における最も重要な側面のひとつであるが、紋切り型、神話、誤った思い込み、誤解に包まれた領域でもある。とくに神話はたちが悪い。とんでもない期待を抱かせ、結局、失望させる。とんでもない期待とは――

●恋に落ちればかならず安定した関係が育つという思い込み（私たちはこれを結婚神話、あるいは同棲神話と呼ぶ）。

●真の情熱は永遠に続くものであり、恋に落ちることと恋愛とは同じことである、という思い込み。三年間いっしょに暮らした後、目眩《めまい》のするような感覚が失われてしまったとしたら、それはパートナーを心から愛していないからであり、これまでの関係が満足のゆくものだったにせよ、そうでなかったにせよ、すぐにでも関係を解消すべきである、という思い込み（情熱永遠持続神話、恋に落ちることと愛とが同じものであるという神話）。

●人間はひとりの人しか本当には愛せない（ひとりにしか身体的魅力や情熱的欲望を感じない）のであり、したがって別の人に魅力を感じたとしたら、それはパートナーを本当には愛していないからであり、これまでの関係が満足のゆくものだったとしても、関係を解消すべきである、という思い込み（「ひとりだけ」神話）。

もし愛情関係における大いなる苦しみの背後に無知、非現実的な期待、誤解があるのだとしたら、それらをもっとよく知れば、事態を改善する強力な武器になるかもしれない（たとえば、「恋に落ちる」という段階が終わるまでは結婚しない、とか、別の人に魅力を感じたというだけの理由で関係を解消しない、とか、情熱が冷めたからといって別れない、とか）。今日、適切な性教育の必要性・

重要性を疑う人はいない。だとしたら、「愛教育」も必要なのではなかろうか。愛の研究は、社会的義務として、得られた知識を使って、個人の、あるいは人間関係の問題の解決法を探らなくてはいけない。そして、それを通じて、一人ひとりの幸福と生活水準の向上につとめなくてはならない。

Love is ...

- 私たちは、自分が思っているほど自由ではなく、さまざまな無意識的な生物学的・社会文化的要因の影響を受けている。人間も動物の一種であり、特定の文化に属しており、社会的存在である。
- 私たちはそれほど理性的ではない。なぜなら私たちの恋愛行動は知覚、感情、恋愛神話に左右されるからだ。いくつかの神話はかなりの害をもたらしている。
- そうしたプロセスの一部を知れば、恋愛関係における失敗を減少させ、幸福度を増すための強力な道具を提供できるだろう。「愛教育」を広めようではないか。

カルロス・ジェーラ Carlos Yela
心理学博士。マドリード・コンプルテンセ大学（スペイン）の教授。主な研究領域は社会心理学であり、恋愛の心理学的・生物学的・社会文化的研究も含まれる。国内外の学術雑誌に三〇以上の論文を発表しており、『応用心理学百科』などの編集にも関与している。著者に『社会心理学からみた恋愛——それほど自由でも理性的でもない』など。

031

愛と欲望

どちらを優先する？　愛？　欲望？

ステファニー・カチョッポ――スイス
エレーン・ハットフィールド――アメリカ

ひじょうに特殊な脳スキャンによって、愛の秘密が少しずつ解明されてきた。ステファニー・カチョッポ博士は、エレーン・ハットフィールドの生涯にわたる研究をさらに先に進め、詳細な脳スキャンを分析している。彼女は最近、心理科学会から「期待の星」に選ばれた。本書のために、カチョッポとハットフィールドは共同で、愛と欲望との特殊な関係を解明する。そのどちらが優先されるのか？

愛と欲望は、人間がその一生の間に経験する最も強い主観的な感情だが、その性質と起源をめぐってはいまだに論争が続いている。ここ数十年間、さまざまな分野の学者たちがこの二つの経験を解明しようとつとめてきた。いくつかの研究によって、愛と欲望のちがいだけでなく、行動的親近性が明らかになった。心理学的に言うと、愛とは、化学的・認知的・報酬希求的・目的追求的な行動要素とともに、さまざまな基本的感情を含む、複雑な精神状態のことである。もっと厳密に言うと、私たちが公式化した情熱的恋愛の科学的定義は、「他者との結合を強く求める状態。賞讃、感謝、主観的感情、表現、パターン化された生理的プロセス、行動傾向、手段的行動などを含む、複雑な機能的全体」である。いっぽう、性欲の最も適切な定義は「性的結合への欲求」である。

脳の活動

神経機能の面からみると、愛と欲望の生化学および脳活動について、人間および他の動物を対象とした研究から得られた成果によって、この二つの現象の間には強い相関関係があることが判明した。神経科学者たちが最近集めたデータによれば、たとえ文化が違っても、これらのプロセスはだいたい似通っているようである。たとえば人間を対象としたｆＭＲＩ（機能的磁気共鳴画像法）を使った研究によれば、愛と性欲は脳の皮質下と皮質を活性化させる。前者は幸福感、報酬、動機に関係した部分であり、後者は自己表現や社会的認知に関与する部分である。感情に関係する皮質下の部位と、より複雑な認知機能（たとえば身体イメージ、心的連想、自己表現など）を媒介するより高次な皮質部位が同時に活性化すると、対人関係に関するトップダウン的な神経機能モデルが優勢になり、また、未来の感情や行動に対して過去の経験が影響を及ぼす度合いが高くなる。いっぽう興味深いことに、愛と欲望との間には神経的な違いもある。とりわけ皮質下の部位では、欲望から愛へ、後ろから前への島形成パターンが見られ、このことは、愛のほうが欲望よりも、快い感覚運動経験のより抽象的な表象であることを示唆している。もっと厳密に言えば、愛は性欲に比べて、腹側線条体《ふくそくせんじょうたい》、視床下部、扁桃体《へんとうたい》、体性感覚皮質、下頭頂小葉《かとうちょうしょうよう》の活性度が低い。このことは次のような事実と一致する。すなわち、性欲が特定のきわめて具体的な目標によって動機づけられた状態であるのに対し、恋愛感情はもっと抽象的で、柔軟性があり、行動的に複雑な目標に動機づけられており、別の人間が現実にそばにいることに、それほど依存していない。愛は、腹側被蓋野《ふくそくひがいや》のより強い活性化と、右線条の背面側の部分の活発化に、結び付いている。これらはいずれも、動機、報酬期待、習慣形成と関連した、ドーパミンの豊富な領域である。

感情と快感

以上の実験結果から、「目眩《めまい》のするような恋」をしたければ、特定の目標を設定した動機をもつことが重要だということがわかる。激しい恋愛を経験すると、これら皮質下のドーパミン作動性の高い領域が活性化されるという事実は、心理学的な恋愛の定義、すなわち恋愛とは報いが得られる、ポジティブな、動機づけになる経験であるという定義と一致する。興味深いことに、島の前部は愛の感情によって目立って活性化され、島の後部は性欲によって顕著に活性化される。恋愛感情は前部、性欲は後部というこの違いは、神経機能の特徴、すなわち個々の感情的な身体感覚の表象から、それらすべてが究極的に統一された表象への進展に、対応している。これは、恋愛とは抽象的な構築物であり、それは部分的には過去における他者との感情的関係の反復の心的表象にもとづいている、という説と一致する。この活性化の特殊なパターンが物語っているのは、恋愛は感情と快感の神経回路にもとづくものであり、報酬期待、習慣形成、特徴検出といったものと結び付いた領域を巻き込んでいるということである。とくに、恋愛感情は島の前部、性欲は島の後部と結び付いているという事実は、恋愛は、欲望の特徴である快い感覚運動的経験から生まれ、そのより抽象的な表象であることを示唆している。

右のような実験結果からわかることは、性欲と恋愛の関係は、直接的な快感の経験から、その感情の究極的表象への進化に対応し、その過程で報酬期待や習慣形成のメカニズムが取り込まれる、ということである。つまり、最近の神経画像的研究が示唆していることは、性欲はかならずしも愛を必要としないが、ひょっとしたら愛は性欲を必要とするのかもしれないということである。その性欲を意識しなければならないのか、あるいは無意識でもよいのか、に関してはさらに研究する必要があろう。

Love is ...

- 恋愛は、報酬を与えてくれ、ポジティブで、動機付けを与えてくれる経験である。
- 恋愛は、快い感覚運動的経験の、性欲よりも抽象的な表象である。
- 性欲はかならずしも愛を必要としないが、最近の神経画像的研究は、ひょっとしたら愛は性欲を必要とするのかもしれないということを示唆している。

ステファニー・カチョッポ（旧姓オルティーグ）
Stephanie Cacioppo

ジュネーヴ大学（スイス）の教授。ジュネーヴ大学病院およびサヴォイ大学（フランス）で心理学と認知神経科学の学位を取得。五〇以上の学術論文を発表している。その研究は、社会神経科学、神経学、暗黙の認知、とくに社会的諸状況における脳の相互作用の意識などに及ぶ。『神経画像学』の編集委員、査読付き学術雑誌『プシケ』の元編集長。また現在は社会神経科学会、認知神経科学会、科学的意識研究学会という三つの大きな非営利団体の理事をつとめる。

エレーン・ハットフィールド　Elaine Hatfield

本書の「恋愛は永遠？」（一四ページ参照）の筆者。

032

完璧なカップル

エキゾティックはエロティック。でも似た者どうしが惹かれる

シンディ・メストン——アメリカ

はるか遠く離れた所に住む人と結ばれる人もいる。エキゾティックはエロティック。でも私たちのほとんどは近くにいる人と結ばれる。シンディ・メストン博士はその実験室で、完璧なカップルにいたるさまざまな道について研究している。

1 「近似性」の効果。親しさは好意を生む。人間、絵、知らない外国語の単語、歌、新製品の広告、選挙の候補者、意味不明な単語など、どんなことであっても、親しみを感じたものには好意をおぼえる。しばしば「近似性」は好意の第一歩である。実際、私たちは同じ町内に住んでいる人と結婚することもある。席が決められた教室では、どこに座るかによって、人間関係の幅が異なる。真ん中の席に座った生徒のほうが、端に座った生徒よりも多くの友だちができる。したがってアルファベット順に座らされると、頭文字の順番が近い生徒どうしが仲良くなる傾向がある。たがいにまだよく知らない段階で、相手と接触する度合いが高いほど、親しくなりやすい。なぜか。私たちは未知のものや新しいものと遭遇すると、不安とまではいわないまでも、なんとなく居心

地悪く感じるものだ。それが何度も接触しているうちに、不安感が取り除かれる。親しくなると、相手の行動パターンが見えてきて、その人といっしょにいるとき、居心地が良くなる。

2 「エキゾティック」の効果。一見すると1と矛盾するようだが、**最初は**、ある程度の「謎」が性的魅力になりうる。たがいに接近するとき、アイコンタクト、すなわち視線を交わすことが決定的に重要になる。ある実験で、四八人の男女を実験室に招き、話すときにはかならず相手の目をみるように指示した。その効果は驚くほどだった。多くの人が、知らない異性の目をじっとみているうちに恋に落ちた、と答えたのである。

しかし親しくなりすぎると、逆効果を生む。最初は好ましいと思われた相手の特徴が、だんだん不快になる。「面白くて楽しい」人だと思われていた人が、しだいに「うざい」人にみえてくる。「飾らない、自然な」人だと思われた人が、「無責任な」人にみえてくる。「ばりばり仕事をする」人だと思われた人が、「仕事の虫」にみえてくる。「意志が強い」と思われた人が「頑固」にみえてくる。

親しくなりすぎて性的魅力が失せてしまうこともあれば、反対に、「新鮮さ」が性的魅力を燃え上がらせることもある。それを心理学者のダリル・ベムは「エキゾティックはエロティックになる」と表現している。実際、大学の教室で、女子学生に「どんな特徴を性的魅力と感じるか」という質問をすると、かならず「神秘的な、謎めいた」というのがリストにあげられる。

3 「似た者どうしの効果」。私たちは間違いなく、自分とは違ったタイプに惹かれる。しかし長期間にわたる性的パートナーを選ぶ際には、「似た者どうしは惹かれ合う」ことのほうが多い。いくつかの研究によれば、夫と妻の間には、信仰、戦争、政治についての考え方においても、また身体的健康、家族的背景、年齢、民族、宗教、学歴などの面においても、かなりの共通性がみられる。恋人や夫婦は身体的魅力も似ていることが多く、若い夫婦の場合、体重もあまり違わないという驚くべき事実もある。社会心理学者たちの言う「似た者どうしは惹かれる」という傾向はひじょうに強く、多くのカップルは、ミスマッチだと思われるカップルをみると不快感をおぼえる。ただしひとつの重要な例外がある。美女と、あまり魅力的でない男性の組み合わせだ。多くの人はそういうカップルをみると、きっとこの男性は金持ちで、知的で、社会的成功者なのだろうと考える。

どうして似た者どうしは惹かれるのか。身体的に似ている人を求める理由のひとつは、拒絶されることに対する恐怖である。多くの人は、自分たちが「不釣り合い」だと思われないよう、いわば恋愛市場における商品価値が同じくらいの人を求めるのだ。自分よりもはるかに商品価値の高い人を求めると、拒絶される危険性が高い。もし自分よりも魅力的な異性を手に入れることができたとしても、それなりの代償が必要となる。つまり、誰かにとられるのではないかと、つねに警戒しなければならないとか。社会的姿勢や信仰が同じ人が魅力的にみえるのは、自分がすでに信じていることが太鼓判を押されるからだ。つまり、自分と意見の同じ人は、自分が正しいことを証明してくれるというわけだ。ウマが合うというのは快い感覚だ。何かの話題について意見が合えば、それだけ相手に好意をもつことになる。最初からほとんどの話題について意見が同じならば、そのバランスを長期間にわたって保つことはむずかしくない。最後に、似た者どうしは長期間の交際に発展する可能性が高い。似た者どうしは感情的な絆、協力関係、コミュニケーション、幸福感を築き上げ、分かれる危険性が低い。というわけで、正反対のものに惹かれることが**ないわけではないが**、パートナー選びに関しては「類は友を呼ぶ」という諺《ことわざ》は正しい。恋をすることと、「自分に合った」人を選ぶこととは同じではない。恋愛というのはもっと個人的で、自分の過去の経験すべてと関係している。私の好きな愛の定義は、プラトンの『饗宴』の中で、アリストパネスが語っている言葉だ。愛とは、切り離された自分の半身と再び合体すること。

コラム

こうするとデートの可能性が高まる

メストン研究室のチームは、テキサス州のいくつかのテーマ・パークに行き、SNS*を活性化させる、たとえばジェットコースターのようなものに乗ることで、女性の性的反応が高まるかどうかを検証した。まず女性たちに男性の写真をみせ、その男性が魅力的かどうかについて、簡単なアンケートに答えてもらう。どれくらい魅力的なのか、キスしたいと思うか、デートしたいと思うか、など。すべての女性にみせる写真は同じで、平均的な容貌の男性である。その結果によると、**ジェットコースターから降りたばかりの女性は、その男性を魅力的だと感じる**

度合いが高く、ジェットコースターの順番を待っている女性たちよりも、デートしたいという回答の率が高かった。その理由は明らかに、ジェットコースターによるSNS活性化の余韻だと考えられる。

この結果をみて、なるほど、デートのときに座って話すよりもダンスするほうがいいのだな、カフェに行くよりもスポーツクラブに行くほうがいいのだな、と考える現実的な恋人たちもいるかもしれないが、話はそれほど単純ではない。現実のデートの場合、最初から相手にどれくらい魅力を感じているかが問題だ。もし多少なりとも魅力を感じていたのであれば、右のような作戦も成功するかもしれない。だが、たとえば女性が男性のことを全然魅力的だと感じていなかったら、たとえいっしょにマラソンをしても、デートしたいという気にはならないだろうし、ましてはセックスしたいという気になる可能性はまずないだろう。

＊　SNS＝交感神経系。闘争心あるいは恐怖心をおぼえたときに全身の神経系を動員するシステム。

Love is …

- 「近似性」はしばしば、誰かに好意をおぼえる第一歩である。親しさは好意を生む。
- 親しくなりすぎると逆効果を生む。エキゾティックはエロティック。
- 正反対の者どうしが惹かれ合うこともあるが、たいていは似た者どうしが長期間の関係へと発展する。

シンディ・メストン　Cindy Meston

オースティン（アメリカ）のテキサス大学臨床心理学教授。性的心理病理学研究所の所長でもある。この研究所は、女性の性的健康を心理学的にも病理学的にも研究する、世界でも数少ない研究所のひとつである。彼女の研究はしばしば世界中のメディアの関心を集めてきた。現在はいくつかの学術雑誌の編集に関わる。女性の性的健康研究国際学会の元会長。一〇〇以上の査読付論文を発表しており、女性の性に関する本の共著者でもあり、人間の性に関する学会発表の数は二〇〇を超える。

033

受け身の愛

私たちは親しい関係の中で自尊心を増大させる

デイヴィッド・ダルスキー——日本

誰かを愛したい、誰かに愛されたいという欲求は普遍的なものかもしれないが、それをどう表現するかは文化によって異なる。それはなぜなのか。異文化心理学者デイヴィッド・ダルスキーは、愛の本質を掘り下げていく中で、日本における「甘え」の問題に出会った。それを「幼児的」という人もあれば、「受け身」という人もある。

これまでの研究によると、自分の欲求を満足させたいという要求は、日本人にとってはあまり重要でないらしい。これには心理的・社会的・人類学的な理由がある。西洋の文化と比べて、日本人は伝統的に、子どもの頃から、個人的な自己表現よりも集団に同調することのほうが大事だと教え込まれる。そのため、個人的成功のために努力することよりも、失敗を避けることのほうにエネルギーを注ぐ。このことから、一部の研究者はこう主張する——**日本人は何よ**

りも失敗を避けようとする。そのため、自分の価値を高めることよりも、失敗しないことのほうに精力を傾ける。

一方、現代日本人のポジティブな自己イメージを研究する際には、日本における人間関係を考慮に入れなければならない、と主張する研究者もいる。これまでの研究によると、たとえば大学の入試でいい点をとったとき、日本人はそれを外的な原因のせいにする傾向がある（たとえば「私は運が良かったのだ」）が、友人が何かに成功したときには、その人の内面に原因を見出す傾向がある（たとえば「きみは頭が良いから」）。そんなふうにして、ポジティブな自己評価が人間関係を通じて増大されるのだ。私は自身の異文化研究から、このように人間関係を通じて自己評価を間接的に高めるというユニークな方法もありうると考えている。ということは、ひとりの人間の自己が、理論上、能力、視野、アイデンティティ（たとえば自己拡張）という点で、別の人間の自己を含んでいるならば、日本人だろうとアメリカ人だろうと、おたがいに補い合うことを通じて、たがいの自己評価を高めることができるはずだ。私はこれを「相互自己向上」と名付けた。

ずっとこういうふうにやっていこう

では日本では、右に述べたようなことは、愛の表現とどんな関係があるのだろうか。誕生の瞬間まで遡ってみよう。母と子の愛情は、乳房において本能的に強化され、深化され、生涯にわたる絆を形成する。日本みたいに、個人の目標よりも集団の目標のほうが重要視され、相互依存が支配しているような国では、子どものときに経験した依存感情がおとなになっても消えず、しかもそれが社会全体に浸透している。この感情を日本語で「甘え」という。大ざっぱに英訳すると「受け身の愛」となるだろうか。日本では、甘えが**相互依存に対する肯定的な態度を生む**。子どもっぽい行動をすることで、周囲との一体感を保持することができる。日本における親子関係の基本にあるのがこの「甘え」である。これを外国語に翻訳するのはむずかしい。ということは、ひじょうに日本的な現象ということができよう。ただし甘えは他の文化（たとえば西洋、とくに北米）にもみられる現象だと主張する研究者もいる。もし私たちが日本人から愛について何かを学ぼうとするなら、甘えがいくつかの鍵を握っているに違いない。愛の表現は文化によって異なる。ある国では子どもっぽい行動とみなされることが、他の文化では適応性のある行動とみなされることもありうる。極端にならないかぎり、私たちは怖がることなく他者に依存しても良いのではないか。というのも、愛は、相互依存の絆の中で育つものだから。適切な相手に対して子どもっぽくふるまうことで、自己評価が向上し、より深く愛を感じることができるようになるかもしれない。

デイヴィッド・ダルスキー David Dalsky
京都大学国際高等教育院准教授で、文化とアカデミック・ライティングを教えている。日本の文部科学省から異文化心理学の博士研究の奨学金を得ている。この研究計画は国際異文化研究学会によって「ひときわ優れた博士論文のテーマ」に選ばれている。

034

コンプレックスを克服する

両親のセックスなんて想像ができない

ウィレム・ポッペリアース、テオ・ロイヤーズ——オランダ

全世界を対象にした研究によると、五人のうち三人が暗闇でセックスすることを好む。ほとんどの人たちが、暗いほうが興奮すると答えている。だが五人のうち一人は自分のからだにコンプレックスを抱いている。発達心理学者ウィレム・ポッペリアースは、そうした傾向を早期に改善させるため、世界各地で教室を開いている。健康的な性関係は、誰でも手に入れることができるのだ。

思い切り単純に言ってしまうと、ダイナミックで生き生きとした人間関係は、愛プラス欲望である。私たちの愛情生活は、生の欲望と愛の欲望からなる。生の欲望は私たちの愛情生活の人間的な要素であり、愛の欲望は生物学的な要素である。その二つが合わさって文化的な背景を形成しており、私たちは生まれる前からそれに支配されている。愛がうまくいくためには、自由で安全な性的環境が必要だ。しかし社会と文化に守られていないと、人間の子どもは（どんな社会でも）生き延びることができない。おとなになるためには、温かさ、保護、愛、自立が必要だ。おとなになって初めて、パートナーとの満足のいく関係を築き、子どもを育てることができる。罪悪感、羞恥心、

恐怖心を克服しなくてはならない。そのためには以下の五つの条件をクリアする必要がある。

1　自由に、安全に、感じる。性的に成熟した人間になるには、自分の身体がつねにみたされている必要がある。興奮することに対する罪悪感とか、身体の一部に対する劣等感などは捨て去ろう。乳児にだって、幼児にだって性感はある。親はそれを受け入れ、それが子どもに本来備わっているものであることを認めなくてはいけない。性的にバランスのとれたおとなに成長するには、そうした幼児期の性的体験がとても重要なのだ。子どもは、自分の性器が自分の大事な一部であり、誇らしいものであることを知る。

2　セルフ・コントロールができること。セルフ・コントロールは主体性の最高の状態だ。それは四つの要素からなる。模倣、共感、メンタリゼーション［相手の行動の背後にある心理を見抜くこと］、そしてコントロール。模倣と共感は生まれ付いての能力である。他者を模倣し、他者の中に入っていくことで、子どもはより広範な人間の環境に適応するすべを学ぶ。だが、じゅうぶん成熟するには模倣と共感だけでは足りない。よく知られているように、親しい者どうしの喧嘩では、双方とも共感の能力を用いて、相手の一番弱い部分を攻撃するはめになる。愛情関係を築くには、より多くのものが必要だ。そのためには、子どもはメンタリゼーションとセルフ・コントロールを学ぶ必要がある。メンタリゼーションとは、ある関係において、相手が自分で考え、感じ、行動する、自立した人間であることを理解できる能力だ。その上で、私たちは他者が、その人独自の歴史と世界をもった、私たちからは独立した人間であることが理解できるようになる。

3　**触れたり触れられたりすることが基本。**身体の接触を通じた性的充足は、ただの性的満足とはまったく異なるものだ。ただの性的満足は一時的なものであり、二人でマスターベーションをするようなものだ。真の性的充足は、双方が全面的かつ無条件に相手に自分をさらけ出せるような、愛情にみちた関係からしか得られない。どちらの側も、相手によって自分が外的にも内的にも触れられていると感じる。セックスのパートナーたちは、それぞれが違った形で、頭脳においても（意識的、持続的に）、心においても（満足と自立）、性器においても（欲望と満足）、相手に触れられていると感じ、その感覚を共有することができる。

4　**女性性・男性性の発見。**女性性と男性性は連続している。男と女の違いは絶対的なものではない。そもそも、男と女がまったく異なる生き物だとしたら、おたがいの間に愛情関係を築けるはずがないではないか。神経組織においても、ホルモンの面でも、男と女は一般に考えられているよりもたがいに似ている。オキシトシン［愛情ホルモン］、バソプレッシン［抗利尿ホルモン］、テストステロン［男性ホルモン］、エストロゲン［女性ホルモン］は、男女どちらにもある。男性は自分の内なる女性性を、女性は自分の内なる男性性を発見すべきである。これは同性愛にもあてはまる。

5　**各発達段階を大事にする。**多くのおとなたちは、親がセックスをしているところなど想像できないと言う。だがもちろん両親は愛し合っている。発達のどの段階でも性が一役買っているが、段階によって意味や表現の仕方が微妙に異なっている。最初の発達段階では、この段階（好奇心、無垢、興奮、コントロール）に特有の性欲を、おとなの性欲を鏡に映すように感じとって（ミラーリング)、確認する作業が必要となる。だが、おとなが自分の性をおし付ける必要はない。思春期以前の子どもは、自分の性欲が自分の個人的な世界に属するものであり、両親に尊重されていることを学ぶ。思春期にさしかかると、子どもは探求と実験の世界に入っていき、まわり(教師や友人)の助けによって、性欲と恋愛をどのように合体させるのかを学ぶ。両親は、子どもを逸脱から救う存在として、いつでも背後に控えているべきだ。それによって幼児期と同じような、心理的安定が保たれる。おとなになると、実際に誰かと付き合うようになり、しばしば、子どもをつくることになる。この段階で、パートナーたちは、心を開くことと相手を受け入れることが、愛情関係において最も大事な要素であり、おたがいの感情的・肉体的欲求をみたすことだけでは足りないのだということを知る。それに続く段階では、彼ら自身の子どもが成長し、知的・感情的・性的なミラーリングを必要とするようになる。そうして子どもたちは、性が自分自身の世界に属するものなのだということを学んでいく。年をとって、死が近づいてくると、愛の欲望に対する好奇心は衰えないが、セックスに対する欲望は減少し、愛に対する欲望が増していく。生きることへの欲望はますます内面化されていく。しかしどんな種類の愛も、生きることへの欲望のあらわれなのである。

Love is ...

- 私たちの愛情生活は、生きることに対する欲望（関係的側面）と愛への欲望（生物学的側面）との合計である。そのためには、罪悪感・羞恥心・恐怖心のない、自由で安全な性的環境が必要である。
- 関係に関する教育においては、共感を学ぶだけではじゅうぶんでない。それに劣らず重要なのはメンタリゼーションとセルフ・コントロールである。
- 発達の各段階で、性が一役買うが、意味と表現方法は段階によって異なる。適切なミラーリングと確認がきわめて重要である。

ウィレム・ポッペリアース Willem Poppeliers

発達心理学者であり、生物エネルギー分析セラピストである。セクシュアル・グラウンディング・セラピー財団（ＦＳＧＴ）の創立者であり、彼が養成したセクシュアル・グラウンディング・セラピストやトレーナーは、メキシコ、フランス、オランダ、スイス、オーストリア、ドイツ、ウクライナで講義やトレーニングをおこなっている。このテーマに関するいくつかの論文と著書を世に問うている。

テオ・ロイヤーズ Theo Royers

社会学者であり、生物エネルギー・セラピストである。現在、ＦＳＧＴの議長をつとめる。また国立の研究機関で研究者としても仕事をしている。単独に、あるいは共同で、二〇〇以上の論文と著書を出版している。

035

愛のために生きる

神への愛のもと、私たちはすべての人を愛さなくてはならない

ラウフ・ヤシン・ジャラリ――パキスタン

「真の愛とは、宇宙の創造主である神への愛です。神への愛は単なる崇拝とか祈りではありません。この愛と並んで、神の創造物への愛が義務です。なぜなら愛こそが宇宙の基盤だからです」と、パキスタンのラウフ・ヤシン・ジャラリは語る。そして彼は性的な愛について詳細に語る。入浴と前戯から性器の扱いにいたるまで。

人生の目標はすべての人を愛することだ。なぜならそれが神への愛の前提だからである。愛、とくに配偶者間の愛は、日常生活の最も重要な側面である。日常的な愛の表現の中に、精神性を感じとらなくてはならない。パートナーとの関係においては、相手が何を感じ、何を好み、何が嫌いなのかを知らなくてはならない。誰もが、最高の快楽がどんなものであるかを知っている。そして誰もがそれを好む。

まずは衛生。身体、家、環境、そして想像が清潔であることが何よりも重要だ。清潔さこそが美である。恋する者はこのことについてもっと意識しなくてはならない。口、髪、身体は芳香を発し

なければならない。セックスの最中に、配偶者たちは、ペニスとヴァギナが合体していると考えてはならない。おたがいの心が相手の中に入っていると考えるのだ。**二人が合体して、ひとつの魂になる。これがスピリチュアルなセックスである。**どうすればこのスピリチュアルなセックスが得られるのか。楽しい愛情生活・性生活を手に入れるための、いくつかの簡単な方法を以下にあげよう。もし配偶者たちが日々の愛情生活において以下の方法を実践すれば、彼らの愛は死ぬまで持続するだろうし、離婚率は激減するだろう。私は心からそう願っている。

入浴から始める

これからセックスをしようというカップルは、まず入浴しなさい。いい香水をつけ、カルダモンか、アニスシードか、ガムを噛んで、口臭を整えよう。性的興奮は、相手に性的に惹かれた瞬間すぐにやってくることもあれば、見たり触ったり撫でたりキスしたり、その他の前戯を通じて、ゆっくりやってくることもある。前戯は性的快楽を高める。最初のうちはどんな体位で性的活動にいそしんでもいいが、事が進めば、たいていは性交が可能な体位をとることになる。**前戯は、最初のうちは優しく、だんだんと速く激しくなっていく。**男は唇と舌を使って、匂いを嗅ぎ、キスし、なめ、吸い、噛むことで、相手の女性の体を探求する。手、腕、脇の下、唇、舌、眼、鼻、ひたい、耳、頬、顎、首、胸、乳首、腹、足、すね、もも、尻、そして性器。

相手の性器をうまく扱うことはひじょうに重要である。陰唇とクリトリスをなめたり吸ったりすることで、女性を激しく興奮させることができる。舌をヴァギナに入れて、奥に入れたり出したりすることは、ペニスの動きの模倣だ。女性もまた相手の男の胸、下腹部、太ももの内側、会陰部をなめなさい。睾丸やペニスを強くしゃぶりなさい。ただしその際、あなたの社会や宗教の価値観にしたがわなくてはならない。性器と性器をこすり合わせることで、挿入への準備が整う。**性器が合体できるような、どんな体位をとってもかまわない。**ペニスはゆっくりと挿入したほうがいい。最初は先端だけ、それから前進と後退を繰り返しながら、ゆっくりと奥へ進む。それによって膣から分泌される潤滑液がペニスを包み込み、挿入が容易になる。

性交の間、ペニスは繰り返し女性のヴァギナに入ったり出たりする。リズミカルなヒップの運動によって、性器と性器がくっついたり離れたりする。両者がともに尻を動かすこともあるだろうし、一方だけが尻を動かし、他方は静止していることもあるだろう。動きの幅が小さく、ペニスが長時間にわたって膣の中に留まっていることもあるだろう。動きが大きく、ペニスが膣に深く入ったり、外に出たりすることもあるだろう。このほうが、快感が大きいかもしれない。**性交においては、カップルはさまざまな動きを用いるべきである。**大きく、あるいは小さく、優しく、あるいは乱暴に、速く、あるいはゆっくりと。男が主導権を握る場合も、女が主導権を握る場合も、あるいは双方が交代で主導権を握る場合もあるだろう。動きをゆっくりと変えることも、すばやく変えることもあるだろう。ときどき中断して、また再開するということもあるだろう。たいていは、挿入の前におこなっていた、キスとか愛撫などの活動を、性交の最中にも継続しているはずだ。オーガスムと射精の後、カップルはキスと愛撫でセックスを完結する。

割れたガラス

この深い愛を通じて、私たちは自然のさまざまな側面について深く考えるようになる。そして、それを通じて、私たちのまわりにあるこの美しい世界を創造した神を深く信仰するようになるだろう。神への愛のもと、私たちはすべての人を愛さなくてはならない。だが私たちの住む世界はガラス製品の並んでいる店に似ていて、いたるところにガラスがある。そのガラスはどれも人間の心だ。だから傷つけないように、自分の一歩一歩に気をつけなくてはならない。もしガラスを割ってしまったら、割れたガラスも、私たちも、不注意に対する天罰を受けなければならない。魂が傷ついてしまったのだから。

太陽、月も、星、昼、夜も、そうした宇宙のすべてから、私たちは学ばなくてはならない。すべての物が人間のために何かをしてくれる。木は自分の実を食べないし、自分の陰にすわらない。果実も陰も、私たち人間に提供してくれる。木々は、私たちが生きるために必要な酸素をつくりだしてくれる。川や海は自分自身の水を飲まない。私たち人間に提供してくれる。創造物の中で、人間は一番目立つ存在だ。だが人間は人間の敵になってしまった。そのことを考えると胸が痛む。私たちは肌の色、人種、言葉、宗教、地域によって、人を差別するようになってしまった。人間が人間を憎むようになってしまった。これは本来の道ではない。私たちが目指すのは愛だけであり、愛が統一をもたらす。私たち人間はみんなでひとつのコミュニティをつくりあげなくてはいけない。心の目で人びとをみれば、世界中のすべての人間がひとつの輪になっているのがみえるだろう。誰かが誰かにイバラを渡したら、そのイバラは輪をぐるりと回って、それを最初にもちだした人間の手に戻ってくる。その間に、イバラはすべての人間の手を傷つけるだろう。誰かが誰かに花を贈れば、その花は輪を一周して、最初に人のもとに戻ってくる。その花は、それを贈った人だけでなく、すべての人に甘い香りと喜びをもたらしたことだろう。私たちは愛するために生きるべきなのだ。

Love is …

- 真の愛は、宇宙の創造主である神への愛である。この愛とともに、神の創造物への愛がなくてはならない。宇宙の根底にあるのは愛だから。
- スピリチュアルな性交は、前戯からオーガスムまでの、相手に対する思いやりにみちた性行動によって表現される。
- この深い愛を通じて、私たちは自然のさまざまな側面について深く考えるようになり、それを通じて、愛と理解によってすべての人間を結び付ける神に対する深い信仰を得るだろう。

ラウフ・ヤシン・ジャラリ　Rauf Yasin Jalali
医学博士、学術博士。ラワルピンディ大学（パキスタン）の性科学の教授である。南アジア性研究所（SAHS）の所長であり、しばしば愛の導師と呼ばれる。コロンボ大学から優秀賞を授与され、三〇年以上にわたって性科学の分野で活躍している。「人間の性の研究」プログラムの学部長・教授をつとめるほか、世界各国の大学で教鞭をとってきた。性科学の終身教授であり、南アフリカの性科学アカデミーにも関係している。また、ウルドゥー語の豊かな伝統にもとづく有名な詩人として、パキスタンでもインドでも尊敬されている。

036

男どうしの愛

愛がある社会の伝統からはずれていたとしても、それが本当の恋愛ではないということにはならない

フランク・ムスカレラ――アメリカ

「どうして二人の男が、男女間と同じように激しく愛し合うことができるのか、多くの人には理解できないようです」とフランク・ムスカレラ博士は言う。「たしかに世界を見渡せば、男どうしの恋愛の例は多くありませんが、男女間の恋愛と同じく、太古の昔から存在してきたものです」。

私は、男と男の恋愛は存在しうるし、実際に存在している、という前提に立って、その恋愛が進化の過程でどのようにして生まれたのかを研究してきた。理論家たちによれば、男女間の恋愛の進化論的起源は、子どもに対する母の愛にあるという。母が子により多く愛情を注げば、子どもが生き延びる可能性はそれだけ増大する。進化の過程を振り返ると、愛情で結ばれた男女は、子孫の繁栄により大きな貢献をしてきた。結局のところ、男女の恋愛行動は自然淘汰の法則にもとづいている。それによって両者の絆が深まり、さらにそれを通じて生殖に成功するからである。この恋愛行動の感情的・心理的複雑さは、動物によって異なるが、人類において最も高度に発達したことは間違いないだろう。

存続

よく投じられる疑問——男どうしの恋愛は、生殖に結び付かないのに、どうして存続してきたのか。人類の進化についての最近の研究によれば、男女間にかぎらず、人間と人間との愛情行動は、初期の人類が生き延びるのに、一定の重要な役割を果たした。人類の祖先は、ひじょうに協力的な小さな集団を形成して生きていたと考えられている。チンパンジーやボノボのような人類に最も近い動物をみても、またさまざまな文化、さまざまな時代の人類をみても、**個体と個体との性行動はその個体どうしの絆を強め**、それが結果的に集団の結束を固めることになる。それで現在、一部の研究者たちはこう考えている——生殖に繋がる性行動も、繋がらない性行動も、どちらも、集団の結束を固める接着剤の役割を果たしていたのではないか。それによって、生存と生殖の成功率を高めたのではないか、と。

同盟関係

男どうしの性行動についての「同盟説」によれば、進化の過程で、男と男の性行動は男どうしの絆を強めた。その社会的同盟は直接的に男性の生存率を高めた。なぜなら同盟を結ぶことは、食糧の調達と敵との戦いに役立ったからだ。また間接的には生殖を促進した。なぜなら同盟関係によって生存率が高まり、そのおかげで、女性を確保して生殖できる可能性が高まったからだ。男どうしの性行動に参加した男は、男どうしの性行動に参加しなかった男よりも生存率が高く、生殖の成功率が高かったのではなかろうか。なぜなら数が少なく同盟関係が弱いと、食糧確保においても敵との戦いにおいても不利だったはずだ。たしかに、男どうしの排他的な性行動に参加した男は、女性と交わることがなかったから、生殖はしなかった。現代の男たちは、時に、何らかの状況においては、性的にも愛情的にも特定の男に反応できた男たちの子孫なのかもしれない。一部の研究者たちの説によれば、人類が狩猟採集生活から農業社会へと移行する過程で、文化が変化し、それまではふつうとみなされていた性行動が問題視されるようになり、やがては禁止されるようになったという。

ロマンス

私の考えでは、現代の、とくに欧米に顕著にみられる、男性同性愛のサブカルチャーは、いくつかの要因の相互作用によって生まれた。ひとつは、どんな民族でも、同性愛傾向をもった人間が、わずかとはいえ、つねに一定数いるということだ。第二に、先進国では、生きていくために、かならずしも男女のペア、すなわち夫婦である必要はないということだ。そのため、男が男に性的魅力を感じたり、男どうしでいっしょに暮らしたりすることができる。最後に、欧米の先進国では、広く認められている男性どうしの関係の四類型のうちの三つは、推奨されない、というより積極的に排除されている。その三つとは、⑴支配・被支配の関係（主人と召使い）、⑵ジェンダー的関係（男と、女の役割を演じる男)、⑶年齢的関係(大人と若者)である。先進国では、残るひとつ、すなわち第四のタイプが、男どうしの性的・恋愛的関係の形として強く推奨されている。それは対等の関係である。実際、現代の欧米先進国における男どうしの関係はほとんど、対等な成人男性どうしである。

文化

私が自分の研究から得た最も重要な教訓は、誰をどのように愛するかは、文化に大きく左右されるということである。異性の、あるいは同性の相手に対して、愛をともなう性行動ができる能力は、人間の性的な本質の基本要素かもしれないが、人類学や歴史学によれば、ある社会において、恋愛的・性的関係がどのように表現されるかを決定する最大要因は文化である。その支配的文化に同調しない人は、犯罪者、病人、あるいはその両方とみなされる。しかし、自立した成人どうしの愛が、伝統からはずれていたとしても、それが本当の恋愛ではないとか、深い愛ではないとか、それでは本人がみたされないといったことはけっしてない。幸い、現代のほとんどの社会では、その事実が認められており、ほとんどの人は、自分に一番適した愛の形を選択することが許されている。

Love is ...

・人類の進化を研究すると、初期の人類の生存に大きな役割を演じたのは、かならずしも異性間の恋愛関係だけではない。
・男と男が愛と性の関係を結ぶこともまた、人類の性的本質の一部である。
・誰をどのように愛するか、また、ある特定の社会で愛と性の関係がどのように表現されるのか、を決定するのは文化である。

フランク・ムスカレラ Frank Muscarella

フロリダ州のマイアミ・ショアーズ（アメリカ）にあるバリー大学の心理学教授。臨床心理学の修士課程の学科長であり、心理学部の学部長でもある。専門は進化心理学と人間の性科学。「同盟理論」をはじめ、性行動および性的傾向に関する論文を多数発表している。

037

愛という原動力

愛の真の力は変化を促す力だ

ジョン・K・レンペル――カナダ

キューピッドの矢は私たちの心臓を貫くだけでなく、私たちの頭脳をも標的にしている。誰かを深く愛している人の脳をスキャンすると、驚いたことに、「報酬と目標達成」に関わる部位が活性化していることがわかる。キューピッドの目標と報酬とはいったい何か。ジョン・K・レンペル教授はそれを解明した。愛とは動因である。

「愛」は、人間のさまざまな経験の中でも他に例をみないほど豊かな意味と大きな力をもった言葉だ。愛は神の本質とみなされ、私たち人間の一番大切な関係の基盤ともみなされている。これまで、愛の経験とそれがもたらすものについて、無数の小説、論文、説教、詩、歌、劇、美術作品が生み出されてきた。しかしいっぽう、愛は、定義がむずかしい概念としても悪名高い。それが重要であることは誰もが認めているにもかかわらず、さまざまな意味、さまざまな目標、さまざまな表現をもった、きわめて曖昧な概念である。愛を経験することはどんな感じなのか、愛の行動はどんな形をとるのか、については、誰もがよく知っているようだが、愛とはいったい何かということになると、それほど明快ではない。

四つの普遍的な特徴

ロルフ・ジョンソンは、愛についての優れた哲学的分析において、ほとんどすべての愛の研究者が同意している四つの特徴をあげている。第一に、愛には対象がある。これは何よりも、愛とは私たちの中から溢れ出て、何か別の物へと流れていくものだということを意味している。第二に、私たちは自分の愛する対象を大事にする。愛の対象は私たちにとって意味深く、貴重なものである。第三に、恋する者は愛の対象に惹き付けられる。愛には人間を動かす力があるということだ。最後に、愛とは私たちが感じるもの、時には強烈に感じるものである。この四つの特徴は、クリストファー・バリス教授と私が定義した愛とぴったり一致する。ごく簡単に言えば、愛とは、行動の動機となるような状態のことで、その目標は**愛する人の幸せを願い、守ることである**。要するに、愛にはさまざまな形があるが、それらすべてに共通しているのは、愛するものにとって最良のことを願うという共通の基盤である。もし愛の核心が行動の動機となるような状態だとしたら、愛がさまざまに異なる形をとることをどう理解したらいいのだろう。また、そのように愛を動機とみなすことで、愛の表現の深さと強さを解明することができるのだろうか。これに答えるためには、次のように考えてみればいい。自分の愛するものの命を守り、豊かにしたいという欲望は、人生を変える可能性を秘めた、自分の深い経験から生まれるのだ。たとえば恋愛について考えてみよう。誰かを激しく愛している人は、その誰かの人生と自分の人生を合体させたいと願うものだ。自分に幸福と興奮と欲望を与えてくれる「魂の友」の命を守りたい、豊かにしたいと思わない者がいるだろうか。同じように、相手の幸福を願い、それをもっと大きくしたいという欲求は、二人でいっしょにいることや、何かをいっしょにやることで得られる喜び、あたたかさ、満足感から生まれるのかもしれない。たがいに相手を豊かにするような友情によって得られるご褒美が、生涯にわたる絆を育てるのだ。そうしたご褒美のせいで、伴侶（パートナー、友だち、夫婦）に最良の人生を送ってもらいたいという願望が生まれるのかもしれない。子どもをみても、親に依存するのは、食事、世話、支えを得たいからだ。そう考えれば、子どもが親の幸せを願うのは当然だろう。自分にさまざまなものを与えてくれるのだから。

個人的報酬

もちろんこれらすべてのタイプの愛にとって、愛する対象の幸福は、こちらが報酬を得ることと結び付いている。たしかに、愛する対象の幸福を望むという単純な欲求もあるだろうが、それだけでなく、相手の幸福から得られる何かもあるのだ。ただし、相手の幸福を願うこと以外には何も求めないという、「純粋」と呼べる種類の愛もある。利他的な愛だ。**この種の愛は、ひたすら与えるだけで、見返りを求めない。**この種の愛は、共感と配慮と自己犠牲からなる。たとえば神の愛がこれにあたる。実際、この種の愛は神の愛だけであり、人間の愛はどうしても利己的であり、その動機は相手の幸福のためだけではない、と主張する人たちもいるだろう。そういう冷笑的な意見とは裏腹に、利他的な動機や共感的な愛を研究すると、人間は（そして動物もある程度は）共感、つまり他者に対する優しさ、感情移入、温かさを経験することができ、そうした共感的な経験をすると、人は、たとえ失うものが多く、得るものが少ないとしても、何か人のためにしたいという気持ちをもつことがある。こうした利他的な愛は、しばしば「すべては誰かのために」という愛になる。

愛が何かの原動力になることを示す証拠はあるだろうか。この問題に関する研究は始まったばかりだが、動機付けこそが、人が愛をどう理解し、どう経験するかにとって最も重要な要因であることを示す、有望な研究がすでにいくつかある。アーサー・アーロンらは、激しく恋している人の大脳の視覚化研究によって、そういう人は、前方の被蓋野《ひがいや》が活性化していることを発見した。前方の被蓋野は、報酬とか目標達成を司る部位である。ケヴィン・ヘギとレイモンド・バーグナーは、たいていの人は、もしAという人が「自分自身の利益のために相手の幸福に尽力している」のでなければ、AがBを愛していると認識しない、したがってこの動機こそが良い関係を築く最も重要なものである、ということを発見した。私自身の研究によれば、たとえ他者に対してポジティブな感情を抱いていて、その他者を極度に高く評価していたとしても、もし相手のためになりたいという動機がなければ、人はある経験を愛とはみなさないものである。

大きな力

これらの新しい研究を踏まえると、愛とは、強力な認識的・感情的経験から引き起こされたある原動力的状態なのだと考えてもいいだろう。だが結局のところ、それを知ることは果たして重要なのだろうか。私たちはたいへん重要だと考える。愛は動機なのだと認識することによって、私たちはどうして愛が人間生活においてこれほど大きな力をもっているのかが少し理解できる。ただの強い感情や深い感謝と違って、**他者を幸福にしたいという欲望は行動を要求する**。これこそが愛の真の力である。たがいに相手をどう感じ、どう考えるかということだけでなく、たがいのために何がしたいかという点で、人間を変える力である。

Love is...

- 愛にはさまざまな形があるが、愛する対象のために最善を尽くしたいと思うという共通の基盤がある。
- 共感的経験があると、たとえ失うものが多く、得るものが少なかったとしても、他者のためになることをしたいという動機になる。
- 他者の幸福を願うことは行動を要求する。これが愛の真の力である。

ジョン・K・レンペル　John K. Rempel

ウォータールー（カナダ）にあるセント・ジェローム大学の心理学科の学科長。研究の目標は、親しい人間関係に含まれる基本的な過程を理解することであり、これまでに、信頼、力、愛、憎しみ、葛藤、共感、性欲、修復的司法、性暴力、悪、健全な意志決定のためのパートナーの影響力など、幅広い人間相互間の現象について研究してきた。

038

シャボン玉

愛は……神のように感じる

クリストファー・T・バリス——カナダ

私たちはみんな個人的なシャボン玉の中を漂っているようなものだ。誰かに対して愛を感じると、何が起きるか。クリストファー・T・バリス教授は、愛について考察するために、空中を漂うシャボン玉のイメージを用いる。

長年にわたる私たちの研究の、最も興味深い発見のひとつは、愛の経験にはさまざまな形があり、その動機と感情はそれぞれ異なるが、それだけでなく愛が自己意識に与える影響もそれぞれ異なるということだ。それを説明するために、まず、シャボン玉を飛ばした子どもの頃に戻りたい（悲しいかな、それは遠い昔のことだが）。

自己と他者

自分が、いわば空中を漂う「心理的シャボン玉」の中にいると想像してみよう。他の人びともまた同じように自分のシャボン玉の中にいる。そうしたシャボン玉を描いたアニメーションを用いると、誰かが誰かに対して利他的な愛を経験するというのは、自分のシャボン玉が愛する人のシャボン玉にくっついているように感じるということだ。二つのシャボン玉はいっしょに漂っていくが、いつまでたっても別々のシャボン玉だ。それに対して、性的な愛のような利他的ではない愛の場合は、二つのシャボン玉がたんにくっつくだけでなく、合体してひとつになったかのように感じられる。いずれにせよ、利他的な愛の経験も利他的でない愛の経験も、相手とくっついて、そのために自分の進路が変わるという感覚を含んでいる。**自分はもはや他人とは関係なく自由に漂っているのではない**。ただし、自分は他者とは別だという感覚は、利他的な愛に特有の感覚である。利他的でない愛の場合は、自己は他者の中に埋没してしまう。そして二人が合体したひとつのシャボン玉が、心理的環境の風とかトゲとかのせいで割れてしまうと、自己は完全に失われてしまう。

私の言うことを信じてほしい。私たちの研究に参加してくれた被験者たちが、自分の過去の愛の経験を思い出すときに感じていたものに、一番ぴったりなイメージがシャボン玉なのだ。そうでなければ私はこの比喩を用いたりしない。シャボン玉の比喩は、子ども時代への郷愁しか掻き立てないかもしれないが、しかし、シャボン玉の比喩が愛の理解にとってどんな意味をもっているか、考えなくてはならない。簡単に言えば、どうして私たちは愛を大切にしなくてはならないのか。

一体感

私たちがおこなったある研究によると、困っている人に出会うと（これは、利他的な愛や、その感情的特性である共感を、とくに生みやすい状況である)、神秘的な経験をすることが多い。一番典型的なのは一体感である。つまり何か大きなものに吸収され、空間・時間の観念がなくなる。これは、神の実在を確信したという人が語る経験とひじょうによく似ている。したがって、利他的な愛(「自己のシャボン玉」と「他者のシャボン玉」を合体させるような愛)の一番の特徴は、一体感と自己超越なのかもしれない。これは神秘体験の本質と同じだ。世界のどの宗教をみても、そうした神秘体験が信仰の基本的要素になっている。だから宗教において、利他的な愛が特別に重要視されるのは偶然ではない。たとえば大乗仏教において、菩薩は、苦しんでいる衆生《しゅじょう》への共感ゆえに、自分は解脱して涅槃《ねはん》にいたろうとはしない。心理学的に考えれば、これは少しも不思議ではない。困っている人に対する利他的な愛の経験(したがって、そういう人びとへの愛着)そのものの中に、自分が孤立しているという感覚からの解放と、超越的な一体感が含まれているのではなかろうか。

利他的ではない愛の場合にもこれと同じような神秘的一体感が得られるのかどうかについては、残念ながらまだデータがない。しかし、合体について先に述べたようなことから、エロティックな結び付きがこれまでしばしば、霊的な変容へといたる道として描かれてきたのは(たとえばヒンドゥー教のタントラのように)、少しも驚くべきことではないように思われる。

多くの神学者たちは、神は愛である、と言う。愛は神である、と言い切る神学者もいる。社会科学者であり、宗教を研究する心理学者である私は、そうした主張を肯定する証拠も、否定する証拠ももっていないので、はっきり言ってお手上げである。とはいえ、他者に対する利他的な愛の経験が神秘的な特性をもつことについて、これまで研究を重ね、少しずつデータを集積してきた者として、次のような慎ましい主張をしたいと思う。「愛は、多くの人が神と呼ぶものに似た感覚である」と。

Love is ...

- 利他的な愛を経験すると、あたかも自分のシャボン玉が愛する人のシャボン玉にくっついたかのように感じられる。
- 性的な愛のような、利他的でない愛を経験すると、自分のシャボン玉と相手のシャボン玉が合体するように感じられる。
- 愛は、多くの人が神と呼ぶものに似た感覚である。

クリストファー・T・バリス Christopher T. Burris

社会心理学者であり、オンタリオ（カナダ）のセント・ジェローム大学の心理学准教授。同僚のジョン・レンペルと助手のクリスティーナ・シュレージの協力を得て、ここに述べられたような考えをまとめた。より広く言えば、愛と憎しみ、宗教、霊性、悪、性、意識、自己などを研究テーマとしている。「遊びながら研究」しているとき以外は、バードウォッチングをして過ごしている。

039

生命の危機を乗り越える

両親の愛のあたたかさが多くのことを埋め合わせてくれる

マレク・ブラトニー――チェコ

「私の研究テーマは愛そのものではありません」とマレク・ブラトニー博士は言う。彼の研究は小児がんの生存者およびその家族のＱＯＬ（生活の質）をテーマにしている。「でもそれらはすべて愛に関係していることがすぐにわかりました」。

私たちは、小児がん研究者や臨床心理学者といっしょに、放射線治療の晩発性影響［数カ月以降にあらわれる影響］によって、小児や思春期の子のＱＯＬのどの部分が損なわれるのか、また、その損なわれた部分を埋め合わせるにはどうしたらいいのか、を研究している。この研究では、小児患者だけでなく、その両親やきょうだいにも目をくばる。

私たちは研究の初期に得られた結果に興味を惹かれた。ＱＯＬの多くの面において、がんを生き抜いた子どもは健康な子どもよりも良かった。健康な子どもと比べると、小児がんの子どもたちは、身体はあまりうまく動かせないし、レジャーへの参加も消極的だが、精神的安定とか人生の満足度は上だった。その原因は次のような事実の中にある、と私たちは考えた。小児がんの子どもたちは、生命を脅かす病気にかかり、つらく長い治療を経験してきたから、日常的な心配事などあまり深刻とは思われないのだ。また、小児がん患者は、もうひとつ別の面で、より豊かなＱＯＬを保っていた。それは両親との関係である。**小児がんの子は、健常な子どもよりも、両親の能動的な姿勢やあたたかい愛情をより強く感じている。**その後の調査を通じて、幼い子どもたち（一二歳未満）にとって、両親のあたたかい世話は、抗がん治療がＱＯＬに及ぼす晩発性影響の厳しさに対する防御として作用していることが明らかになった。言い換えると、子どもたちは抗がん治療の厳しい影響に苦しんでいるが、両親のあたたかい愛がその影響を埋め合わせているのである。

両親

両親の証言と、子どもや思春期の子たちが自分たちの状況をどう経験するかという、経験の仕方の間には、通じ合うところがある。現在主流となっている心理学によれば、人生におけるつらい出来事や、トラウマ的な出来事にも、いくつかの良い面がある。たとえば子どもたちはそれらの出来事を通じて、命の大切さや愛する人の大切さを知る。私たちは両親に、子どもの病気はあなたがた両親の生活をどのように変えたかと質問し、子どもたちの経験がもたらした否定的な側面と肯定的な側面をあげてほしいと頼んだ。ほとんどの両親があげた、子どもたちの経験が彼らにもたらした肯定的な側面とは、

人間関係が改善されたということだった。子どもへの愛情がさらに深まり、配偶者との関係もより深まった。また、親類、友人、知人だけでなく、職場の同僚や経営者からじかに物質的・精神的援助が得られた。もちろん、関係がダメになったとか、職を失ったというような否定的な経験をした両親もいたが、肯定的な経験をした親のほうがずっと多かった。

兄弟姉妹

子どもががんと診断されれば、その子には当然ながら、最大限の世話、心遣い、物質的・精神的支えが与えられる。さらに両親は当初から医療スタッフ、カウンセラー、そして他の親たちからも支えられる。時として、病気の子どもの健康なきょうだいのことが無視されることがある。彼らの人生は大きく変わり、自立を求められ、恐怖・不安・罪悪感を抱えたまま、放っておかれることが多い。私たちが調査したきょうだいたちのなかには、親といっしょにいる時間がなくなり、自分たちの悩みを誰かに打ち明ける機会がなかった、と言った者もいた。だが同時に彼らは、病気の子どもを犠牲にしてまで親の関心を引こうとはしなかった。彼らを一番苦しめたのは、病気になったきょうだいの苦しみ、死への恐怖、そしてきょうだいといっしょに過ごすことができないという現状だった。どんなきょうだいも、病気のきょうだいがまた元気になって、自分たちといっしょに過ごせることを心から願っていた。繰り返すが、**きょうだいたちの言葉から感じられたのは、共感と愛情だった。**

私は自分が愛の研究をしているのだとは考えていなかった。しかし、いまや私たちは確信している。人生のどの瞬間にも愛があるのだ。私たちにとって一番苦しいのは、愛の不在だ。つねにそれを忘れてはならない。

マレク・ブラトニー Marek Blatný
チェコ共和国科学アカデミーの心理学研究所所長、ブルノ（チェコ）にあるマサリク大学の社会心理学教授。人生全般にわたる成長発展についての長期間にわたる調査や、小児がん患者のQOL（生活の質）などを研究している。

040

夢中になるのは目の病気だ

愛とは、おたがいを幸せにしたいと思うことだ

アルフォンス・ファンシュテーンヴェーゲン――ベルギー

「夢中と愛、この二つの概念はいつでも混同されている」と、世界性科学協会から功労金メダルを贈られたアルフォンス・ファンシュテーンヴェーゲン教授は語る。「夢中になるのは目の病気だ」と彼は言う。でもその後はどうなるのだろうか。

夢中になるというのは、誰かに惹き付けられるという強い感覚に圧倒された状態のことである。それは努力の結果ではないし、意志の力でそのようになれるものでもない。恋に落ちるというのは、風邪を引くのと同じようなものだ。そうなると、他人が、ありのままの姿ではなく、こうあってほしいという姿にみえてくる。第三者からみれば以前とまったく同じなのに、恋に落ちた者の目には、恋の対象が、夢のように素晴らしい、この世にたったひとりしかいない、完璧な、あらゆることを与えてくれる存在にみえてくる。心理学ではこれを投影と呼ぶ。夢中になることは目の病気であり、軽度の精神病である。

誰かに夢中になっている状態は、自分ではどうすることもできない。やめたくても、やめられな

い。それはあなたに取り憑いて、離れない。ある意味で、あなたは自由を失う。誰かに夢中になると、相手に対して激しい感情を抱くようになる。あなたは四六時中、相手に引き寄せられている。その意味で、夢中状態はひとつの原動力となりうる。その力が、人びとをたがいに引き合わせる。また、夢中状態はエネルギーを与えてくる。この状態のおかげで、創造的にもなれる。そのおかげで、知覚が鋭敏になる。おたがいに相手に夢中であれば、セックスも順調に機能する。

誰かに夢中になると、相手もこちらに夢中になってほしいと願う。相手と、排他的な絆を結びたくなる。恋の苦しみとは、相手は自分から離れている、あるいは向こうが夢中になってくれないという苦しみである。たがいに相手に夢中になると、二人が合体したような感覚が得られるが、それは現実の関係とはまた違う。いっしょに暮らしてみれば、目の病気は自然に治癒する。相手が、自分が空想していたような人間ではなかったのだということが、少しずつわかってくるからだ。

いっしょに住んでいる二人にとっては、真の愛とは、愛を与えることだ。相手を特別な人間にすることだ。それはつまり、おたがいに相手に対して能動的に関わるということだ。関係がうまくいかなくなったら、どちらの側も能動的に相手に関わらなくてはならない。能動的に関わるというのはかならずしも簡単ではない。つねに「にもかかわらず」をともなう。いっしょに生活してみると、相手が全然違って見えてくるものだが、それでもいっしょに人生を過ごしたいと思うはずだ。「あなたは私が想像していたあなたとは全然違うが、それでもあなたといっしょに生きたい」。これが能動的に関わるということだ。それは自由意志で決めるものだ。真の愛は、相手との関わりのすべての面にあらわれてくる。

1　**言葉を共有する。**相手にじゅうぶんに関心を注ぎ、おたがいがおたがいに愛を与えられる時間をつくること。愛とは、相手と徹底的に話し合うこと。ある言葉を、自分は自分の経験にもとづいて解釈し、相手は違ったふうに解釈している。それを知ることが愛だ。同じひとつの言葉でも、二人はそれを違った意味で使っている、それを知った上で、共通の意味を見つけ出し、共有すること、それが愛だ。

2　**感情を共有する。**愛は、感情の交流や、おたがいに対する共感の中にもあらわれる。感情をすべて言葉で表現することはできない。しかし、自分を相手の世界の中に置き、自分とは異なる愛の感情に重きを置くことはできる。そのとき真の共感が生まれ、愛は二人のものとなる。

3　**いっしょに楽しむ。**つねに性差の間に橋を架けたいという欲望の中にも愛はある。誘惑する、誘惑される、おたがいの楽しみの中に、そしていっしょにいるという喜びの中に、愛はある。

4　**いっしょに問題を解決する。**差異、軋轢《あつれき》、苛立ちをどう解消するか、その中にも愛はあらわれる。現代の恋愛関係の底にあるのは交渉だ。双方は価値において同等であり、たがいを許し合い、傷つけ合った後は埋め合わせをする。忍耐と寛容をもって、パートナーと何度でもやり直すのだ。優しいことは、愛のひとつの形である。

5　**共同作業。**いっしょに暮らしていると、さまざまな課題に直面する。生活費を稼ぐ、家事をこなす、子どもの世話をする、料理をする、住まいを確保する、服を買う、等々。これらの仕事をバランスよく分担することの中に、愛はあらわれる。自分のつとめを引き受け、それをちゃんとこなすことも、そこには含まれる。

このように、愛とは、パートナーを（意図的に）幸せにすることすべてに関わっている。その洗練された形のひとつは、たとえばユーモアであり、パートナーを笑わせることだ。それはパートナー間の、言葉によるコミュニケーションによっても、また言葉によらないコミュニケーションによっても、なされる。言葉だけでは足りない。言葉は、愛情溢れる行動をともなわなくてはならない。もちろん自分の意図を明確に示すには、愛の言葉が欠かせない。

パートナーに対して能動的に関わることの中に、愛は出現する。その関わりには、厳しい直視も含まれる。愛はパートナーを自分と似た存在にするのではなく、たがいの違いを受け入れるようにするのだ。さまざまな問題を乗り越えていっしょに生き続けるという事実の中に、愛はあらわれる。何かを与えることができるためには、まず自分がその何かを保持していなくてはならない。いっしょに暮らしていて「イエス」と言えるためには、「ノー」と言える余地がなくてはならない。

与えすぎる愛というのもある。相手がほしがっているものを何でも与えることで、彼あるいは彼女は相手をだめにしてしまう。自分を犠牲にしすぎると、結局は相手を憎むことになる。与える愛は、ちゃんとバランスがとれてさえいれば、幸福感と深い満足を与えてくれ、どちらのパートナーも満足する。

ただし、右に述べたことから外れた愛もある。いっしょに暮らしている恋人たちは、相手と感情的に関わりたいと願う。たがいに惹かれ合い、そしてたがいを欲する。この愛、つまりたがいに対するポジティブで熱い感情は、消えたり、またあらわれたりする。「愛の閃光」という形をとることもあれば、深い性的な感情と満足のゆく親密感という形をとることもある。これらは、いっしょに生きていきたいという意志や、喜びも悲しみも分かち合いたいという願いの基礎である。

Love is ...

- 夢中になるのと愛情とは別物である。愛は、行動の動機付けとなる強い感情である。人は別の人を、あるがままではなく、こうあってほしいという姿としてみる。
- 真の愛は与えること。言葉と感情を共有し、いっしょに物事を楽しみ、問題を解決し、いっしょに働くことである。これを実現させるには献身と関わりが必要である。
- 愛とは、いっしょにいると楽しいという感覚であり、言葉だけでなく、行動によっても、相手を幸せにしようと欲することである。

アルフォンス・ファンシュテーンヴェーゲン
Alfons Vansteenwegen
ルーヴェン・カトリック大学（ベルギー）の心理学・性科学・心理療法の名誉教授。二〇一一年に国際性科学学会から特別功労賞を授与された。これまでに学術的・臨床的な著書を多数出版している。『愛のために時間をつくる』、『愛は言葉である』は世界的ベストセラーである。

041

愛の神経科学

愛は愛へと導く

アンドレアス・バルテルス――ドイツ

最新の大脳スキャン装置を使うと、恋をしている人間の脳で何が起きているのかを詳細にみることができる。アンドレアス・バルテルス教授は、世界で最初の大脳イメージングによる愛の研究を手がけ、すべての動物に共通する普遍的な愛の生物学的メカニズムの発見に貢献した。そのメカニズムは私たちの心の暗い側面をもコントロールしているらしい。

愛を理解するのはむずかしい。愛は、すべての精神状態の中で、最も複雑であると同時に最も単純で、最も心を高揚させるものであると同時に最も荒廃させることもある。愛とは、遺伝的にコード化された脳の生物学的メカニズムが生み出すものである。その機能はきわめて単純で、人と人を結び付けることだが、個人の人生のあらゆる側面において、また種と知能の進化において、最も興味深い結果をもたらすものでもある。

個人的には、私は、ここ一〇年か二〇年の間に生命科学が愛について発見しはじめたことに、とくに衝撃を受けた。人間の本性の理解における、科学的にみて最も重要な時代のひとつが始まりつつあるのではなかろうか。ただしその人間の本性とは、私たちが考えているほど人間に特有のものではないようだ。私は幸運にも、セミール・ゼキと共同で、世界最初の脳イメージングによる愛の研究に携わることができた。その研究によって明らかになったことは、人間の場合、母性愛と恋愛はともに脳の同じ部位と関係しているということである。それは、愛のホルモンと言われるオキシトシンとアルギニンヴァソプレッシンの受容体が豊富な部位である。また、私たちの研究で明らかになったことは、人間における愛のメカニズムは動物のメカニズムと密接に関連しているということだ。

報酬系 ［欲求がみたされると活性化し、快感を与える神経系］

進化論の視点からみると、愛（より機能生物学的な用語を使うなら、社会的愛着あるいは絆）は、人類のような種の生存にとってきわめて重要である。人間の赤ん坊の生存は一〇〇パーセント親の世話に依存しているが、それは愛によって初めて可能になる。だから、親子の絆を強くするために進化してきた脳のメカニズムが強力で遺伝的にコントロールされていることは不思議ではない。

どんな時代でも、またどんな文化においても、愛が人間の本性に固有のものであることに、画家や作家は、いや歴史家でさえ、ずっと昔から気付いていた。興味深いことに、愛が、文化的・宗教的・法的な理由から規範化あるいは抑圧することのできる人間のつくった人工物ではなく、生物学的属性であり、したがって科学的に研究できるものであるということに、心理学者や科学者が気が付いたのはごく最近のことだ。

愛の基本メカニズムはきわめて単純で、明快で、強力だ。それは、脳の報酬システムの中核を含んでいる。そこではオキシトシンとアルギニンヴァソプレッシンという二つの神経ホルモンが必要十分条件であり、それがドーパミンと合わさって、人と人との生涯にわたる絆を形成する。愛に関係する脳の部位とホルモンは普遍的である。親子の愛着においても、恋愛（同性愛でも異性愛でも）においても、同じであり、さらに、人間特有のものではなく、ネズミもヒツジも同様である。

愛情ホルモン

たったひとつの遺伝子（たとえば脳の報酬系におけるオキシトシンとアルギニンヴァソプレッシンの受容体のコード化）があるかないかで、ペアの絆を形成できる種とできない種との違いが生じる。その遺伝子をひとつの種から別の種に移植すると、後者は孤独な狼の群れから、じゃれ合うカップルの群れに変わるかもしれない。ペアを形成できる種は脊椎動物のうちの三〜五パーセント存在する。

しかし、私たちはいかにして恋に「落ちる」のか。メカニズム的にいえば、それは脳内で愛情ホルモンが分泌されるときである。**そうすると報酬系が、特定の個人がそばにいることと、高度の快感をもたらす感情との間に、持続的な結び付きを形成する。**このように、愛とは、脳内における特殊な学習メカニズムの結果であるが、これは高度に特殊化されていて、社会的な刺激のみに反応するので、生物以外の物に対しては結び付きが形成されない。

動物の場合、愛情ホルモンを一滴与えただけで、生涯にわたるペアの絆が形成されたり、処女のメスにそれを与えると、見ず知らずの子どもに対して、子どもに対する母親の強い愛情をおぼえたりする。

反対に、脳内の愛情ホルモン受容体をブロックすると、ペアの絆や母子の絆が形成されず、母子の場合には、子どもをないがしろにして、一生孤独であり続けることもある。幸い、これまでのところ、こうした実験は動物に対してのみおこなわれてきたが、メカニズムは人間の場合も同じである。実験室の外でも、セックスのときのオーガスム、出産、授乳のときには大量の愛情ホルモンが分泌されているし、それほどではないが、目と目が合ったときや社会的接触、あるいはさまざまな社会的状況においても、愛情ホルモンは分泌される。

暗い側面

興味深いことに、どれくらい強い絆を形成するかといった個人差もまた、このメカニズムにコントロールされている。遺伝子の差も、また人生経験（とくに幼児期の）も、脳の愛情ホルモン受容体の密度や分布に影響を与え、それが私たちの社会的行動のさまざまな側面に影響を及ぼす。たとえば、**たったひとつの遺伝子の違いでも、結婚する可能性が半減したり、関係における危機の頻度が倍加したりすることもありうる。**他の研究によると、あまり愛情を与えられずに育った場合、たとえば劣悪な養護施設で育った場合、血液中の愛情ホルモンの濃度が低く、社会性が不足することもある。実験によると、子どものときに愛情を多く注がれた動物は、おとなになってから、パートナーや自分の子どもと過ごす時間が多く、その逆もまた真である。このように愛が愛を生む。悲しいことに、家庭や社会に愛が欠けていると、経験を通して、また遺伝子によって、それが次世代に継承される。

愛のメカニズムはたんなる愛着には留まらない。愛は私たちの心の暗い側面をもコントロールする。ひとたび愛の絆で結ばれた動物は、他の動物からのアプローチを拒絶するときの、あるいは自分の子どもたちを守ろうとするときの、攻撃性もまた「愛のホルモン」やドーパミンの影響力を受ける。**これらのホルモンは、**愛着を引き起こすだけでなく、**村八分、外国人嫌悪、人種差別、自己中心主義の引き金をも引きかねない。**なぜかというと、愛のメカニズムは、自分がある特定の集団あるいは人種に属しているという感覚にも影響を与えるので、誰がその集団あるいは人種に属していないのかを知ろうとしたり、示そうとしたりするのだ。愛のホルモンのこうした複雑な機能は、報償システムを超えた脳の領域、すなわち辺縁系の、記憶に関連した前前頭領域のあちこちに散らばっているシステムに支配されている。

私たちの大脳イメージング研究は、そうした領域のいくつかを特定することができた。そこには、否定的な感情・恐怖・攻撃性と結び付いた領域も含まれるし、批判的な社会評価に関係する領域もまた含まれる。これらの領域は、その人が欲望の対象をみるときには不活性化するが、友人や知らない人をみるときには不活性化しない。

進化の動因

愛の研究は、ある驚くべき事実を明らかにした。すなわち愛のメカニズムは、何かに耽溺すると乗っ取られてしまい、愛の対象を別の物質に置き換えてしまう。同様に、この研究は、自閉症、うつ、その他の精神障害への糸口を示唆している。オキシトシンとかアルギニンバソプレッシンのような愛のホルモンによる治療が実現するのはそう遠い将来ではないかもしれないが、これほど複雑なシステムに介入することは逆効果を生むかもしれない。

私は、こうした愛のメカニズムやそれがもたらす予想以上の結果に魅せられてきたが、もうひとつ付け加えておきたい。**愛は、世代間の重要な知の伝達にとってきわめて重要である。**愛によって進化してきた種だけが長期間コミュニケーションができ、大脳が発達してきた。すなわち愛は、私たちの学習能力と、そして人類がもつ脳の巨大さと、じかに関係があるのだ。愛は、社会的な複雑さを生に導入することで、進化の推進力を生みだしたが、そこには、パートナー選び、社会的行動、公正さ、信頼といったことだけでなく、欺瞞《ぎまん》や排除も含まれている。このように愛は、人生における達成の多くの推進力になっているだけでなく、脳の大きさ、知性、文化を前進させる進化の原動力でもあるのだ。

Love is …

- 愛の基本的メカニズムは普遍的で、単純で、力強く、動物のメカニズムと似ている。それらは脳の報酬システムの核心と関係している。
- 愛（と憎しみ）は、社会的刺激に対してきわめて特殊化され、排他的な脳の、特殊な学習メカニズムが生んだものである。愛は遺伝子と経験を通じて伝達される。
- 愛は、私たちがその人生において成し遂げることのほとんどすべての原動力であるだけでなく、私たちの脳の大きさ、知性、文化を駆り立てる進化の動因でもある。

アンドレアス・バルテルス　Andreas Bartels

チュービンゲン（ドイツ）の統合神経科学センターで、研究グループのリーダーをつとめている。利用できるありとあらゆる大脳イメージング技術を用いて、視覚の神経メカニズム、とくに目にみえる動き、顔、感情について研究している。ゼミール・ツェキと共同で、恋愛と母性愛についての大脳イメージングによる最初の研究をおこなった。チューリヒで動物学を学び、サンディエゴ（アメリカ）のソーク大学で、計算モデルに関する修士号を取得、その後、イギリスのユニバーシティ・カレッジ・ロンドンで神経学の学位を取得。

042

愛と諍い

諍《いさか》いは関係を一歩進めるかもしれない

「人と人との長期間にわたる関係は、親密さとは切っても切れないもの、つまり諍いを生む」と、アイサ・ウーゼンは言う。うまくいっているカップルは、二人の違いを建設的にうまく処理することができる。

アイサ・ウーゼン――トルコ

誰もが、相手からも愛されたいという気持ちを抱きつつ、愛する人を探している。このことが人生に意味を与える。もしぴったりの人がみつかると、これでいつまでも幸せでいられると思う。ところが現実には、愛する人といっしょに暮らしはじめたとたん、人生の最も困難な段階が始まる。知り合って間もなくの頃はハネムーン効果があらわれて、自分たちは人生の最良の時を過ごしているという感覚に浸ることができる。だが、それが永遠に続くように思われたとしても、すべてのことには終わりがある。というわけで、どうしたら長続きする、満足のゆくような関係を保てるかという問題が生じてくる。

避けられないもの

諍いは人生の避けられない一部だが、愛し合っている双方が建設的に処理しない限り、関係や幸福に害を及ぼす危険性がある。親密な関係であっても諍いは避けられないのであれば、関係がぎくしゃくしているときに双方がそれにどう対処し、自分の感情をどうコントロールするかがひじょうに重要だ。なぜなら二人の行動は、争いの調停や満足に大きな影響を及ぼすからだ。それだけでなく、二人のうちのどちらかが欠けても関係は成り立たないのだから、相手がどう反応するかはきわめて重要なのだ。

ありのままの自分を相手が受け入れてくれ、愛してくれること、また、こちらが必要とするときに相手が感情的に対応できて呼び声に答えてくれること、それさえあれば、相手に理解されているのだという安心感が得られる。

諍いをうまく処理し、長続きする関係を保つには、重要な鍵がいくつかある。コミュニケーション能力や問題解決能力が不足していると、生活にさまざまな問題が生じる。相手が諍いやその解決をめぐる交渉から逃避すると、諍いの解決は途中で止まってしまい、将来また諍いが起きる可能性が大きくなり、双方の満足感が減じてしまう。同様に、相手が諍いのもとになった問題を破壊的に解決しようとすると、諍いは解消せず、怒り、恨みといった否定的な感情が生まれ、その感情が建設的な解決策を妨害する。

建設的ということ

一般に、諍いは悪いものであり避けるべきものだとみなされているが、多くの研究によると、中程度の諍いは、実際は建設的な働きをする。

どんな映画を見に行くか、何を食べるか、休日はどう過ごすか、といったことについて、もし二人の意見がいつでも一致したとする。最初のうちはいいかもしれない。あなたは、自分のことを完璧に理解してくれる理想の人をみつけたと思うかもしれない。しかし時が経つにつれ、退屈になってくるかもしれない。相手がまるで自分の鏡像みたいだからだ。私たちは時に違いを求める。違いがあればこそ、考え方も変わるし、他者から新しい何かを学べるのだ。諍いはカタルシス（精神浄化）をもたらし、日々の退屈な繰り返しがもたらす退屈からの避難場所を提供してくれる。もし双方の違いについて建設的に話し合い、その結果、合意に達することができれば、諍いは二人の関係を一歩先へ進めることができる。しかし、二人の間に生じた問題を破壊的に扱ったり、自分の要求ばかりを通そうとするようになったり、意見の相違について話し合うことを避けたりすると、その罰として、理想的な関係はどこかに消えてしまうことになる。だから人生の幸福を見出すためには、双方の違いについて建設的に話し合わなくてはならない。私たちは愛をみつけたとき、それを大切にしようと思う。だがそれだけではだめだ。諍いが生じたら、それを建設的に捉えることを通じて、育てるのである。

アイサ・ウーゼン　Ayça Özen
アンカラ（トルコ）の中東工科大学の研究助手。主に、恋愛関係や友人関係における愛着、諍い、感情的経験を研究している。

043

人生の塩

意図は愛の一部分だ

ベネデット・グーイ——イタリア

「もし愛が人生の塩だとしたら、この塩から何が生まれるのか」と、ベネデット・グーイ教授は問いかける。彼は経済学者であり、私たちを「愛のテクノロジー」の四段階へと誘う。私たちがもっとふんだんに愛を「生産」し、「消費」できるために。

ひとかけらの愛もない一日は味気ない。べつに、愛し合っている二人の熱いデートや、赤ん坊を愛撫する母親がいなくともよい。他人に対するちょっとした心遣いは、同僚や親類との日常的な関係に、あるいは、店員やたまたまバスに乗り合わせた他人との、一見するとどうでもいいような人間関係にも、風味を添える。ご存じのように、善行によって最初に報いられるのは、善行をした本人である。返礼は、たとえ感謝の言葉ひとつだけだったとしても、満足感を大いに高めるものだ。ただし焦らずにじっくり待たなくてはならない。

私は、右に述べたことは真実だと心から思う。そして私はこれらの真実を、成長過程と人生経験を通じて学んだ。とはいえ、私生活においても社会生活においても愛は必要不可欠なのだと唱えた、ある精神的指導者と出会わなかったら、私はこうしたことにあまり重きを置かなかっただろう。経済生活においてすら愛は重要な役割を演じているのだという主張に、私は惹かれた。というのも、企業においても、非営利事業においても、愛の重要性をみずから実証しているかのような人びとをこの目でみてきたからだ。当時、経済学は愛に対しては関心を示さなかった。経済学は伝統的に、もっぱら物質主義と個人主義のほうを向いていた。いくつかの例外は別として、**他人への心配りは、経済効率にとって不必要、いやそれどころか有害ですらあるとみなされていた。**

パン屋と看護師

ところがここ一〇年か二〇年の間に、経済学の理論書に「利他主義」「配慮」「互恵主義」といった用語が登場するようになった。ちなみに、いくつかの調査によれば、幸福は、私たちがどれほど多く消費するかとはあまり関係がない。大事なのは人間どうしの関係である。これは、かつては経済学の語彙にはなかったものだ。

愛の理解に対して、経済学的分析がなしうるひとつの貢献は、愛がどのように「生産」され、同時に愛がどのようにその利益を「生む」かという問題に関わる。具体的に説明しよう。ここに二人の人間がいる。二人は何らかの活動に関わっており、自分たちの関係を生産的なものだと考えている。そこから何が生み出されるか。もし二人が同じ店で働くパン焼き職人だとしたら、生産されるのはもちろんパンだ。もしひとりが看護師で、もうひとりが患者だとしたら、生み出されるのは治療だ。だが同時に、二人の関係からは「愛」の領域に属するものが生産される。年長のパン職人が若い職人を叱責するのではなく、助け、勇気づけることもあろう。患者は看護師から、薬だけでなく精神的な支えを受け取るだろう。それと同時に、年長のパン職人や看護師は感謝の念を受け取るだろう。

●コメントその1。私たちの活動の一番貴重な「産物」は目にみえないものかもしれない。同僚や顧客に対する態度も「生産的」になりうる。伝統的な物を生みだすのではなく、「人間関係」に関わるものを生みだすのだ。組織の成員すべては、技術者を含め、人間関係のマネージャーでもあるのだ。

おしゃべり

何がこうした生産的なプロセスの原動力になっているのだろうか。ふつうに考えれば何も生みださないような、二つのおしゃべりを取り上げよう。もし両者の関係が、どちらか一方、あるいは両者にとって、「悲しみからの解放」を生みだすとしたら、そのプロセスの重要な原動力は友情だ。友情もまた「愛」の領域に属している。

●コメントその2。友情の絆、相互の信頼、共有した経験の記憶は、「人間関係に特有の、人間的資本」であり、あらゆる種類の協力関係を容易にする。ただしそれはきわめて脆弱である。ちょっと喧嘩しただけで、あるいはどちらか一方が引っ越しただけで、壊れてしまうこともある。

人間関係にはそれ以上のものがある。人間関係が何を生産するかは意図に左右される。意図は、人間関係のいわば触媒である。意図もまた「愛」の領域に属している。自分の目標だけに捉われていると、人間関係は手段のレベルに留まる。「無償性」が、より深い人間関係への道を開く。

●コメントその3。無償性は確信と修養の双方に立脚しているから、幸福を得るためには利己主義を克服し、それに応じて態度を変えなければならない、ということに人びとが気付いたときに初めて、愛溢れる態度が広く浸透していくだろう。

好ましい文脈

最後に、人間関係は社会的環境にも影響される。これは化学反応が環境の温度に影響されるのと同じことだ。傍観者がどんな反応を示すか、友人たちがどんなコメントをするか、同じような状況に置かれた他の人びとが最近どんなふうに行動したか、といったことすべてが、他者を思いやる態度を助長したり、挫《くじ》いたりする。

●コメントその4。愛は容易な道ではないので、好ましい文脈から大きな恩恵を受ける。たがいに相手に誠実であろうとするカップルを多数知らなければ、たがいに愛を誓い合うことはよりむずかしい。同好の士は集まって、自分たちの確信をさらに強めるのだ。

「愛のテクノロジー」は以上である。このテクノロジーをマスターすることで、より豊富に愛を「生産」し、「消費」することができるだろう。

Love is ...

- 同僚や顧客とのやりとりは、人間関係という大事な製品を生みだす、一種の「生産」である。それはまた人間的資本を生みだし、それがあらゆる形の協力関係を容易にする。
- 利己主義を克服し、それに応じて態度を変えなければならない、ということに人びとが気付いたときに初めて、愛溢れる態度が広く浸透するだろう。
- 愛は容易な道ではないので、好ましい文脈から大きな恩恵を得る。

ベネデット・グーイ　Benedetto Gui

パドヴァ大学（イタリア）の経済学教授。関心領域は、共同的・非営利的・社会的活動における経済行動、人間関係の経済学的な意味、経済的組織における非手段的動機の役割などを含む。雑誌「公共・共同的経済学年報」の理事であり、「親交の経済学」ネットワークにも参加している。

044

好奇心にみちた子ども

子どもが愛に関心をもつことは自然であり健全である

マーク・ホールステッド――イギリス

子どもたちは愛や性について知りたがり、つねにもっと知りたいと思っている。インターネットは、子どもを当惑させるような、また道徳的に問題のある画像、文章、チャットによって、そうした好奇心に応えようとしている。親や教師はどうしたらいいかわからないでいる。親や教師が何も言えないでいることさえある。マーク・ホールステッド教授は、子どもから目を離してはいけないと言う。最近まで、彼は道徳教育に関するイギリスで唯一の教授だった。

一〇歳のジャックが研究者に「ママのことがとっても好き」と言った。彼の「とっても」は、母親への感情的愛着が彼にとっていかに重要なものであるかを物語っている。それはまた、飼い犬や、ひいきのサッカー・チームや、お気に入りのコンピューターゲームや、理科の授業で隣の席にすわる女の子に対する愛と、母親に対する強い感情とを、彼がちゃんと区別していることを物語ってもいる。だが同時に「とっても」という言い方は、愛の感情について語ることに彼が消極的で、当惑していることをも示している。まるで愛の話をすることは弱さの証拠であるかのように。彼の返答にみられる曖昧性は、彼の年齢、あるいはもう少し上の年齢の男子に特徴的にみられる傾向である。同時に調査した一〇歳の女の子たちには、そうしたためらいはみられなかった。フォーカスグループ（座談会）形式で調査したのだが、女子は自由に、またひじょうに洗練された話し方で、テレビドラマの恋愛などについて語り、また、自分の生活全体をフルにコントロールすることの困難さや、愛があれば飲酒や麻薬をやめられるかどうかといったむずかしい問題についても気楽に討論した。

ギャップを埋める

愛は子どもたちの生活の重要な一部を占めるが、同時に、愛は子どもたちにとっていわば謎でもある。ポピュラー音楽、テレビ番組、映画、雑誌、インターネットは、愛についてのさまざまなメッセージを、雨あられのように子どもたちに浴びせている。子どもたちは愛について笑い、ジョークを言い、替え歌をつくり、愛のことで友だちをからかうが、同時に、心の底では、究極の価値として、人格の完成への道として、人生に意味と目的を与えてくれるものとして、愛を大切にしている。そして彼らは愛について、もっと知りたいと思っている。彼らは知りたがる――情熱について、誰かに夢中になることについて、愛の複雑さと非合理性について、愛するとどんな気分になるのかについて、何が愛を長続きさせるのかについて、誰かを愛したときの不安な気持ちにどう対処したらいいのかについて。

子どもにとって一番の教師は家族である。子どもは家庭で、経験と観察によって、また家族の話を通じて、最初に愛について学ぶ。だが学校も、子どもに愛を教えることについては、重要な補助的役割を担っている。第一に学校は、子どもたちの知識、理解、経験の格差を埋めることができ、それによって一部の子どもたちの貧弱な家庭生活を補ってやれる。第二に、学校は子どもに、個人的な体験だけでなく、想像力を使って視野を広める助けができる。第三に学校は子どもの批判的理解力を育み、そのおかげで、さまざまな態度や価値観（その中にはインターネットのいたるところにあるポルノ・サイトも含まれる）に日々さらされている子どもたちは、何が善で何が悪か、何が正しくて何が間違っているか、何が健全で何が下品なのか、などの判断ができるようになる。

対立

それにもかかわらず、愛の話題はほとんどの学校ではおざなりにされている。道徳教育全般について言えることだが、愛の話題は他の教科に押されて、カリキュラムから閉め出されている。性教育は、性病感染や十代の妊娠については教えるが、愛情関係がもたらす幸福感や子どもをもつ喜びについてはあまり語られない。ファミリー・ドラマは、家族生活の楽しさを伝える力をもっているが、実際には家族愛よりも家庭内の軋轢《あつれき》のほうがより頻繁に描かれる（おそらくそのほうがいいドラマができるのだろう）。文学も、ありとあらゆる人間関係における愛について考える洞察力を与えてくれるものだが、最近は文学教育の中身が変わってきて、内容を犠牲にして、文体とか様式に力点が置かれる傾向にある。ほとんどの教室では、愛や尊敬よりも規律や統制が強調され、その否定的な雰囲気が、思いやりよりも対立を生む結果になっている。いずれにせよ多くの教師は、愛の教育に関しては引っ込み思案になっている。子どもの性的虐待とか、援助交際といった問題があるために、生徒との関係においても、安易に「愛」という言葉を使うことができないのが現状である。おかげで生徒たちは、先生の態度をみて愛を学ぶ機会を奪われ、まだ意味を理解できないにもかかわらず、社会からのさまざまな影響にさらされている。こんな状況で、愛を知る成熟したおとなになれるだろうか。

愛の価値

私はこの調査を通じて、子どもが愛に関心をもつことは自然で健全なことだと考えるにいたった。教師は思いやりをもって子どもに助けの手をさしのべ、押し付けがましくなることを避けつつ、子どもの愛に対する関心を育ててあげるべきだろう。そして個性や文化的な差異を尊重し、子どもが早くから世界に対しておびえたり、斜に構えたりしないよう、気を付けるべきだろう。また、愛についていろいろ説明すべきだ――愛が崇高であること、愛には力があること、だが同時に脆弱であること、自己欺瞞《ぎまん》の原因にもなりうること、そして、愛のおかげで人は、自分の欲求や利益を超えて、他の人びとの幸せを求めるようになること。文学、メディア・スタディーズ、演劇、歴史、宗教、社会科、道徳教育など、すべての教科が、愛について深く考える良いきっかけになる。だがそのためには、競争と対立を助長するような現在の教育を根本的に変え、教育に愛の精神を浸透させる必要があるだろう。そのためにはまず教師が、自分たち自身の生活における愛の価値について、あらためて考えてみる必要がある。それによって教師たち自身もまた教えられることが多いはずである。

Love is ...

・子どもたちは愛やセックスについてあれこれ知りたがる。それは自然で健全なことだ。親や教師はそれをうまく導いてやるべきだ。知識を与え、子どもたちの視野を広げ、判断力を育てるべきだ。
・多くの教師たちは尻込みするが、愛やセックスに対する子どもたちの関心に対して、思いやりをもって助けの手をさしのべるべきだ。
・現在の教育に対する考え方を根本的に変え、教育に愛の精神を浸透させるべきだ。そこから教師たち自身も学び、自分たち自身の生活における愛の価値について深く考えるべきだ。

マーク・ホールステッド　Mark Halstead

長いことプリマス大学の道徳教育の教授をつとめてきた。現在はハダーズフィールド大学（イギリス）名誉教授。倫理教育のさまざまな側面について多くの著作を世に問うてきた。オックスフォードとケンブリッジで学んだあと、ジャーナリストとしてレバノンで働き、サウジアラビアで教師になり、その後北米各地の大学で客員教授をつとめた。学位論文のテーマはイギリスにおけるイスラム教徒の子どもたちの教育で、その後も、教育に関する他のテーマとともにこのテーマの研究を続けている。

045

愛ある親

殴り合う、叫び合う、罵《のの》り合うことを避けなくてはならない

ミシェル・メニャン——フランス

第二次世界大戦はミシェル・メニャンの人生を根本から変えた。彼は一九三六年にパリで生まれ、ユダヤ人の祖父母はアウシュヴィッツで殺された。家族の悲劇に直面して、彼は、こういうことが二度と起こらないようにするための戦いに一生を捧げようと心に誓った。愛と性科学の研究を通じて、彼はフランスで最初の「愛学者」となり、愛をめぐるいくつかのドキュメンタリーを製作し、話題を呼んだ。彼の最終的なアドバイスは親に向けられている。

最も重要な発見は、人間の本性は善だということだ。人には生まれたときから、人を愛する能力と、愛を受け取る能力が備わっている。運良く母親が幸福な妊娠期間を過ごし、出産も楽だったなら、すべての人間は生まれたときに、愛する準備も愛される準備もできている。だが生きていくうちに、心理的・精神的暴力に出会うと、話は違ってくる。まずは心的外傷を引き

起こさないような**非暴力的な環境の中で育ち、教育を受けることが必要だ。**とくに、小さな子どもがいる親は、殴り合う、叫び合う、罵り合うことを避けなくてはいけない。身体的・精神的暴力にさらされているときには、それはむずかしい。だから私は積極的な子育てを提唱し、「愛ある親のための財団」を設立した。

一九八〇年、スウェーデンは世界に先駆けて、すべての体罰を禁止した。一九九〇年、国連は「児童の権利」に関する条約を採択した。二〇〇五年以降、欧州評議会は欧州のすべての国に、体罰や心理的虐待を禁止し、肯定的な子育てを奨励する法律を制定するよう要請した。二〇一二年の時点で、欧州の四七カ国のうち二九カ国がそうした法律を制定し、欧州以外でも一〇以上の国がそうした法律を制定した。これが、世界で苦しんでいる人びとがヨーロッパに来ることを夢みている理由のひとつだ。彼らはヨーロッパで愛をみつけることを夢みているのだ。愛の土台は、共感《エンパシー》の発達である。共感とは、他者が感じていることを、自分の心の奥底で実感する能力である。**共感は、愛の根底にある自然感情である。**心的外傷を負っていない子にはその能力がある。幸運な星の下に生まれ、学校でもいじめに遭わなかった子は幸せである。

私がこれまでおこなってきた精神医学的治療において、二つの新しい方法の導入が、私の人生を変えた。これらの方法のおかげで、私は愛の自然な発達を阻害してきたさまざまな障害を治療することができた。ひとつはEMDR療法(眼球運動による脱感作と再処理法)。これは両側性の刺激(眼球やその他の運動)を交互に与えることで神経=感情を統合するというもので、一九八七年にアメリカの心理学者フランシーン・シャピロによって創始された。これは、苦痛をともなうために遮断された情報（たとえば心的外傷後ショック）の自然適応療法を可能にし、頼りになりそうな心理的資源を動員し、自信喪失から回復させる。いまひとつは幼児期・成人期統合。これは単純な方法で、幼児期に受けた心的外傷や虐待の記憶に苦しんでいる成人を短期間で治すことができる。幼児期・成人期統合療法は、自分自身の分裂した状態に焦点をあて、患者の人格の全体的なシステムを「再結合」させることで、分裂状態を再統合する。

ミシェル・メニャン Michel Meignant
医学博士。人間関係および人間の性の専門家。フランス在住で、フランス精神療法・精神分析連盟の会長、世界精神療法学会の副会長、およびヨーロッパ評議会では、ヨーロッパ精神療法学会の終身代表をつとめる。著書やドキュメンタリーは数々の栄誉ある賞を受賞している。

幼児期・成人期統合療法は、想像力の活性化と、自身内部のさまざまな状態における一連の出来事を結び付けることで、神経系の統合を促進し、複雑な心的外傷や、幼児期の虐待やネグレクトで苦しんできた成人を短期間で治療することができる。

自分をなかなかコントロールできないという親は、助けを求めるべきだ。そうした助けを求めている人に、積極的子育ての発達が答えを与えてくれる。

046

一夜だけの情事

もし自分の「素顔」をみせてしまうと、捨てられるかもしれない

ベンテ・トレーエン——ノルウェー

ローリング・ストーンズのミック・ジャガーは四〇〇〇人以上の女性（と数人の男性）とセックスしたという。会うたびに違う恋人といっしょにいるという人は珍しくない。彼らはそのたびに「理想の恋人」をみつけたという。たんに恋愛とセックスを求め続けているだけの人もいる。ベンテ・トレーエン博士は彼らの衝動と恐怖を明らかにする。

私が研究の過程で繰り返し学んだことは、人間の性行動の根底にある基本的動因は愛の探求だということだ。性行為を通じて、人びとは愛する人、そして自分を愛してくれる人を探している。人びとがセックスの中に求めるものは、肉体的な快感よりもむしろ愛である。

セックスにおいて、人びとは肉体的に交わっているだけでなく、優しさや親密さを交わしている。たとえ一夜だけの情事のような短期間の出会いであっても、そうした感情や感覚を経験することが、恋に落ちた陶酔感の引き金を引く。愛の狩人たちは恋愛神話に取り憑かれているが、それをみつけることができない。彼らは熟練した恋人ではない。セックスのチャンスがあればすぐにとび付くが、パートナーには彼らが求めているような特質が欠けており、自分も相手に対して感情を表現することができない。彼らには親密さが欠けているのだ。しかし、だからといって彼らがそれを求めていないわけではない。本当の恋愛や深い確固とした関係は、肉体関係を超えたところにあるのだ。

理想的な愛

恋人との親密な関係は、個人的充足感と自己実現のために最も重要なことだとみなされている。今日、カップルの関係はかつてよりも性的な感情に依存している。理想的なのは愛とセックスが結び付いていることであり、恋愛感情があったほうが、セックスはより満足のいくものだとみなされている。愛が本物であるためには、性的に表現されなくてはならない。ということはつまり、パートナーどうしがおたがいに対して情熱をもっていなくてはならない。しかし、深い関係に入るだけではなく、それを持続させるためには、たがいに親密になること、そしてその親密さを長期間にわたって持続する能力のほうが、いつまでも情熱的であるよりも重要になってくる。**愛がどこまで発展するかは親密さがどこまで発展するか**、つまり、パートナーどうしがたがいに自分の心配事や要望をどれだけ相手に打ち明けられるか、相手に自分がどこまで弱みをみせられるか、に比例すると言われる。そんなことは簡単だと思われるかもしれないが、実際にはけっして容易ではない。というのも、「素顔」をみせてしまうと、捨てられるかもしれないのだから。

捨てられる恐怖

私たちは子どもの頃に、愛が、捨てられる恐怖と結び付いていることを学ぶ。したがって、誰かを愛すると、捨てられるのではないかという恐怖がかならず生まれる。そのため、誰もが親密になることに対する恐怖を、多少なりとも抱いている。その恐怖がけっこう根深い人もいる。そういう人の場合、その恐怖は、人生全般における不安定感のあらわれかもしれない。愛が相互的であるためには、あなたが愛を受け取ることができ、自分は愛されるに値する人間だと信じることができなくてはならない。つまり、**自分自身の真価を認める能力がなくてはならない。**自分の真価を知ることは、自己の構築と直接に繋がっている。自分の評価には二つの次元がある。他人の「私」に対する評価（外的自己評価）と、「私自身」の「私」に対する評価（内的自己評価）だ。

親密恐怖

自己評価の喪失は長いプロセスの結果であることが多いが、突然、自分には価値がないと感じられ、自己評価が急落することもありうる。信頼し合っていた人間関係が終わりを告げたときに、その訣別をもたらしたさまざまな出来事が自己評価の喪失を引き起こすこともある。このように自己評価は人間にとってきわめて重要であるから、論理的に考えてみればわかるように、それを脅かすような状況を避けることが大事だ。つねに愛を追いかけているのに、どうしてもみつからないという人もいる。彼らは高速で相手を「消費」している。自由を失うのが怖いからだと言う人もいる。しかし精神分析の立場からすると、親密になりたいという欲望や、親密になることへの不安は、「親密恐怖」という現象を思い出させる。親密恐怖を抱いている人は、相手を次から次へと取り替えるが、それはたんに目新しさや快感のためにセックスを求めているのではなく、自分の親密恐怖がどれくらいのものなのかを確かめているのかもしれない。親密恐怖を抱いているからといって、その人格が病的だというわけではない。**すべての人が多かれ少なかれ親密恐怖を抱いている。**しかしながら、次のような仮説を立てることができるだろう。つまり、一部の人びとは悪循環に陥り、自分でつくりあげた「自分」への否定的な期待にみたされていて、その否定的な期待に応えてくれるような相手を探しているのだ。その結果、心理的・社会的機能が適切に働かなくなる。

自己評価

相手に捨てられる前にこちらから相手を捨てるというのは、生きていくための術なのかもしれない。低い内的自己評価を、相手から得られる外的自己評価によって、ある程度埋め合わすことができるからだ。外からみると、このタイプの人は、異性関係が派手で、「女たらし」「男たらし」と呼ばれたりすることもあるが、**内面的には、感情的にも理性的にも無力感を抱えている。**親密な関係を保つということは、自分の内的世界を他人にみせ続けるということだ。頻繁にパートナーを変える人には、それが堪えられないらしい。彼らの行動の背後には、捨てられる恐怖から生まれた親密恐怖があるのだろう。

悪循環を断って、愛することと愛されることの経験の方向性を変えるには、自分自身をよく知ることを覚えなくてはならない。そして自分が人生に何を求めているのかを知ることだ。頻繁に相手を変える人に出会ったら、こう質問してみるといい。「その相手は、あなたが人生に求めている何をもっていたの？」一部の人たちにとっては、これが新しい人生の始まりになるかもしれない。

Love is ...

- 私たちはセックスに、肉体的快楽以上のものを望む。だが誰かを愛するということはつねに、捨てられる危険をはらんでいる。
- 愛する人から愛されたいなら、愛を受けとる準備ができていなければならないし、自分は愛される価値のある人間だという確信をもっていなくてはならない。そのためには内面的にも外面的にも自己を評価しなくてはならない。
- 頻繁に相手を変える人は自己評価が欠けていて、捨てられることを恐れるあまり、親密さを恐れているのだ。捨てられる前に相手を捨てるというのは、一種の処世術なのかもしれない。

ベンテ・トレーエン Bente Træen
トロンソ大学（ノルウェー）健康科学部の健康心理学教授。最初の研究テーマは思春期の性だった。性的健康、性病、ポルノグラフィーなどを含む、人間関係や性のさまざまな側面についても、数多くの学術論文や一般読者向けの啓蒙書を出版している。

047

ウィー・アー・ザ・ワールド

愛は国境で止まらない

サンドロ・カルヴァーニ――タイ

一九八五年にリリースされた『ウィー・アー・ザ・ワールド』は二〇世紀最大のヒットソングのひとつで、数十年に一度の大飢饉《ききん》に苦しむエチオピア北部の人びとへの支援と愛を世界に訴えた歌だ。当時、サンドロ・カルヴァーニ博士はカリタス・インターナショナルの人道支援コーディネーターとして、エチオピアのメケレで活動していた。彼は息絶えようとする子どもたちを腕に抱きながら、この曲は現実に変える価値のある夢を語っていると感じた。以後、彼は「世界を愛する」とは実際どういうことなのか、理解を深めることに職業生活のすべてを捧げた。

〃僕たちは世界、僕たちはその子どもたち。世界を明るくするのは僕たちだ。さあ、与えることをはじめよう。何をすべきか選び、自分たちの命を救うんだ〃

「自分や自分の家族を愛するように、人類すべてを愛しなさい」。この崇高なメッセージは、ほぼすべての宗教、偉大な指導者、インスピレーション豊かな歌や詩によって語られている。この永遠の夢を日常の現実に変えるという驚くべき経験をしているのが、世界各地のコスモポリタンたちだ。母国の人びと以上に他国の人びとを愛することができるのは、開かれた精神をもつコスモポリタンに共通の特徴である。

外に開かれた「コスモポリタン気質」は、母国を離れて生活し活動する人びとや、他国で成長し教育を受けた人びとが体現する――少なくとも触発する――思想、ライフスタイル、体験、価値観、希望、経済・社会的方針からなる複雑なシステムである。彼らは移民と違って永住のために他国に行くわけではない。むしろできるだけ多くの国々で生活し活動しようとする。宣教師にしろ、企業管理職、大学教授、国連職員、国境なき医師団、世界を股にかけて活動する芸術家にしろ、十指では数え切れないほどの国々で活動し、その文化と生活を熟知し、それになじんでいる。彼らは最も純粋なコスモポリタン気質の体現者である。

ウォール街

コスモポリタン気質はイデオロギーであり理想主義でもある。そのイデオロギーは、他国の人びとよりも自国の人びとを愛すべき確固たる根拠は存在しないという信念であり、その理想主義は、地球上のすべての人びとが国籍に関係なく平等な権利をもち、おたがいに愛し尊重し合う人類の真の平和を望むという、ビジョンのことである。

今日、アフリカの僻地の村にいようとニューヨークのウォール街にいようと、あらゆる個人の選択や、個人と国家の事情が国境を越えて影響を及ぼすのを、私たちは日常的に経験している。一昔前の政治学の「内政」と「外政」の区別は、事実上、消えてしまった。現代の経済・社会では、生活の質や幸福の追求に影響する問題はすべて、初めから国際問題なのである。国際的な相互依存を「外政」と表現したところで、**すでにあらゆる「祖国」が唯一の真の祖国、つまりこの地球へと融合している**証拠は隠し切れない。

グローバル化があまりに急速に進むので、大半の人は従来の国境が消えたことに気付いていない。多くの人は、従来の「私たち」と「彼ら」を人類の共生へと変える無数の繋がりを知ることに不安や恐れを抱いている。今やどの国も、自分たちだけが富み、幸せになり、安全に暮らすことはできない。だから、他国の人びとを自国の人びとと同じように愛するという夢は——他の人間愛もそうだが——実際面でも不可欠なのだ。コスモポリタンは民族間の恐れや憎しみをなくそうと声高に訴えるのではなく、あたりまえの日常として共生する。自分がモデルを示すことで、すべての人への愛を教えているのである。

第三文化の子ども

コスモポリタンの大多数は異なる文化の人と恋をして結婚する。コスモポリタンのカップルの子どもを「第三文化の子ども」と呼ぶことがある。彼らは両親の母国以外での生活がかなり長く、「君はどこの出身?」と聞かれると答えに詰まってしまう。第三文化の子どもの多くにとって、いささか陳腐な質問なのだ。彼らは自分が暮らしたすべての社会の文化を個人文化の中に取り込んでいて、自分のアイデンティティを感じるさまざまな国の人びとを自然に愛することができる。

コスモポリタン気質は、普遍的な愛を学び生きる技である。この愛を身に付けるのはけっしてむずかしくない。心から自分の家族と国を愛しているなら、他国の人びとも愛せるようになる。他国の人びとを愛することはあなたを幸せにするし、パートナーや家族、国を愛する喜びも増すだろう。コスモポリタン気質は愛国心を拡大したものであり、矛盾するものではない。過激で極端な愛国心は対立を生むが、外に開かれたコスモポリタン気質は、国境を越えて愛を広げる。私たちは誰かを愛するとき、その人の幸せを願い、その人のことを忘れたりしない。地上のすべての人びとを愛するとき、私たちは自分を忘れるほど幸せになれるだろう。

Love is …

- 他国の人びとよりも自国の人びとを愛すべき確固たる根拠は存在しない。世界は急速にグローバル化しているが、大半の人は意識が追い付いていない。
- 外に開かれたコスモポリタン気質は、普遍的な愛を学び生きる技である。それはけっしてむずかしいものではなく、自分の家族と国を心から愛するなら、他国の人びとも愛せるようになる。
- 他国の人びとを愛することはあなたを幸せにし、パートナーや家族、国を愛する喜びも増すだろう。

サンドロ・カルヴァーニ　Sandro Calvani

バンコクのアジア工科大学院（タイ）の国連ミレニアム開発目標アセアン中核研究センター所長。国連職員および国連ミッションの責任者として、三二年間にわたり一三五カ国で生活し活動した経験がある。持続可能な発展、人権、人道支援について二〇冊の著書と六〇〇の論文がある。ウェブスター大学国際関係修士課程で、国際関係における人道問題について教えている。四人の子どもたちは異なる四つの大陸で生活し活動している。

048

あなたの愛はどんな愛

どういうふうに愛してほしい？

チャーリー・アゾパルディ――マルタ

「相手が愛として理解できないようなやり方で愛を表現しているために関係がうまくいっていない例を、山ほどみてきた」とチャーリー・アゾパルディ博士は言う。博士は二つの黄金律を教えてくれる。

私たちは愛について語るとき、愛にはひとつの種類しかない、また「愛」と言えば誰でも同じような理解をすると思い込んでいないだろうか。愛はひじょうに個人的な体験であり、一〇〇人が愛について語れば一〇〇種類の愛がある。実のところ、それは自分の愛について、自分自身がどう愛し愛されているかを語っているにすぎない。ある人は献身的に関わることによって愛を表現するし、ある人はロマンチックな言動を通して表現する。セックスや家事で愛を表現する人もいるだろう。子どもができると、家族への愛とパートナーへの愛が混同されがちだが、この二つはまったく別の愛だ。ここで私が愛の関係と言うとき、親子、夫婦、恋愛、友情など愛を特徴とするあらゆる関係を指している。たしかな愛の関係を保つために、大切なことは二つある。

1　相手が愛として理解できるようなやり方で愛を表現する。

愛についてのよくある思い込みは、大きな失望で終わる。「彼（彼女）は私の愛をわかっているはず」もそのひとつ。これはまったく間違いだ。パートナーにしろ子どもにしろ、親にしろ友人にしろ、あなたがきちんと言葉にせず、彼らに理解できる形で表現しないなら、愛は伝わらない。何かの形で愛情を表現しようとするなら、愛のメッセージとしてきちんと伝わるようにしなくてはならない。「もちろん、わかっているはずだ」と愛をあたりまえのことだと思い、はっきりと愛を表現しなくなる人があまりに多い。

相手が嫌がるような形で愛を表現する夫や妻もいる。たとえば嫉妬心から、パートナーに外での付き合いを禁じる人もいる。パートナーは、最初は自分を守ろうとしてくれていると思うかもしれないが、やがて息苦しくなる。そして愛とは認識できなくなる。

だから愛する人に訊いてみてほしい。「どんなふうに愛したら、愛されていると感じられる？」「どんなふうに愛を表現すればいい？」「あなたへの愛を表現するために、何をしてほしい？」

2　どういうふうに愛されたいか、はっきりさせる。

「私にいつ、どんな愛が必要なのか、パートナーはわかっているはず」と、なぜか思い込んでいる人が多い。そんな期待はかならず失望に終わる。よくある思い違いは、パートナーが率先して行動すべきというものだ。「もし私のほうからこう愛してほしいと言ったら、自発的なものではなくなってしまう」というのだ。だがあなたが言葉にしないかぎり、相手はあなたが何をどのように必要としているのかわからない。もし愛が必要なら（誰でもそうだが）、あなたに理解できる形で他人があなたを愛せるよう、愛の求め方を学ばなければならない。実を言うと、どう愛されたいかは時とともに変化する。あなたが望む愛の形を、愛する人に伝え直すことを続けよう。

チャーリー・アゾパルディ Charlie Azzopardi
博士は家族療法の療法家。マルタ島で二〇年以上、精神医療分野で活躍している。夫婦の問題、依存症、思春期、子育てに関する論文と著書がある。家族と個人の治療に資する新しい治療技術を開発した。

049

愛の普遍性

恋愛はほぼすべての社会に存在する

ウィリアム・ヤンコヴィヤク──アメリカ

内モンゴルを含む中国の諸都市からパプアニューギニアまで、ストリップ・クラブからモルモン教徒の一夫多妻コミュニティにいたるまで、著名な人類学者であるウィリアム・ヤンコヴィヤク教授は三〇年以上、性行動や情動行動について研究を重ねてきた。普遍的な愛のバランスを探求する彼は「人間は精神面で一夫一婦的であるほど、セックスでは一夫一婦的ではない」と言う。

欧米人は長い間、恋愛は、未開の部族やその他の非欧米人がほとんど知らない「病」だと考えてきた。非欧米人は肉体的感覚に価値を置くので、あらためて教えてもらわないと、恋愛を理解し、概念化し、想像し、体験することはできないと。一方、欧米人はロマンティックな想像に心を高揚させ、しばしば性欲を否定してまで、肉体関係のない純粋な理想化された愛のイメージを信奉した。だから非欧米人の恋愛のことを知ったときも、それは思想のグローバル化の一環であり、欧米人の真似をしたのだと考えた。欧米人が愛を理想化するなら、そうするのが近代的なことに違いない、非欧米人はそう思ったのだろうと。この見解によると――ひじょうに古くからある見方だが――恋愛はヨーロッパが世界の文化にもち込んだものなのである。

この見解の唯一の問題点は、それが事実でないということだ。現在、すべての社会標本の九二パーセント以上で、恋愛が存在することが報告されている。ただし**圧倒的多数の文化では、恋愛は結婚の条件ではなく、**結婚は社会の年長者に委ねるのが一番良いとされていた。年長者の悩みの種は、若い世代が勝手に出会い、惹かれ合い、上の世代には受け入れがたい相手と結婚したがることだった。だから年長者は若者の交流を監視し、規制しようとした。にもかかわらず、多くの若者が運命の人と出会い、恋に落ちた。民族学の文献をめくれば、愛に苦悩し、後悔し、自ら命を絶つ物語が山ほど出てくる。

男女差

ここで大きな疑問が湧く。恋愛文学の豊かな伝統もなく、伝統的に見合い結婚をする非欧米人は、どうして恋愛するようになったのだろうか。恋愛の起源が文学的伝統ではないとしたら、どこから来たのだろう。現在は、神経心理学とホルモンの研究から、人間は二種類の愛を進化させたことが明らかになっている。それは友愛と恋愛である。脳機能の研究からは、恋愛と友愛にはそれぞれ脳の別の領域が関わることがわかっている。さらに、恋愛の起源には性差があることもわかった。女性の恋愛感情は母子の愛着の絆を起源とし、男性の恋愛感情は性欲と切っても切れない関係にある。ここで注目すべきなのは、恋に落ちたときの男女の愛の体験は驚くほどよく似ているが、**性的関心となると、これまた驚くほど男女で差があることである。**これは人生の大きなパラドックスのひとつだ。愛の領域ではひじょうに似ていながら、性愛の領域となると、どうしてこんなに男女差が出るのだろうか。異なる性的欲求と愛し愛されたいという切なる願望のせめぎ合いは、すべての人にとってジレンマである。男性は、加齢とともにバランスをとりやすくなる。男性ホルモンのテストステロンの減少は、持続的な精神的コミットメントを好む傾向と関係があるようである。

一方、女性を衝き動かすのは生理的要因よりも、性的魅力を認められたいという願望である。この願望がつのると、もう一度、自分を魅力的だと感じたいというだけの理由で、他の男性に身をまかせることもある。

パプアニューギニア

ある文化がセックスや愛のさまざまな側面に対してどんな態度（人間活動のパターンやその活動に意味を与える象徴的構造）をとるにしろ、曖昧さ、強調点の対立、困惑、漠然とした非難、板挟みの苦しみが、文化の風景に散在している。**アンビバレンス、緊張、矛盾の実態は地域によって多様で、**違いの大きさに戸惑うほどだ。だがどの人間社会にも共通するのは、情熱の恋愛、慰めと愛着の愛、性愛の三つどもえの葛藤に、なんとか折り合いをつけようとする点である。

どの文化も、あれとこれを統合するか、分離するか、融合するか、軽視するか、強調するか、無視するかを定めなくてはならない。たとえば**あるパプアニューギニアの部族では、性交はきわめて不健全で不浄なもので、避けるべきもの**

とされている。とはいえ、ある男性が言ったように「セックスは身のためにならないが、すごく気持ちがいい」という事実は変わらない。別の部族では、男性はセックスの後、川に走っていき竹のナイフでペニスを傷つけ、汚染された血を体から流出させようとする。同じパプアニューギニアのフリ族の間では、男性は結婚の伝統的タブーにしたがういっぽうで婚外の性体験を求めるという、一見、矛盾した態度がはっきりとあらわれている。アフリカのイボ族の男性も、妻との間に親密な慰めと愛着の愛を育む一方で、性的快楽を求めて、さまざまな相手といろいろなセックスを楽しんでいる。

歓楽地帯

友愛（慰めの愛・愛着の愛ともいう）と恋愛という二つのタイプの愛には、それぞれ別のロジックがあるので、個人や共同体が二つの愛のバランスをとろうとすると、社会的な緊張や葛藤、個人の道徳的アンビバレンスが生じる。慰めの愛とは、自分の人生と密接な関わりのある人びとに対する深い愛情のことで、友情、理解、相手の幸福への関心をともなう。一方、情熱の愛である恋愛は性的な面で相手を理想化し、その感情はしばらく続くものと思っている。もちろん友情にもそれなりの情熱がともなう。どの文化にも両方の愛の形が存在するが、同等の価値を置かれたり、同じように祝福されたり、尊重されることは少ない。**そういうわけで、愛とセックスの対立に留まらず、**性的必要、恋愛、友愛の**三つどもえの葛藤が生じるのだ。**

歴史を通して、人びとはこの三つどもえの緊張にさまざまな対応を試みてきた。たとえば**現代アメリカのフリーセックスのグループは、**カップルの絆や慰めの愛を優先し、かつ恋愛のもつれを防ぎ、しかも他人との性体験を楽しめるようにするため、一連の儀式的慣習を定めている。彼らにとって、それが三つどもえの情熱の葛藤を理想的に解決する方法なのだ。もうひとつの現代的対応は、**カリブ海、東南アジア、その他の地域の買春ツアー**の発展である。

歓楽地帯ができると、男性はあまり金をかけずに多様な性体験を楽しめるようになった。また欧米の成人女性の中には、長期的な慰めの愛には適さない相手との、行きずりの仮想恋愛を楽しむ人も出てきた。

どの社会も、ぎこちなくではあるが、恋愛と慰めの愛と性欲の力関係の調停を試みてきた。だがその調停は個人レベルまた社会のレベルで絶えず調整すべきものである。**こと愛とセックスに関して、安定した社会はない。**対立し、しばしば矛盾する欲求の間の感情の綱引きが続くかぎり、それぞれの世代が愛とセックスの関係を説明する根拠となる伝統を、見直し、仕切り直さなくてはならないのだ。

情熱の綱引き

恋愛と性欲の綱引きがありありと描出されているのが、テネシー・ウィリアムズの戯曲『欲望という名の電車』で、ブランチ・デュボアが妹のステラを戒める場面だ。ブランチは妹の夫スタンリー・コワルスキーの露骨な性欲に嫌悪をあらわにして言う。「あんな男は、魔がさしたときに一度か二度か三度、デートするだけでたくさん。でも一緒に暮らすって？　子どもをつくるって？」ここでは、恋の火遊びをとるか、安定した家庭生活と家族をとるかを問題にしている。ブランチは後者を理想として意見しているのだが、皮肉にも彼女の人生の大半は前者に食い尽くされていた。

ブランチのジレンマはアメリカの専売特許ではない。**中国文学には、この二つの感情を分けたり混ぜたりすることのむずかしさを描いた物語がたくさんある。**中国がヨーロッパ世界と接触する以前に書かれた、李漁の戯曲『慎鸞交』では、清の皇帝がある美女に惹かれながらも、別の女性との精神的な親密さを求めてやまない。ブランチの台詞も清の皇帝の台詞も、性的魅力と精神的愛着への渇望との綱引きによる葛藤を表現している。

さまざまな時代で、性欲は恋愛や友愛よりも好まれてきた。民族学の研究からは、これらが同じ価値をもつとみなされてこなかったことがわかる。性欲、恋愛、友愛のいずれかひとつのイメージが公的な理想とされ、会話表現で好まれてきた。**どの文化も性、恋愛、友愛のメタファーを同じようには重視してはいない。**ある情熱が主で、他の情熱が従とされるのがつねだ。どれほど人道的で、政治的に進んでおり、精神的調和がとれ、テクノロジーに適応している社会でも、セックスと愛の統合には成功していない。どの情熱が最も重んじられているかは、会話表現を調べるとすぐにわかる。セックスと愛の事柄に関する文化的理解やコンセンサスにほころびがあると、必ず礼儀作法、エチケット、社会的立場の問題をめぐる対立が起きる。ある程度の不満はそこかしこにあり、不協和音が文化のあらゆる領域に響いている。

「愛は夜の仕事」

さて、どの性体験も他者との一種の超越的な融合を欲しているかというと、そうとはかぎらない。感情が絡まない肉体的満足だけを求める人もいる。端的に言うと、**セックスは他者を利用し対象化する快楽の行為である。**この行為の基準や指針は、少なくとも明確に表現することができる。規制それ自体はできないかもしれないが、少なくとも意図の規制はできる。単純な性的満足にしか興味がない人にとって、理想のパートナーは性的指向が合致し、その気があり、都合が付き、価値判断をしない人だ。このように最も対象化された形の性欲は、ひたすら肉体の快楽を追求する。ヘンリー・ミラーの小説の生々しい性交の描写には、そうした視点がうかがわれる。ミラーや多くの男性にとっては、時として性交はただの肉体的感覚の高揚なのかもしれない。

だがセックスを求める動機がもっと複雑な場合もある。**中央アフリカのアカ族の性的快楽の追求は、**他のもっと重要な価値——生殖——と切り離すことができない。彼らにとって、性交は子どもをつくるという最も重要な目的を果たすついでの楽しみなのだ。アカ族の若い女性の言葉を借りると、「愛は夜の仕事。赤ちゃんができるとき、愛と遊びはひとつになる」。現代のアメリカ人やその他の国々の都会人とは違って、アカ族は性的満足よりも生殖に高い価値を置くのだ。

良いリスク

最近、学術文献でも一般書でも、短期的・長期的パートナーを選択するときの男女の違いについての議論が盛んである。だがそれに反して、いや議論したからこそ、女性も状況によっては行きずりの性体験に対し、男性と同じぐらい開放的になりうるということで、意見が一致しつつある。今や議論のテーマは、「それはどういう状況か」に移行している。どんな結論にたどりつくにせよ、**セックスで一夫一婦を貫くことは、哺乳類にも鳥類にも、そして人間にもたやすくはない**ことは明らかだ。

性的充足を追求すると新奇なものを追いかけることになりやすいが、恋愛と慰めの愛はその逆に向かう傾向がある。よく知る相手と親密になろうとするのだ。性的満足とは違い、愛は金銭では買えない（手配したり、防いだり、禁じることもできない）。金で買った恋愛は無効だ。愛の絆がなければ、性的に満足したら相手への関心をたちまち失くすだろう。**だが恋愛関係のカップルであれば、性的な満足は相手への関心を薄めるどころか、ますます高めるのである。**

人間の性衝動は、オーガスムの達成で終わらないことが多い。スキンシップや親密なコミュニケーションを求めることもある。最初はほとんど精神的な関わりに興味がなくても、**オーガスムによってその思いが高まることがある。**身体的親密性、つまり「肉体的・精神的に親密な関係」への欲求こそが、社会的関係に性的関心をもち込み、それによってエロティシズムが愛情、信頼、不安、嫉妬などの対人感情に結び付く。恋愛と性欲の関係についてのメキシコの研究は、カップルがセックスに溺れ、男女の結合の理性的側面が性交を通して感情の超越的エクスタシーに飲み込まれる例を多く確認している。このように「良いリスク」（強い感情的関わり）の追求が、性行動の「悪いリスク」（「安全な性習慣」の喪失）を招くこともある。

ストリップ・クラブ

愛とセックスのバランスにまつわる緊張関

係、困惑、当惑は、ネバダ州の合法的買春宿の売春婦の接客にもはっきりとみられる。**サンフランシスコ、ストックホルム、アムステルダムの売春婦の研究**では、男性客の多くは彼女らが客の幸福に関心を示すのを期待していることが明らかになった。男性客にとって、精神的親密さという幻想は性的満足と同等、いやおそらくそれ以上に大切なのだ。都会のストリップ・クラブの男性客にも似たようなパターンがみられる。ストリップ・クラブは女性のからだを対象化して楽しむ場であるのにもかかわらず、常連客は特定のストリッパーと「人間関係」を結ぼうとし、彼女のほうも気のあるそぶりをしたりする。また不倫関係も、あっという間に性的関係を超えて精神的関係を含むものへと発展することがある。

　こうした例は、強い性的興奮状態から精神的親密さが生じうることを示している。メールオーダーブライド［先進国の男性に東欧やアジアなどの女性を紹介するインターネットの花嫁斡旋業］の研究によると、ほとんどの利用者は、最初の動機は何であれ、交際するうちに精神的な絆を育もうとするという。

どの社会も、セックス、恋愛、慰めの愛からしばしば生じる強い感情的な絆に対応していかなければならない。

　文化モデルは、愛とセックスの多様な側面をより統合された全体像として提示している点で有益である。もっとも、こうしたモデルや理論は、愛とセックスの関係を別のモデルで提示する個人や利益集団から異議を唱えられることもある（ポリアモリー［相互の了解のもとで、親密な関係をひとりに限定しない思想］、キリスト教原理主義、不道徳な快楽主義者など）。ただしそれは、より大きく厄介な問題を提起する。性欲と恋愛の間にジレンマがあるのか。恋愛と慰めの愛の間にジレンマがあるのか。それともその三者の関係の問題なのか。たしかに、それらすべてを融合しようとする文化では、どれかを切り捨てるような、心をくじく事実があるかもしれない。

ウィリアム・ヤンコヴィヤク　William Jankowiak
ラスベガス（アメリカ）のネバダ大学のバリック特別教授で、人類学を教えている。多くの人類学関係の論文や書籍の編集や執筆に携わり、主な著書に『恋愛の情熱』、『親密性』がある。主な関心分野は、人間のセクシュアリティと複合的社会における家族システム。

050

イボ族の愛

愛に恵まれることは必ずしも一番重要ではない

ダニエル・ジョーダン・スミス――ナイジェリア／アメリカ

「ナイジェリア東南部イボ語圏で、セックスとジェンダーに関する最大の変化は、愛が男女交際と結婚の大切な要素として期待されるようになったことである」と人類学者ダニエル・ジョーダン・スミスは言う。彼は長年、ナイジェリアの最大勢力で一夫多妻制をとるイボ族の人間関係を研究してきた。「結婚には愛があるのが望ましいが、それだけではじゅうぶんでない」そうだ。

イボ族は伝統的に早婚の社会で、親族が結婚をお膳立てすることがほとんどだったが、最近は自分で配偶者を選ぶことが増えている。現代の男女交際は愛という観念をともない、イボ族の大半の若者は一夫一婦を守るつもりで結婚する。結婚前の恋愛関係では、男女は対等なパートナーとみなされているし、二人の関係は愛と信頼と精神的な親密さによって決まるので、ジェンダーの力学は比較的平等である。だが結婚を決めるまではカップルの意志でも、その後は家族や地域社会が結婚式や結婚生活そのものに首を深く突っ込んでくる。

近年、イボ族では男女交際のパターンが変化し、結婚の基準として愛が評価されるようになったものの、依然として最重要視されているのは、次の三つの規範である。すべての人は結婚すべしという社会の期待、二つの血縁集団の同盟としての結婚式の重要性、実りある結婚生活の根拠としての子育ての中心性。結婚には愛があるのが望ましいが、それだけではじゅうぶんではないのだ。

通過儀礼

新郎新婦の親族や地域社会が参加する伝統的な結婚の儀式は、今なお結婚の重要な通過儀礼である。キリスト教会で結婚式をあげるカップルも多いが、それはオプションであり、伝統的儀式は義務だ。結婚後は妊娠と出産が期待される。**結婚生活を安定させるのに、何より重要なのは子育てである。**交際から結婚への移行にともない、母親・父親、夫・妻としての役割がメインになり、多くの人がそこに関わるようになる。このことはジェンダーの力学に大きな影響を与え、女性は母親としての役割に拘束されていく。一般に結婚後、とりわけ出産後は、二人の個人的・精神的関係（愛）の重要性は薄れていく。

結婚関係に占める愛、愛情、友愛の度合いはさまざまだが、一般に若い世代のほうが年長の世代よりもこうした要素を重視する傾向がある。伝統的な結婚では愛情と友愛が重んじられ、時とともにそれが深まっていく。だが結婚関係は第一に親密さの場であるべきという意識は、年長の世代は若い世代に比べると、ずっと希薄である。また現代的な若いカップルであっても、いっしょに過ごす時間は短く、同性との友情や親族との交流で社会的満足を得ている部分が大きい。

夫婦別室

イボ族の夫婦は伝統的にいっしょに食事をせず、寝室も別々で、社会的活動はほとんど性別で分かれている。「愛」にもとづく現代的結婚では変化がみられるとはいえ（一夫一婦の夫妻は同室で寝ることが多い）、比較的現代的な結婚関係であっても、夫は妻や子どもとは別に食事をとることが多い。**家庭での男女の役割は依然としてはっきりと分かれており**、食事の支度や子どもの世話はほぼ女性だけが担っている。

婚資［新郎側から新婦側に支払われる金品や財産］は、ナイジェリアの民族ではおそらくイボ族が最も高額である。子どもが生まれると、社会的に認められる離婚の理由はほとんどなくなる。愛が冷めたというのは、正当な離婚の理由として認められない。離婚の際、一般に子どもは夫とその血縁に所属するとみなされる。夫は妻に不貞があれば合法的に離婚を要求できるが、妻のほうから離婚しようとすると、夫が彼女や子どもを顧みないことを証明するための、はるかに強固な根拠を求められる。夫婦関係の問題や夫の不倫を訴えても、ほとんど社会的支援は得られない。だが離婚がこれだけ白眼視されているにもかかわらず、都市部ではかつてなく増えている。

固い絆

ナイジェリア東南部イボ語圏では、世界の他の地域と同様、性的関係や結婚関係は愛にもとづくべきであるという意識が広まりつつある。
だがイボ族の結婚を観察して教えられるのは、**良い結婚は二人の個人的関係を超えたものに大きく依存している**ということだ。愛は潮のように満ち引きがあるが、結婚の成功が子育てや血族の絆、地域社会への義務と結び付いたとき、やすやすとは解消しにくくなる。もちろん愛が消えてもいっしょにいるのが幸せな結婚かどうかは、また別の問題だが、イボ族をみるかぎり、愛に恵まれることが必ずしも一番重要ではないのだ。

ダニエル・ジョーダン・スミス　Daniel Jordan Smith
ブラウン大学（アメリカ）の人類学部准教授で人類学部長。ナイジェリア研究でアメリカ人類学会から表彰されている。主な関心はアフリカ研究で、論文や著書多数。共著に五カ国の比較民族学研究『秘密――愛と結婚とエイズ』がある。

051

情熱の文化

愛は想像の産物である

クリストフ・ヴルフ――ドイツ

「愛は聖なる存在と同じように、想像の産物である。人はそれによって、自分を苦しめる欠落を埋めようとする」とクリストフ・ヴルフ教授は言う。ヴルフ教授は歴史と文化をたどりながら、欧米的な愛の概念を解明する。これを読めば、欧米人の愛の捉え方を理解しやすくなるだろう。

神話

かつてプラトンはこう考えた。もともと人はひとつの球体だったが、神々がそれを二つに割ったため、男または女として生きなければならなくなった。それゆえ人は「二つのものが一体になる」ことを求めるのだと。これは原初の状態を回復したいという願望で、人のエネルギーを吸い尽くす。プラトンが語ったこの神話にすでにみられるように、**愛は欠落を起源としている。**人はかつて所有していたはずの何かを失っており、それを取り戻さないかぎり原初の神聖性――自分の存在を超越し、だからこそ自分の存在の前提であるもの――を回復することができない。この欲求は天上のエロスへと向けられる。エロスは人間にたんなる快楽を超越した真の愛をもたらし、相手の肉体だけではなく存在と魂を愛する愛へと導く。プラトンの神話では、恋人は失われた男女の結合の片割れであり、その結合はたんに二つのかけらの合体以上のものである。

情熱の愛

プラトンとキリストはそれぞれ独自の愛の形をつくりだした。プラトンの説く同性愛や、ジェンダー的に妙に中性的なキリスト教的愛が、欧米の愛の概念に大きな影響を与えてきたことは疑いない。一〇世紀から一二世紀にかけての騎士道的エロチシズムは、「情熱の愛」という新しい愛の概念を生んだ。この愛は男女関係で女性に大きな力を認めていることが特徴で、清らかな愛として定義されている。平民である吟遊詩人は、不倫に走るかどうかの葛藤を歌にしたが、けっして一線を踏み越えないのがこの愛の前提条件だった。そうした制約のもとで、**視線と言葉と感触のエロチシズムが誕生した。**吟遊詩人は、官能の欲求の満足が抑圧されるところに快楽を見出し、禁欲と清らかな愛を礼賛した。このように情熱の愛を生みだしたのは、恋人たちの別離と貞節だった。恋する者は恋に恋をした。そして自分の感情が恋人によって掻き立てられることを愛した。愛する人と結ばれることはイメージの終焉、つまり愛の終焉であり、肉体の快楽のために想像力を犠牲にすることになる。だが恋人のほうはそうではない。彼女はまったくの他者であり、彼とは異なる存在である。愛の混乱から抜け出す道は、身を引くか別れるしかない――彼か彼女の愛か死の物語なのだ。

完全無欠

この愛の概念は後年、神への情熱の愛という形で神秘主義の中に再現される。恋人への愛と神への愛に共通するのは、基本的に満たされることがない、人格の境界を超越した思慕である。どちらも相手を理想化し完全無欠な存在とする。**恋する人は、**彼女を完全に愛するために、彼女への愛以外の**すべての感覚と願望を捨て去る。**恋人への愛以外のものが、彼の中に存在してはならないのだ。この魂の「愛の炎」を神があおるとき、炎は魂を焦《こ》がし深い傷をつくるが、それとともに、これまで味わったことがないような祝福と喜びが訪れるのである。

聖なる存在を感じる

神秘主義者は神の愛に包まれて聖なる存在を体験したと証言するが、その体験は吟遊詩人が語る情熱の愛とさほど違わない。今にいたるまで、神聖、全能、畏怖、異質感は、情熱の愛の概念の要素である。情熱の愛は聖なる存在の感覚と同様、抑制から生まれ、共同の統制に対応した感情の統制を必要とする。この統制が、どの感覚を冒瀆《ぼうとく》的とし、どの感覚を崇高で神聖とみなすかを決める。情熱の愛は聖なる感覚の一種なのだ。**それはある種の覚醒状態で、まわりのすべてに感染し拡散する。**人はその中に埋没していく。聖なる存在を求める思いも恋人への思慕も、自分とは異質な何かに突き動かされ、自分自身に成就を誓う。相手との融合を目指すが、決してそれが叶うことはない。

結晶作用

その後、数百年を経ても情熱の愛の魅力は色あせず、再び世俗的な装いであらわれた。たとえばスタンダールは有名な『恋愛論』で恋愛を四つに分類している。「趣味の恋愛」、「肉体的恋愛」、「虚栄の恋愛」、そして熱病に似て「ほとんど意志に関係なく生まれ、また消える、情熱の恋愛」だ。彼は愛の起源を結晶のイメージで説明した。「たとえばザルツブルクの岩塩坑で、葉のない小枝を廃坑の奥深くに投げ込んでみる。二、三カ月経って取り出すと、小枝はきらきら輝く結晶にすっかり覆われている。アオガラの爪ほどの小さな枝も、まるで無数のダイアモンドに包まれているようで、もはやただの小枝にはみえない。そのように、恋人をどこからみても新たな美点をみつけてしまう心の動きを、私は結晶作用と呼ぶ」。**情熱の愛は恋する人だけの創作物である。**まだ相手をよく知らないうちは結晶作用が継続し、恋人は想像上の美点をまとい続ける。恋する人は恋人を理想化せずにはいられず、自分にとって望ましい姿に飾り立ててしまう。だんだん相手のことがわかってきても、想像の力を借りて、絶えず湧いてくる疑念を抑え込まずにはいられない。「愛の夢」のはかなさに想像力で対抗し、高揚感を維持するのである。愛は聖なる存在と同じく想像の産物であり、恋する人はそれによって、自分を苦しめる欠落を埋めようとする。愛は聖なる存在と同様、さまざまな繋がりに入り込む。あらわれたかと思えば引っ込み、姿をみせたかと思うと隠れてしまうのだ。

クリストフ・ヴルフ　Christoph Wulf

ベルリン自由大学（ドイツ）の人類学と教育学の教授であり、著書は一五カ国語に翻訳されている。人類学の研究でブカレスト大学の「名誉教授」の称号を受けた。ユネスコ・ドイツ委員会の副委員長であり、国内および国際的学術誌の編集長、共同編集長、編集委員もつとめている。

052

性的指向

性的指向は人生の過程で形成される

エリザベッタ・ルスピーニ——イタリア

「大半の文化では、異性愛が自然な愛のように思われている。だが愛は社会的構成概念であり、性的指向は人生の過程で形成されるものである」とエリザベッタ・ルスピーニ教授は言う。教授は愛と性的指向の関係を徹底的に研究した。

性的指向とは、他者への恋愛的、感情的、性的な関心のことを指す。それはセクシュアリティや性的関心の「方向性」である。異性に対する異性愛、同性に対する同性愛、両方の性に対する両性愛、どれでもない無性愛がある。性的指向という概念には、性行動だけではなく、感情やアイデンティティも含まれている。性的指向は人生の過程で形成される。人は人生のどこかの時点で、自分が異性愛者、ゲイ、レズビアン、両性愛者、無性愛者であることに気付くのだ。

社会的・性的習慣や子育てにおいては、愛と異性愛がごく「自然な」結び付きとみなされているようだ。大半の文化では「愛」といえば異性愛のことだ。だが異性愛以外の関係でも、まったく同じ感情が生じることがある。とはいえ、愛と異性愛の文化的関係はとても強固だ。最近、セクシュアリティに関する理論的理解や表現が変化しつつあるが、依然として異性愛が社会の標準である。ジョンソンが指摘するように、異性愛は慣習とアイデンティティの「暗黙の」舞台設定であり、あらゆるところでそれが前提とされ、あらためて名指しされたり追求されたりすることもない。だが愛は「社会的構成概念」（社会的慣習によって受容され再生産される考え、概念、見解）である。それがさまざまな異性愛的な慣習と結び付いて異性愛を正当化している。

子ども

異性愛者ではない人の子育ては、いまだに多くの偏見にさらされている。「レズビアンやゲイは子どもを育てられない」「同性愛は異性愛よりも不安定な関係で、家庭の持続性を保証できない」「同性愛者の子どもは異性愛者の子どもよりも心理的問題が多い」など。

だが子どもの心身の健康は親の性的指向とは関係がないことが、研究から明らかになっている。ゲイやレズビアンのカップルの子どもは、異性愛のカップルの子どもと変わりなく成長している。ビグナーとジェイコブセンはアイオワ州の同性愛の男性と異性愛の男性を二三人ずつ比較したが、子どもへの関わりや親密さの点で何ら差が認められなかった。シャーロット・パターソンは、**親の性的指向よりも家族関係の質のほうが重要**だと指摘している。

一般に、片方の親がトランスセクシュアル（性転換者）であることは、子どもの苦しみの原因になると考えられている。最大の懸念は、**トランスセクシュアルの親**はジェンダー・アイデンティティに問題があるため、子どももジェンダー・アイデンティティが混乱したり問題を抱えたりするのではないかというものだ。それを防ぐために別離を選ぶ親も少なくないが、性転換者である父親または母親を遠ざけることで、問題を解決するよりつくりだしていることに気付いていない。

さらに無性愛者が親になることもある。誰でもそうであるように、無性愛者も自分の選択によってパートナーを得たり親になったりすることができる。子どもがほしいと思うなら、セックス、生殖補助医療の利用、養子縁組など、方法はいろいろある。今日、親になり子どもを愛することは、必ずしも性的関係に依拠するわけではない。

ひとつ、はっきりしていることがある。子どもを苦しめるのは、親の性的指向ではなく、性的指向にまつわる社会文化的環境の態度である。異性愛ではない家族で育ち生活する子どもは、社会的スティグマや差別、いじめと戦うことを余儀なくされる。だからホモフォビアやトランスフォビア（同性愛者・両性愛者・性転換者に対する恐怖と軽蔑の表出）の問題をよく反省しなくてはならない。そうした偏見にみちた態度こそが、親の性的指向が子どもに悪影響を与える唯一の理由と言えるだろう。

つまり、重要なのは私たちの態度なのだ。女性と男性、母親と父親、社会制度は大きな責任を負っているのである。

Love is ...

・性的指向は人生の過程で形成される。
・大半の文化では「愛」といえば異性愛を指すが、異性愛以外の関係でもまったく同じ感情が生じることがある。愛は社会的構成概念である。
・子どもの心身の健康は親の性的指向とは関係がない。問題の原因は、まわりの人びとの態度にある。

エリザベッタ・ルスピーニ Elisabetta Ruspini
ミラノ・ビコッカ大学（イタリア）の社会学の上級准教授で、同大メディア研究センター「イン・キアーロ」の所長もつとめている。「ジェンダー、文化、セクシュアリティ」シリーズの編集責任者。教育と研究に豊かな経験があり、ジェンダーの問題について幅広く執筆している。

053

自分を愛そう

自分への愛は、自己受容よりも多くのパワーと活力をもたらす

ミア・レイジセン――ベルギー

自分をみて満足するのは、それほど簡単なことではない。だがそれは愛を与え、受けとるのに必要なことだ。これはナルシシズムだろうか？「そうではない」とミア・レイジセン教授は言う。「自分への愛とは内なる自分と繫がることであり、価値判断を交えずに具体的個性のある個人として自分を認識することだ」。言うはやすく、おこなうは難しであるけれど。

この人間特有の自己省察機能は、私たちを他の多くの生物から区別する。私たちはしばしば「私は~したい」という言葉で、「自分」を表現しようとする。自分の意志の発見は、個性化のプロセスの重要なターニングポイントだ。個人に焦点をあてたとき、自己開発、自主性、自由はどれも重要な価値観である。豊かな内面生活は、満足感の大きな源泉である。愛のある環境で育つ子どもは、独自の存在でいる権利があること、個としての自分に一番適したものを発見できる場所があること、内なる自分と繫がって良いことを感じている。自分自身と繫がることは、物に溢れ外的活動に追われる社会では、それほどたやすいことではない。

アイデンティティは、他人の期待によって押しつぶされることがある。自分の環境で主流な期待に応えられない人は、ことに「意欲の低下」に陥りやすい。「意欲の低下」は、自分の環境との関係で心に抱く否定的感情のことである。

主に他人の期待によって形成された歪んだセルフイメージに自分がそぐわないことを何度も思い知らされるうちに、意欲は低下する。自分を愛せなくなるばかりか、自傷や自殺など自己攻撃に向かうことさえある。子どもは往々にして、平穏に生活するために個としての自分を犠牲にしたほうが良いと考えたり、愛されたいがために、強者の願いや要求に適応するのが賢明だと思ったりする。このようにして、人は発達過程で「自己」を失っていくのだ。

仮面の下

その逆を行くのは簡単ではない。「人格（パーソン）」という言葉が「仮面」を表すラテン語「ペルソナ」から派生したのは、もっともなことである。「人格」とは「それが私です」と言えるような一連の特性で、発達の過程で身に付けてきた性質である。このつくられたセルフイメージは、時として、他者の承認や社会的評価を得るため、あるいは対立を回避するための「上手な嘘」であることがある。自分の真実に向き合うには努力と勇気が必要だ。自分を知ることは、自分自身と繋がり直し、自分を愛するために不可欠なのである。

「自己受容」は癒しの過程で重要なステップになることが多い。だがもっとパワーと活力をもたらすのは「自分への愛」だ。**自分への愛とは、どんな状況でも自分自身の良い相棒でいることができ、自己の本質を大切にする心の態度である。**自分を愛するとは、内なる自分を守るためにまとうようになった幾層もの表皮をはがすことでもある。自分を知ることの本質は、真実の自分に愛をもって向き合うことであり、自分自身から何かを隠したり抑えつけたりする必要がなくなることである。そうすれば、自分を受け入れ、心の平安を得られる。肯定的に考え、感じ、自分の力では変えられないことを思い煩《わずら》わず、欠点や短所にいつまでもこだわらなくなる。

安易な励ましではなく

　これは安易な励ましや皮相的なポジティブ・シンキングではない。人生はありのままで素晴らしいという深い受容の感覚である。本当の自分との接触を取り戻す浄化の過程でもある。たとえ問題が起きても、ただ自分を責めるのではなく、それまで気づかなかった自分の根底にある深い動機と繋がりを取り戻そうとする。現在の自分になったことにはそれなりの理由があるという確信は、自信と自分への愛を回復させる。**それはナルシシズムではなく、つらい真実を愛をもって理解する正当な自己知識なのである。**

　自分への愛を養う方法はいろいろあるが、そのひとつが「フォーカシング」と呼ばれる方法で、自分自身と繋がり、どこに癒しが必要かを感じ取り、成長を促す内省的アプローチである。自分を知り自分を愛せるようになるだけではなく、「一人格としての自分」に執着しなくなり、しばしば精神的な成長と意識の開放へと繋がる。ここでは、「愛」は全人的なものであり、もっと大きな全体の一部になる体験がもたらす意識の統合がある。エゴに支配されない自分への愛を体験することは、人間を超越した次元へと飛躍する知識の源にもなるのだ。

Love is …

- 愛のある環境では、他とは違う自分でいて良い、そして内なる自分と繋がって良いと感じることができる。
- つくられたセルフイメージは本当の内なる自分を押しつぶしたり、上手な嘘だったりする。自分の真実に向き合うには努力と勇気が必要だ。
- 「自己受容」は癒しの過程で重要なステップとなることが多い。だがもっとパワーと活力を与えるのは「自分への愛」である。

ミア・レイジセン　Mia Leijssen
ルーヴェン・カトリック大学（ベルギー）の心理学教授で、心理療法とカウンセリングを教えている。また欧州で、人間存在の身体的・社会的・心理的・霊的側面に注目したオンラインコース「実存的ウェルビーイングのカウンセリング」を主催している。研究と著作のテーマは心理療法の治癒因子。国際学術誌に多くの論文を発表し、『愛から生きる』などの著書がある。自然、音楽、舞踊、五人の孫によって、研究生活のバランスを取っている。

054

両性愛指向

思いがけない情熱を抱く、まばゆいばかりの能力を大切にしよう

リサ・M・ダイアモンド――アメリカ

「かつては、すべての人は同性愛者か非同性愛者かにきっちり分かれると考えられていた」とリサ・M・ダイアモンド博士は言う。博士は、一〇〇人の愛の生活の一八年にわたる長期追跡調査で知られている。彼女の調査結果は、他の研究でも裏づけられている。「性的指向に関しては、この世界はかつて考えられていたより、ずっと複雑なのだ」。

私は愛の関係が健康に与える影響に注目して調査をしてきた。研究よりは主に仕事を通して学んだ最も説得力ある事実は、愛には健康を促進したり損なったりする、信じがたいような力があることである。人間は他の種に比べて極端に手のかかる状態で生まれてくるので、養育者の愛は食物や水と同じぐらい必要不可欠である。適切な世話を受けられなかった乳児は健康に育つことができず、取り返しのつかない心理的障害に悩まされる。一方、大人も狂おしいほどに愛を必要としている。愛とは無縁の孤独な生活を送る人は、身体的にも精神的にも大きな苦痛を抱えている。私たちは基本的な身体的・精神的健康の要因として、まじめに愛を考えるべきである。それには、まじめに性

的関心を考えることも含まれる。長い間、愛と人間関係の研究者は、親密な恋愛関係での性的関心を「ケーキのお飾り」のように軽くあしらってきた。だが、**セックスはただのお飾りではなく、ケーキの中身なのだ。**長期的関係にあるパートナーとの性行動が（性交にいたるものだけでなく他の親密な性的行為も）頻繁で、満足している人は、他の健康リスク因子とは関係なく、より長命で健康な生活を送っていることが、さまざまな国々の大規模な疫学研究からわかっている。だから愛とセックスは健康の促進要因としてまじめに取り扱うべきなのだ。満足感のある愛の関係と性的関係は、充実した人生の重要な基本的要素とみなすべきである。

柔軟なシステム

もうひとつ、私が研究から学び、多くの人に知ってもらいたいことがある。パートナーの性別に関しては、愛は性欲よりも「柔軟な」システムと思われる。私は主に性的指向と、人生の過程での性的指向の発達と表出を研究してきたが、二つの驚くべき重要な事実に気づいた。ひとつは同性に性的魅力を感じる人の大多数は異性にも性的魅力を感じていることだ。言い換えると、**同性愛よりも両性愛のほうが一般的な指向なのである。**もうひとつは、ほとんどの人は相手の性別に関係なく、「プラトニック・ラブ」（性的魅力によらない恋愛）に落ちることがあることだ。

この二点からわかるのは、性的指向に関しては、この世界はかつて考えられているよりずっと複雑だということである。かつてはすべての人が同性愛者か非同性愛者かにきっちり分かれると考えられていた。同性愛者は同性と、同性愛者でない人は異性と恋愛すると思われていた。だが現在では、男女を問わず、混合型の愛と欲求を人生の過程で体験するのが珍しくないことがわかっている。それは時に人を驚かせる。熟年になって突然、それまで経験したこともない恋愛感情や性的感情に気づき、自分は「おかしい」「逸脱している」と訴える人に、私はたくさん出会ってきた。そういう人に伝えたいメッセージは、受容と正常化だ。実際、そうした体験はごく一般的であり、どこも「逸脱」していないし「間違って」もない。親密な感情の柔軟性、順応性、状況依存性は、人間の基本的特徴のようである。それは私たちの人生を一時的に混乱させ、困惑させ、驚愕させるかもしれないが、人間性の一部なのだ。私たちは自分についても他人についても、思いがけない情熱を抱く、まばゆいばかりの能力に寛容になり、愛し、受容し、大切にするべきである。

Love is ...

- 愛（とセックス）を身体的・精神的健康の基本的要素として、まじめに考える必要がある。
- パートナーの性別については、愛は性欲よりも「柔軟な」システムである。
- ほとんどの人は相手の性別に関係なく、「プラトニック・ラブ」に落ちることがある。

リサ・M・ダイアモンド　Lisa M. Diamond
ユタ大学（アメリカ）の心理学とジェンダー研究の教授である。愛、性の発達、親密な関係に関する長期研究で数々の賞を受賞。その研究は著書『性の流動性』に集約されている。

055

愛があるから生きている

生きているとは、愛によって育まれる感覚である

ロベール・ヌービュルジェ――フランス／スイス

グーグルで「ラブソング」を検索すると、〇・二七秒で一億一〇〇〇万件がヒットする。ウィキペディアは、ラブソングを恋や恋する気持ち、失恋や失恋した気持ちを歌う歌と説明している。ロベール・ヌービュルジェ博士は、フランスの有名なソングライター、セルジュ・ゲンズブールの歌詞の一節から、愛の核心に迫る。

「愛のない人生なんて」セルジュ・ゲンズブールの歌のこの一節には、私たちが生きていることを実感するのに、愛はかけがえのない存在であることが凝縮されている。ここで**「生命」**と**「生きている」ことを区別しておく。**「生命」は動きまわる細胞の集合で、世話をし、食物を与え、健康を維持してやる必要がある。「生きている」というのはまったく別のもので、愛によって育まれる感覚である。私たちがそれに気付くのは、たいていい挫折のときだ。人生には、

愛し愛されて愛と承認の欲求がみたされ、生きている実感にみちあふれるときがある。これには二つの形がある。ひとつは「あなたの瞳に私がいて、私の瞳にあなたがいる」という「関係性」の愛だ。もうひとつは、同じ輪の中にいる者どうしを結ぶ繋がりである。基本的にはカップルのことで、私はカップルの家（家族）と呼ぶ。この愛の感覚は同じグループに属する他者と共有される。

だが逆の状況になるときもある。見捨てられ、欺かれ、裏切られたと感じると、生きているという実感が低下していき、「抑うつ」という病名を付けられることがある。だが、その本当の正体は原初的な不安である。私たちは愛の絆を築き維持する努力をすることで、日々、その実存的苦悩と戦っている。だから抑うつの最良の薬は、抗うつ薬ではなく「愛による癒し」なのである。

ロベール・ヌービュルジェ Robert Neuburger

著名な精神医学者で、パリとジュネーブでカップルや家族の心理療法を実践している。家族研究センター（ＣＥＦＡ）所長。論文は多数あり、『存在、感情の親密さともろさ』をはじめ一四冊の著書がある。

056

鉄のカーテンの向こうから

愛は必ず盛り返す

タマーラ・ホボラン——ウクライナ／ポーランド

「愛は永遠だ。何ものも誰も抑えつけることはできない」。旧ソ連時代に鉄のカーテンの向こうにいた若き日のタマーラ・ホボランにとって、これは信じがたい言葉だった。一九九一年にソ連が崩壊すると、心理学者たちも自らを解放した。冷戦をはさんで愛のあたたかさについて研究してきたタマーラもそのひとりだ。

心理学はわが家の家業のようなものだ。父は心理学者だったし、私も娘も同じ道に進んだ。私は一九七〇年代初頭にキエフ国立大学（ウクライナ）を卒業した最初期の心理学徒のひとりであることを誇りに思っている。教授たちが、ソビエト政権のイデオロギーの苛烈なプレッシャーにも負けず、また他国の心理学者の研究が入手できないにもかかわらず、最善を尽くして心理学の幅広い知識を与えてくれたことには、いくら感謝してもしきれない。私が最初に学問の対象として愛を発見したのは、哲学を通じてだった。学部生だった私は、愛が多くの哲学的世界観の焦点であり、性愛が個人のみならず人類の起源であるという事実に心を惹き付けられた。「愛は永遠だ。何ものも誰も抑えつけることはできない」というウクライナの哲学者フルィホーリ・スコヴォロダの言葉が、長い間、頭を離れなかった。

愛の抑圧

この言葉の深い意味をじゅうぶん理解できるようになったのは、後年、研究生活に入ってからだ。一九八〇年代半ば、ちょうど「ペレストロイカ」が始まり、鉄のカーテンが開かれた頃のことである。この変化の重要な要素でありながら部外者から見落とされがちなのが、愛の復権、とくに性愛と同性愛の復権である。同性愛は刑事犯罪ではなくなり、多くのカップルが自分たちの感情を肯定できるようになった。セクシュアリティも徐々にタブー視されなくなり、気まずくても大いに必要とされていた社会的議論ができるようになった。当時、私はキエフ性科学・家族カウンセリングセンターに勤務していたが、イデオロギーの変化によって解放され鼓舞された大勢のクライエントがセンターに押し寄せてきた。私が彼らから学んだ最も大切なことは、**抑圧の時代に彼らが心身ともに強く生きられたのは、ただ愛のゆえ**だったということだ。四〇代半ばの女性カップルに、「どちらかが男性だったら良かったのにと思ったことはありませんか」と質問したときのことは、今でも忘れられない。二人は声をそろえて、このままのパートナーだからこそ愛しているのであり、この愛があればこそ、軽蔑と差別の長い歳月を耐えられたのだと答えた。社会は愛を抑圧しようとしたが――愛の性的表現にしろ同性愛にしろ――失敗したのだ。愛は必ず同じ強さで盛り返す。

選択の自由

ウクライナの社会の民主化は、愛の民主化をもたらした。私の世代の愛に対する考え方を公式であらわすと、1/2＋1/2＝1になるだろう。言い換えると、愛は互いに依存し補完し合う者どうしの結合だということだ。ところが私の娘の世代が認めるのは1＋1＝2という新しい公式だ。愛とは自己充足した個人どうしのパートナーシップで、必要というより、そうしたいからいっしょになると考えている。愛はここでも選択の自由の問題なのだ。

もうひとつ、専門家としてカップルを治療し、彼らの愛の物語を研究するうちにわかったことがある。相手の幸福のために自分を犠牲にできることは、真実の成熟した愛のしるしなのだ。浮気した夫が妻との結婚生活を続け、妻への気もちを再燃させたいというので、長期間の心理療法を夫婦に試みたことがある。セラピーが終わりに近づき、夫婦の和を取り戻したようにみえたとき、妻が離婚したいと言い出した。私はびっくりして理由をたずねた。「以前と変わらず、いえ、たぶんそれ以上に夫を愛しています。でも、せめてどちらかひとりは幸せにならないと」。妻は夫を愛するがゆえに、夫が別の人と新しい幸せを見つけることができるように解放しようとしたのだ。相手の幸福のために犠牲になるのをいとわないことは、真実の成熟した愛のしるしである。

私はセラピストとして研究者として、愛はいかなる強制や抑圧とも——それが対人的なものであれ社会的なものであれ——相容れないという結論に、何度もたどりついてきた。強制的に恋をさせることはできないし、何が愛であり愛でないかを社会が決定することもできない。若い頃出会ったあの金言のように、愛は抑圧のアンチテーゼであり、人を解放し鼓舞し続ける永遠の力なのだ。

Love is ...

- 愛の性的表現にしろ同性愛にしろ、社会が愛を抑え込もうとしても失敗する。愛は必ず、同じ強さで盛り返す。
- 愛は選択の自由の問題である。自己充足した個人どうしのパートナーシップで、必要というより、そうしたいからいっしょになる。
- 相手の幸福のために犠牲になるのをいとわないことは、真実の成熟した愛のしるしである。

タマーラ・ホボラン Tamara Hovorun

キエフのコスチューク心理学研究所（ウクライナ）社会心理学実験室の主席科学フェロー。スタロバ・ボラのヨハネ・パウロ二世ルブリン・カトリック大学（ポーランド）でも教鞭をとっている。人間の性の心理学、ジェンダーのステレオタイプ、性教育などについて二〇〇以上の学術書や一般書を執筆している。EUの助成で、ジェンダー関連のテレビ・ドキュメンタリー一二本を制作。心理学の一般普及に貢献したことにより教育省から表彰された。

057

パートナーの嫉妬

嫉妬と恋愛では、どんな冷静な人でも多少は度を失う

グレゴリー・ホワイト——アメリカ

嫉妬は愛と同じく普遍的な体験である。嫉妬は殺人事件の約四分の一に関係し、ドメスティック・バイオレンスの主因でもある。嫉妬は誰でも身に覚えがある感覚だ。グレゴリー・ホワイト博士は嫉妬について三〇年以上、研究している。嫉妬への対処法を彼に聞いた。

嫉妬は、感情そのものではないことがわかっている。人により、また関係や状況、文化によって、さまざまな感情が入り混じる。羨《うらや》み、怒り、不安、悲しみ、恥や罪悪感、高揚した性的な恋愛感情は、その代表的なものだ。**嫉妬は、**文化や個人の嫉妬の「モデル」に適合する**感情・思考・行動のパターンと捉えることもできる。**

もしあなたの個人的モデルや文化的モデルが、人は嫉妬すると怒る、あるいは怒ってしかるべきというものなら、怒りがあなたの感情や行動を支配するだろう。またもし嫉妬は愛のサインとするモデルなら、あなたは嫉妬をあらわすこ

とで愛を証明しようとするだろう。

二つの方向

文化や個人によって、嫉妬のきっかけ、感情、行動のモデルは大きく異なるが、一般に嫉妬が生まれるのは、自分と愛する人との実際の関係もしくは想像上・願望上の関係が、現実の、もしくは潜在的なライバルによって脅かされるか傷つけられると、(たぶん無意識のうちに) 判断したときである。それには二つの方向性がある。ひとつは自己価値感やアイデンティティだ。たとえば自分の身体的・精神的な魅力、共同体や友人グループでの地位、「あなた―私」の関係のアイデンティティが脅かされること (傷つくこと) である。もうひとつは、二人の関係の実際もしくは潜在的な物質的・精神的な報い (性的快楽、孤独からの解放、経済的な支え合い、共通の趣味など) が脅かされることだ。**嫉妬を駆り立てるこの二つの脅威は複雑に絡み合うが、異なる行動へと発展する。**どうにか関係を保とうとして自分を曲げれば、自己価値感は低下するだろうし、自己価値感を保つために、浮気をして自分の魅力を証明しようとすれば、関係は損なわれる。嫉妬と恋愛では、どんな冷静な人でも多少は度を失うのは不思議ではない。

男性は怒る

全体的に、どの文化でも男性と女性はだいたい同じぐらい「嫉妬 (外から認識できる嫉妬のパターン)」しやすいことが、研究から明らかになっている。ただしそのパターンには、男女差があるようだ。少なくとも現在の研究サンプルの大半を占める欧米文化では、男性は嫉妬すると怒る傾向があり、嫉妬している時間が長く、性的な面での脅威を重視し、復讐を空想したり、ライバルと愛する人との性的行動のイメージが頭を離れなくなったりする。女性が嫉妬する場合よりも、関係の修復はむずかしそうである。一方、**女性は嫉妬すると、悲しんだり不安になったりすることが多く、**愛する人とライバルの性行為よりも現実または想像上の関係性を重視する傾向がある。

嫉妬の標的

嫉妬したり嫉妬されたりして、うまく対処できないときは、どうしたらいいのだろうか。まず、その嫉妬が**何かの病気の症状なのか、それとも反応性の嫉妬なのか、あるいはよくある普通の嫉妬なのか**を見きわめよう。恋愛の嫉妬は、重度の抑うつや躁病エピソード、統合失調症の活動期における妄想の兆候のことがある。認知症や薬物・アルコールの濫用や依存が原因のこともある。反応性の嫉妬というのは、長期的トラウマや柔軟性の乏しいパーソナリティによって増幅した嫉妬である。幼い頃に親をなくしたり最初の恋愛で手痛い喪失をしたりすると、その後、恋愛での脅威がひじょうに現実的で恐ろしいものにみえることがある。また、ある種のパーソナリティをもつ人は、いつも脅威や損失に目を光らせていて、現実のライバルやライバルらしき人が少しでも目に入ると、過剰反応することがある。激烈または硬直したパーソナリティの人は、たいてい嫉妬のほかにも長期的な対人問題を抱えている。病気の症状や反応性の嫉妬の場合、本人もパートナーも専門家の個別的支援が必要で、**自分たちだけで対処できる可能性は低い。**症状や反応としての嫉妬を落ち着かせようとして、嫉妬から出る要求を受け入れていると、かえって受け入れた人の心身の健康がリスクにさらされる。だから、どうすべきか専門家の助言を求めてほしい。ただしカップル・カウンセリングだけでは、症状や反応としての嫉妬を和らげるのはむずかしい。それ以外の普通の嫉妬は、ほとんどのカップルに時折、訪れるもので、信頼とコミュニケーションの土台がしっかりしていれば、たいてい率直な話し合いによって、自分たちで解決できる。

グレゴリー・ホワイト　Gregory White
カリフォルニア州（アメリカ）ラホヤにあるナショナル大学の心理学教授で、専門は社会心理学と臨床心理学である。嫉妬を研究して三〇年になる。また心理療法家として、嫉妬の問題に苦しむ多くの個人やカップルを治療している。

058

贈る人の六つのタイプ

真の贈与は、すべて愛が動機である

ティナ・M・ローリー――アメリカ

チョコレート、花、本、ディナー、一杯のドリンク……誰でもプレゼントをあげたり、もらったりすることが大好きだ。ティナ・M・ローリー博士は、それがいつでも愛にもとづく行為かどうかを研究し、「贈る人」の六つのタイプを明らかにした。

私と共同研究者のセレ・オトネスは、贈る人の動機は彼らが演じる社会的役割で分類できることに気づいた。

1　**喜ばせる人**は、相手が必ず喜んでくれるものを贈りたいという典型的な目的をもっている。

2　**社会化する人**は、贈り物によって相手になんらかの影響を与えようとする。(例：夫がもっと服装に気を配るのを期待して、すてきなシャツを買う妻)。

3　**埋め合わせをする人**は、相手が体験したなんらかの喪失を埋め合わせようとしてプレゼントを買う。（例：母に先立たれた父のために、かつて母が贈ったようなプレゼントを用意する娘）。

4　提供する人は、実際に役立つものを贈ろうとする。（例：子どもにソックスや下着やパジャマを買う母親）。

5　承認を求める人は、プレゼントに値する関係であることを、相手に認めてもらおうとする。

6　避ける人は、さまざまな理由から、あえてプレゼントを買わない。

私たちはよくメディアの取材を受けるが、一番残念なのは、「喜ばせる人」だけが純粋な動機で「正しい」プレゼントをしていると誤解されることだ。私が言いたいのは、ごく少数の例外を除いて、真の贈与はすべて愛が動機だということである（下心だけでプレゼントをするのは明らかな例外）。たしかに「喜ばせる人」の目的は、相手が本当にほしがっているものをみつけることであり、最大のインスピレーションは愛だろう。また「社会化する」という言葉の響きは良くないかもしれないが、これも愛が動機のことがある――まったく愛していないなら、プレゼントを贈ることにわざわざ労力を割かないだろう。相手の喪失を「埋め合わせ」ようとする動機には、明らかに愛がある。提供する人もしかり。説明がむずかしいのは「承認を求める人」と「避ける人」である。「承認を求める人」は、相手に対する深い愛があるとはかぎらないが、贈ることを是認している事実そのものから、関係に価値を認めていることがわかる。「避ける人」はさらにむずかしい――もし、もう関係を続けたくないという否定的理由からプレゼントの交換をやめたなら、愛がないことは明白だ。だが相手に負担がかかるような習慣を始めたくないとか、他の方法で愛をあらわしたいなど、別の理由でプレゼントを避ける人もいる。

強制収容所

私は長年の間に、完璧なプレゼントというものがないように、贈り方にも「正解」はないと思うようになった。それでも人間には贈りたいという欲求があり、その欲求は他者への愛を表現したいという欲求から出ていると確信している。私はジル・クラインとともに、ナチスの強制収容所という抑圧的環境での、贈与の事例を研究した。生存者の回想を分析すると、明らかに道具的な動機（何かをもらうために何かを与える）による行為もあったが、人間らしくあるために、与える欲求を純粋にあらわした行為もあった。この研究では、何であれ他者に与える有形・無形のものを「プレゼント」と定義した。たとえば「選別」（病気の人や労働に耐えられない人をガス室送りにするために選ぶ）があるとき、検査に合格しそうもない人を助けたいがために代わりをつとめる例がたくさんあった。この場合、贈る人と贈られる人はまったくの他人だったかもしれない。それでも自分を与えようとする圧倒的な衝動の存在は、私たちはたがいに愛を与え表現し合うべきという主張を、はっきりと裏づけている。

ティナ・M・ローリー　Tina M. Lowrey

サン・アントニオ（アメリカ）のテキサス大学でマーケティングを教えている。イリノイ大学のセレ・オトネスやメルボルン・ビジネススクールのジル・クラインと、贈る行為について共同研究をした。二冊の編書があり、『消費者心理学ジャーナル』をはじめいくつかの出版物の編集審査委員をつとめている。

059

愛のストーリー

愛は涙で綴られる

ローランド・ディアズ＝ラビング——メキシコ

ローランド・ディアズ＝ラビング教授は、愛のストーリーの最終章を書くことに生涯を費やしてきた。このストーリーは生殖を土台とし、文化や個々の生態系の色に染められ書き直される。「私の名字（Diaz-Loving）から言って、この仕事をすべき遺伝的体質なのかもしれません」と彼はにっこり笑ってそう言った。

人間の行動を理解しようとするなら、進化、生物学、生態系、歴史、社会・文化、心理的側面から説明する必要がある。私たちはこの全体論的方向性を意識し、生物－心理－社会文化的カップル関係理論を展開してきた。この理論では、行動とそれが関係の質に及ぼす影響を予測し、説明するのに各要素が果たす役割と相互作用を特定して調べる。この理論の生物－心理的要素については、一九七〇年代までの科学的文献が、愛の主な形態として、情熱と親密さを繰り返し指摘してきた。この二つの愛の形態は、生殖と保護という人間の二つの基本的欲求に直接、関係し、この欲求の追求から行動パターンが派生する。生殖は情熱に突き動かされ、保護は思いやりや仲間意識と深い繋がりがある。

配偶行動のパラメーターは、進化による生物学的特徴と欲求によって決まるので、この領域の心理学的研究の大半は愛の普遍性の追求に力点を置いている。だが**生殖と保護という目的を達成するために発達したさまざまな行動の表現は、生態系や社会・文化的変数と密接に結び付いていると思われる。**事実、「誰と、何回、どのぐらい長く、どのぐらい密接に、なぜ」という問いは、人類の基本的欲求にもとづいて構成されていると思われる。そこから形成されるのが、養育者との基本的欲求の相互作用から派生する愛着スタイルで、これはさまざまな歴史的・地理的集団で発展した行動のバリエーションを反映する。そして、このスタイルが規範、信念、価値観に変換され、社会化や文化の取り入れを通して次の世代に伝達される。たとえば規範にもとづく愛の要素の一例としてコミットメントがある。コミットメントは農業の始まりにまで遡る文化的規範に由来するもので、関係が長く続くかどうかを左右する。

さまざまな段階

メキシコ人を対象に、情熱的な恋愛関係や安定した関係で行動の指針となる規範や信念について調査をおこない、関係のさまざまな段階で、相手とどんな行動をとるのが適切で、一般的で、正常と思うか質問した。その回答の要因分析から、統計的に確実で概念が明確ないくつかの側面が明らかになった。

まず愛は魅了されることから始まる。「魅力を感じる人に関心をもつ」段階で、「魅力的な人をみつけたら、その人の気を引くために何でもすべき」とされる。次の段階では、愛情の対象に接近する動機が必要になる。愛は情熱をともない、「情熱は性欲を生む」「情熱は野火のように燃え広がる」「カップルに完全に屈することが情熱のしるし」という見方に、それがあらわれる。関係が確立してからは、愛には友愛という面も出てくる。友愛はコミットメントと持続をともない、それがよくあらわれているのが「人生をともにするなら、一定の義務を果たすべき」「コミットメントは関係を正式なものにする」などの考えだ。愛の継続には喪失の問題がつきまとう。歴史上の騎士道的愛や、報われない愛の追求は、「恋愛関係になると、愛する人と片時も離れたくなくなる」「愛する人を失えば苦しむ」という恋愛と悲しみの局面にあらわれる。悲しみが深まると、『ロミオとジュリエット』や『ある愛の詩』のような悲劇的な愛になり、「愛は涙で綴られる」「愛されないなら死んだほうがまし」と考えるようになる。最後に愛が消え、心が離れると、「二人が別れるのは、もはや愛し合っていないから」「伴侶に対する愛がなくなったら、もういっしょにいたくない」となる。

愛は、種の生殖と保護を確実にするための一連の感情、認知、行動である。その表現はたしかに進化を土台とするが、ストーリーの最終章は文化の偶発的要素に染められ、書き直される。この文化的要素が、個々の生態系への現実的、想像的、そしていささか奇異な適応を反映した特定の表現を決定するのである。

ローランド・ディアズ＝ラビング　Roland Díaz-Loving

メキシコ国立自治大学（ＵＮＡＭ）の心理学部教授である。カップル・家族の関係、異文化間心理学、民族心理学に関する膨大な研究は、国際的に参照されている。多数の著書や学術論文があり、世界各地の学会での発表は七〇〇回以上にのぼる。環アメリカ心理学賞をはじめ、名誉ある賞を受賞している。

060

愛の公式

恋の後は、たいてい愛ではなく、失望がやってくる

ゾラン・ミリボイェビッチ――セルビア

「『愛とは何か』と質問されたら、『愛とはその人が愛だと考えているもの』としか答えようがない」とゾラン・ミリボイェビッチ博士は言う。私たちは皆、自分の内なるロジック、すなわち個人的な「愛の公式」にしたがっている。この隠れたロジック、それもしばしば理不尽で非合理的なロジックに気付かないと、自分自身の行動、感情、反応を決して理解できないだろう。

人は、相手を傷つける間違った行動だとわかっていても、それを人間関係の中で繰り返してしまうことがある。しかもやめられないばかりか、なぜやってしまうのか自分でもわからずに混乱したりする。私のクライエントのひとりは、自分が愛する人に暴君のようにふるまっていることに心を乱し、自分のしていることを「サディスティック」だとさえ言った。彼は常日頃から、パートナーにとって大切な仕事や友人や家族をあきらめろと要求していた。彼の愛の公式は「愛＝犠牲」である。愛と犠牲を同一視しているのだ。彼は愛の証明としてパートナーに犠牲を求め（**犠牲を払う＝愛している**）、この公式でパートナーの愛のレベルを評価していたのである（小さな犠牲＝小さな愛、

ほどほどの犠牲＝ほどほどの愛、最大の犠牲＝最大の愛、犠牲がない＝愛がない）。

彼はこの歪んだ愛の公式に気付いたとき、恋愛関係における自分の行動を理解できるようになった。セラピーの次の段階は内なるロジックを変えることで、彼の場合は愛と犠牲を切り離す必要があった。個人の愛の公式は、子ども時代や青少年時代に個人的な体験や重要な他者から受け取ったメッセージによって形成されることが多い。この男性は、母親が日々、自分を犠牲にして夫と三人の息子への愛を表現するのを見続けて、愛と犠牲を同一視するようになったのだ。

彼の一番大きな問題は、愛や恋愛関係にまつわる自分の概念を愛そのものと区別できないことだった。彼はいつも自分の愛の概念をパートナーに押し付け、パートナーはつねに犠牲を払うことを余儀なくされた。相手が犠牲を払わないと、彼は愛されていると感じることができないのだ。だが現実は思いどおりにならないので、彼はいつも不満を抱いていた。ときには愛を「証明」しろとパートナーに迫り、攻撃的な行動に出ることもあった。

三〇種類のロジック

私は三〇種類以上の愛の歪んだ公式（ロジック）を発見した。そのうちの二つを紹介しよう。

1　個人レベルで破滅をもたらしかねないという点で、最も重大なのが**パートナーの愛＝人生の意味**という公式である。関係が破局し、パートナーが去っていったとき、このロジックの人は、パートナーへの未練からだけではなく、もう自分の人生には意味がないと思って悲嘆にくれる。自分を傷つけ、自殺を企てることすらある。また自分の人生に意味を与えてくれたパートナーを傷つけようとすることもある。

2　欧米人の集団的無意識に刷り込まれているという点で、とくに重大なのが、愛と恋を同一視し、愛は楽しく幸せなものとする公式だ。マスメディアも恋愛小説も映画も、「真の愛があればいつでも楽しく幸せ」と私たちに刷り込もうとし、その結果、多くの人が「愛＝楽しい気持ち」という公式を信じている。この公式にしたがえば、より楽しく、それが長く続くほど、愛は本物ということになる。だが楽しさが薄れたり消えたりすると、もう愛はないということになる。かくして多くの人々が、愛とは誰かといっしょにいて楽しいこと、もっとあからさまにいえばセックスをして愛し合うことだと勘違いしている。

探すのをやめる

愛と恋は、まったく異なる心理的メカニズムにもとづく別々の感情である。だが、この二つの感情の体験は似ているので、多くの人は同一視するか、最初は恋をし、次に義務的な愛に移行すると考えている。恋はパートナーを理想化するものなので、いずれは多かれ少なかれパートナーあるいは愛にまで失望するときがくる。つまり恋は一過性の感情であり、恋のあとは、たいてい愛ではなく失望がやってくるのだ。

現代の欧米人はパートナーを選ぶ方法として恋愛しか知らないので、後で関係がぐらついて破局し、離婚へいたることが往々にしてある。幸せをもたらす愛を探し求めることは、じつは本当の愛を遠ざけているのかもしれない。欧米人は、愛を一義的に幸せや楽しさに結び付けない文化から、愛を学んだほうが良い。愛を再定義することができれば、もともと愛には存在しないものを探そうとしなくなるだろう。

Love is ...

- 私たちは皆、自分の「愛の公式」にしたがっている。それは往々にして理不尽で非合理的な内なるロジックだ。その正体がわかると、自分の行動を理解できるようになる。
- 自分の「愛」や「関係」の概念と、「愛」そのものは区別すべきだ
- 愛と恋は、まったく異なる心理的メカニズムのもとづく別々の感情である。欧米人は、愛を一義的に幸せや楽しさに結び付けない文化から、愛を学んだほうが良い。

ゾラン・ミリボイェビッチ　Zoran Milivojević

心理療法の専門医で、ノヴィ・サドの心理学研究所（セルビア）の所長である。またセルビア心理療法協会会長とヨーロッパ心理療法協会理事をつとめている。『愛をつかまえる』、『愛の公式――本当の愛を探して人生を棒に振らないために』などのセルビア語の著書がある。

061

神聖な掟

神聖な掟が順守されるよう統制するのは、家族の役割である

エレナ・プルヴリー——エストニア／イギリス

異人種間の結婚について考えてみたい。一九七〇年代のアメリカでは異人種間の結婚は〇・七パーセントだったが、現在は四パーセントにまで増えている。世界的にみればまだ絶対的な少数派だが、実は異人種間の結婚の離婚率は通常の二倍にのぼる。エレナ・プルヴリーはその理由を探った。

私は、自分の仕事とライフスタイルが国際的性格を帯びていることから、異文化間コミュニケーションという学問的枠組を、愛とセクシュアリティというデリケートな問題に適用するという、貴重な機会に恵まれている。私はさまざまな文化の中でセクシュアリティの意味を探った（そこには体験的なものも含まれ、フィールドワークもあった。生涯の愛する人に出会うまでのことだが）。どんな人間関係でも、土台はコミュニケーションだ。価値観や愛の概念に対立がなくても、受け手が正しく意図を読み取れるようにメッセージを送ることが大切だ。

私は現在、国際赤十字の研修プログラムで異文化間コミュニケーションを教えている。そこにはさまざまな専門分野のボランティアが集まるが、他文化の人びとへの支援活動で、最も話し合いが

むずかしいものとして、愛、家族の絆、セクシュアリティの問題があげられた。**ひじょうに遠回しな言い方でしか、タブーについて話し合えないという。**「話すだけ」でも、すでに規制や制約があるのだ。

最近、職業アドバイザーの研修を通してわかったことだが、愛とセクシュアリティ、それらと職業や能力開発との関連性については、文化によって著しく意識が違う。一方が冷淡で事務的で人間味がないようにみえ、もう一方がどうでもよいことに時間を浪費しているようにみえるとき、効果的なコミュニケーションはできない。

愛の掟

安定して、厳格で、密な繋がりのある共同体で育った人ならわかってもらえると思うが、そうした文化集団は、共同体の結束と相互依存性がひじょうに強かった時代に形成された愛の概念をそのまま次世代に継承して保持しようとする。ただし地域の文化に溶け込んでいる若者たちが反抗的になっているので、それはうまくいったりいかなかったりする。

かつては**「愛の掟」が共同体の存続を支えていた。その過程で、愛の掟は神聖なものの仲間入りをした。**神聖なものの中には、共同体の価値観のヒエラルキーや愛のモデルが含まれる。愛のモデルは、個人の特性などほとんど顧みず、すべての人にとって正しいものとされていた。女性の視点では、私が属した共同体の価値観ヒエラルキーの上位には、理解、受容、援助、ときには保護を意図した誤った誘導があった。別の共同体では、権威者への尊敬、従順、自己犠牲、奉仕、授乳、賞賛により高い価値を置く。

嵐の海

共同体の理念には一連の「こうあるべき」原則が含まれ、すべての人はこの疑うべからざるモデルにしがたうものとされている。価値観の優先順位も愛のモデルも共同体という外部環境によって形成され、周囲の文化よりもずっとゆっくり発展してきた。だが今日では、グローバリゼーション、国際化、自由化の波で、共同体の外部と内部のギャップが著しくなっている。

従来、「良い家庭のきちんとした娘」は「まっとうに」育てられ、地域の長老によって「合格点のつく若者」に引き合わされてきた。二人の親族は、彼らが生涯、「神聖な掟」を（少なくとも外面上）順守するよう統制した。**だが「愛の概念」を吸収した新しい時代では、若者は明確な掟や規範がないまま人生の海に投げ込まれる。**みずから嵐の海に飛び込んで、自分たちなりの価値観やモデルを模索する人びともいる。

愛の概念

私のたどった道を真似することをお勧めするつもりはない。正しいことをしてきたつもりだが、順番を間違えたと思うからだ。私の社会体験は、ひじょうに多様な文化的環境で生活し、多様な社会的背景や地位の人びととの出会いがある職業生活をしたことを抜きにして語れない。彼らから得た情報や考えを「**愛の掟のピラミッド**」としてまとめてみた。ピラミッドの最下層は、愛がその文化に占める地位である（男性や女性にとっての愛の重要性、人生の他の要素と比べた優先性、愛について「話し合えるかどうか」）。その上の層は愛の概念の「弾力性」だ（その文化では何が適切か、どの掟を厳守し、どの掟は融通がきき、掟が破られると社会はどう反応するか）。第三と第四の層は愛の概念そのもので、愛の価値観と愛のモデルである。

Love is ...

- どんな人間関係でも、土台はコミュニケーションである。文化が異なる人間関係では、メッセージを読み解くのに苦労することが多い。
- 自分たちの「神聖な愛の掟」をそのまま次の世代に継承させようとする文化集団もある。
- 新しい愛の掟のピラミッドでは、愛の概念の「弾力性」を考慮すべきである。

エレナ・プルヴリー　Elena Pruvli
ウエストミンスター大学（イギリス、ロンドン）を卒業し、ドレンテ大学国際ビジネス言語学部（オランダ）とタリン（エストニア）のエストニア・ビジネススクールで客員講師をしている。異文化間コミュニケーションの国際的トレーナーとして、異文化マネジメント研究を教えている。

062

セラピーの場で

愛は誰の許しもなく生まれ、また消える

ジャン＝ピエール・ヴァン・デ・ヴェン――オランダ

「私はカップル療法のセラピストとして、たがいにまったく愛を感じていない夫婦の治療はお断りしている」とジャン＝ピエール・ヴァン・デ・ヴェンは言う。「愛がなくても夫婦でいたいなら、ビジネスパートナーたちや離婚女性たちがするのと同様に、弁護士に相談すべきだ。愛のない関係を成り立たせることができるのは弁護士であって、セラピストでない」。

恋愛関係にある二人は愛し合う。だが愛は「関係」をもつことと同じではない。愛と関係は混同されがちだが、その二つが相互依存していることを考えると無理からぬことではある。愛は、愛する人という対象がなければ存在しない。恋をする人がいるなら、恋をされる人がいる。そして二人の間に何らかの相互作用があるなら、それは「関係」と定義される。

だが愛と関係は重なり合う部分が大きくても同じではない。私たちは皆、それを体験的に知っている。恋愛関係を終わらせると決断すれば、自動的に愛が消えるわけではない（心から愛した人がアルコール依存やうつになったり、あなたをだましたりしたとき、その人から離れ、距離を保つに

は努力がいるだろう)。またたとえ愛に自分の命をかけていても、愛を急がせたり、コントロールしたり、操作することはできないことを思い知らされた人もいるだろう。

いっしょに耐え抜く

もちろん、人は操作できることがあるし、相手がこちらを愛するように操作することさえできるのかもしれない。関係はコントロールすることができ、またすべきであるし、控え目に言っても関係は双方の合意の産物なのだ。人生のパートナーにきちんと対応しない人は、本当の意味で関係をもっていない。パートナーに依存するか、暴君になっているのかもしれない。だが愛は、たんに恋人どうしが共同生活でかわす合意の総計以上のものだ。愛は合意の原動力であり、逆境をいっしょに乗り切るエネルギーになる。愛は勇気を与え、人として成長させ、与えたり配慮したりできるようにし、どんな運命も受け止められるようにしてくれる。愛はかけがえのない生きる力だ。生きるために、愛が必要なのである。

だがあいにく、愛は誰の許しもなく生まれ、また消える。個人的な好みやニーズもおかまいなしだ。思いがけないときに不意にあらわれたり、しばらく姿を消したかと思えば、新たな生気と喜びに満ちて戻ってきたりする。突然ぐらついたり、続きそうもなくなったり、これといった理由もないのに休眠してしまうこともある。私たちはそれを予測することも影響を与えることもできない。

努力

愛があるのになぜかうまくいかないときは、コミュニケーションや交渉のスキルが不足していることが多い。だが理屈はそうでも、**悩めるカップルは必ずまったく無関係なものに焦点を当ててしまう——それは愛だ。**愛さえあれば、すべてはうまくいくと思い込んでいる（「だいじょうぶだよ、愛し合ってさえいれば」）。この誤りのルーツは、数多くのハリウッド映画、シェイクスピアの戯曲、メロドラマ、毎日耳に入ってくるラブソングなどにある。

私たちは嘘を信じ込まされている。何の努力もせずに「二人はいつまでも幸せに暮らしました」などということはありえない。現実の生活では、リビングで、夕食のテーブルで、ベッドで、パートナーと向かい合い、対応しなければならない。一番良い子育てについて、家計について、日曜の夕方、誰がゴミ出しをするかについて、その他あらゆる事柄を交渉しなければならない。そしてもちろん、大切な人と生きるための親密性に関わる事柄について——どんな口調で話すか、お互いの友人や親戚の情報をどの程度、共有するか、どのぐらいの頻度でどんなセックスをするか。

だがこれらはすべて関係の領域の話だ。**対応する、同意する、受け入れる、争う、努力する、拒《こば》むことは、愛とは関係がない。**愛は私たちの原動力だが、私たちは愛の原動力にはなれない。その力が留まることを祈るしかないのだ。

Love is ...

・愛と関係は混同されがちである。
・何の努力もせずに、「二人はいつまでも幸せに暮らしました」などということはありえない。
・愛は私たちの原動力だが、私たちは愛の原動力にはなれない。

ジャン＝ピエール・ヴァン・デ・ヴェン
Jean-Pierre van de Ven
心理学者。カップル療法専門のクリニックを開き、アムステルダム（オランダ）の精神科クリニックにも勤務している。以前はアムステルダム大学でカップル療法を教え、現在はオランダの全国紙や雑誌に記事やコラムを執筆している。『愛の中の幸せ』の他、カップル療法や愛について多くの著書がある。家族は妻と子ども三人。

063

性欲

前戯はベッドルームの外で始まる

グリット・E・バーンバウム——イスラエル

「愛こそが答えだ。だが答えを待っている間に、セックスが鋭い質問で突いてくる」とは、アメリカの映画監督ウッディ・アレンの有名な言葉だ。愛とセックスは密接に結び付いているが、実際、それはどんな関係なのだろうか。グリット・E・バーンバウム博士の生涯をかけた研究は、ベッドルームに始まり、そこをはるかに超えた領域にまで及んでいる。

セックスは恋愛と大人の愛着関係に欠かせない要素だ。だが性衝動と精神的愛着はいつも結び付くとはかぎらない。性的魅力を感じない相手にも精神的愛着をおぼえることはあるし、ゆきずりの関係のように、精神的愛着がなくてもセックスすることがある。それでも、恋愛関係では愛着とセックスは確実に共存するし、恋愛中のカップルはおたがいに性的魅力と愛着の両方を感じているものだ。だから恋愛関係では、**セックスはひじょうに重要な意味のある体験**になり、関係の発展のどの段階でも強力な動機付けとして機能する。そもそも性欲があるから男と女は結び付き、その後も相互作用が続くかどうかも、性欲が決定する。そして性欲を感じなくなると、二人は疎遠になっていく。

初期の影響

セックスは（まだそこまでいたらない段階から）、愛着形成の開始、関係の疎遠化や解消の各段階で、現在の関係やこれから生じるかもしれない関係の行く末に影響を与える。とくに最初は、性欲が短期的または長期的なセックスのパートナーを求める動機付けになる。候補者と出会うと、それに対する性的反応が、その後の相互作用が生まれるかどうかを占う、二人の相性のリトマス試紙になる。性欲が高まるのは相性が良いというサインで、さらにその人を求めることになるだろう。逆に、性欲が起きないのは相性が良くないというサインなので、その後の相互作用は起きないだろう。適切なパートナーがみつかると、性欲は一回かぎりで終わらない関係を築く動機になる。最初の出会いから、軽い付き合い、安定した交際へと関係が進展するにつれ、**セックスは二人の感情的絆を強め、関係を深める結合力として作用する。**

兆候

その後も、セックスは関係を維持する助けになるが、関係の質や安定性にとって、他の要素（支え合い、温かさ、相互依存など）ほど重要ではなくなる。とはいえ、セックスが関係にひじょうにプラスに働く状況もある。たとえば関係を脅かすような不安な状況では、苦痛をやわらげる必要があり、できるだけおたがいのそばにいたくなる。こうした状況では、セックスが関係を修復することもある。だが解決のむずかしい重大な関係の対立があるときは、必ずしもそうはいかない。むしろ**セックスが二人を分かつ**ことがある。たとえば重大な対立が長引くと、パートナーへの性欲が減退し、おたがいがふさわしい相手なのかどうか見直すことになるだろう。性的関心の喪失が、二人が関係に求めるものの不一致の兆候ならば、問題を解決するために、現在のパートナーともう一度やり直すか、あるいはもっと自分に合う人を探すことになるだろう。性欲は親密さと比例して増すので、パートナーのニーズに普段からよく応えることは、この捉えどころのない感覚を長続きさせる最も良い策のひとつである。それは打ち上げ花火のような一時の性的満足に勝るものだ。

バイパス

セックスが関係の質や期間に与える影響は、関係の段階や状況によるだけではなく、個人によっても違う。たとえば性格に問題がある（神経症的傾向、愛着の不安など）、または関係性に問題がある（コミュニケーションが乏しいなど）カップルの場合、満足感のある性行為を頻繁にすることがひじょうにプラスに作用する。セックスが支え合い・安心・愛のニーズをみたし、関係性の欠点を補うバイパスになるのだ。概して、**セックスは幸福な関係にとって重要だが、**とくに関係がもろさを抱えているときは大きな意味をもつ（関係が生まれる初期段階、関係を脅かす状況、関係性に欠陥のあるカップル）。そうはいっても、すべてがセックスにかかっているわけではなく、親密さ、支え合い、コミットメントなどの他の要素は、長期的にはセックス以上と言わないまでも、同じぐらい関係の質を決定づける。

逆の影響

もちろん、関係の質がセックスに影響を与えるという逆方向もありうる。たとえば、パートナーの性的ではないニーズに普段からよく応えることは、セックスに反応するのと同じぐらい大切である。多くの人にとって、前戯はベッドルームの外で始まる。それは現在の関係から生まれ育った家庭まで、ベッドルームから遠く離れたところにまで及ぶ。別の言い方をすると、現在の愛着体験と子どもの頃の愛着体験の両方が、性体験に何を求めるか、どのようにニーズをみたすかを決めるのである。現在と過去の愛着体験が、良きにつけ悪しきにつけ、関係があまり性生活に左右されないか、それとも全面的にセックスに依存するかを決定するのである。

Love is ...

・性欲は親密さと比例して増すので、パートナーのニーズにふだんからよく応えることは、この捉えどころのない感覚を長続きさせる最も良い策のひとつである。
・概して、セックスは幸福な関係に重要だが、とくに関係がもろさを抱えているときは大きな意味をもつ。とはいえ、すべてがセックスにかかっているわけではなく、親密さ、支え合い、コミットメントなどの他の要素も同じぐらい重要である。
・パートナーの性的ではないニーズに普段からよく応えることは、セックスによく反応するのと同じぐらい、性的満足と幸福な関係にとって大切である。

グリット・E・バーンバウム　Gurit E. Birnbaum

ヘルツリーヤ（イスラエル）の学際研究センター心理学部に勤務している。性的空想の潜在的機能や、広義の親密な関係におけるセクシュアリティの複雑な役割について、主に研究している。一流国際学術誌への寄稿も多く、『パーソナル・リレーションシップ』の共同編集者、『社会的・個人的関係ジャーナル』と『人格と社会心理学ジャーナル』の編集委員でもある。

064

恋する声

愛は声からにじみ出る

サリー・ファーリー——アメリカ

あなたが近所の書店で新刊本のタイトルを眺めていると、隣の通路で誰かの携帯電話が鳴った。「ハロー」と答える女性の声。それから一、二分、話し声が聞こえた。あなたはこれだけで電話の相手が恋人か友人か、わかるだろうか。サリー・ファーリー博士は、愛がどのように声から「にじみ出る」かを探った。

ふと耳に入ってきただけでも、恋人どうしの会話かどうかわかるという人は、結構いる。右のケースはどうだろうか。わかるとしたら、どこで聞き分けるのだろうか。恋愛関係や愛には多くのサインがあることが、さまざまな研究から明らかになっている。恋人たちはより長くみつめ合い、接触が多く（ときには観察者がうんざりするぐらい）、立っているときも座っているときも身を寄せ合っている。ネクタイを直してあげる、後れ毛をかきあげてあげる、服のラベルが外に出ていたら入れてあげるなど、身づくろいし合う。こうしたサインはパートナーに愛情や親密さを伝えると同時に、世界に向かって「これが私の恋人です！」と発信する機能ももっている。だが恋人とのコミュニケーションで、声がどう変化するかは、あまり注目されてこなかった。

私は最近の研究で、恋人になってまもないカップルの電話の会話を、評価者に聞いてもらう実験をした。すると評価者は偶然とは思えないほどの確率で、電話の相手が友人か恋人かを判別した。二〇秒くらいの会話ならまだしも、「元気？」とか笑い声とか、会話のほんの断片を聞いただけで区別できることが多いのだ。さらに、恋人との会話と友人との会話を聞き比べてもらうと、恋人と話すときの声のほうが、元気がなく、だが心地よく響き、セクシーで、ロマンチックな関心を反映しているように聞こえた。会話の沈黙部分を除去し、片方の話者の部分だけを聞かせた場合でも、同じだった。評価者がこの「ロマンチックなトーン」を聞き分けられたことは、「関係性の目印」としての声の重要性を示唆する。進化の観点からいうと、**非言語的合図によって交配の候補者を瞬時に見分けることは重要だ。**さもないと、有効でない選択肢（興味がない、すでに誰かのもの、性的指向の違い）にエネルギーを浪費することになるからだ。

沈黙しない

もうひとつ発見がある。会話の内容がわからないように、ピッチとリズムだけが聞こえるようにすると、評価者は、恋人と話すときの声のほうが友人と話すときの声よりも、好感がもてない、自信がなさそう、感じが悪いと捉えた。恋人と話すときのほうが、ソーシャルスキルが低くなるのは、熱烈な恋愛がもたらす不安の強さゆえだ。恋に落ちたときは、恋人のことばかり考えているものだ。生物人類学者ヘレン・フィッシャーが指摘するように、恋愛は衝動であり、思考と感情と行動にはなはだしい影響を与える。恋に落ちたばかりの二人は、いつもいっしょにいたいと思い、相手のことばかり考え、触れ合いたくてしかたがない。だがこの感情は一律にポジティブとは言えない。極度のハイ状態（恋がドーパミン作動性経路を活性化することが一因）は喪失の不安と抱き合わせなのだ。**恋をすると人はもろさを抱えるようになり、そのもろさが声にあらわれるのである。**

感情は非言語的合図からにじみ出る。恋愛を感情とみなすべきか、それとも衝動、あるいは麻薬なのかは、まだ研究の余地があるが、恋は興味深い形で声にあらわれる。何を言うかより、どう言うか（非言語コミュニケーションの研究ではパラ言語と呼ぶ）のほうが、はるかに多くを語る。ボディランゲージは決して沈黙しない。むしろボディランゲージと声は、人の感情や動機について、たくさんのことを伝えている。愛は声からにじみ出るのだ。

サリー・ファーリー Sally Farley

ボルチモア大学（アメリカ）の実験社会心理学者で、主な関心は非言語行動である。『非言語行動ジャーナル』などさまざまな学術誌に論文を発表。三人の幼い子どもたちを追いまわしていないときは、趣味のトレールランニングを楽しむ。

065

破滅的な嫉妬

背の高い男性のほうが嫉妬深くない

A・P・ブーンク――オランダ/スペイン/ウルグアイ

「君がほかの奴とくっつくぐらいなら、死んでくれたほうがまし」(ビートルズ『浮気娘』一九六五年)。A・P・ブーンク博士は、愛にまつわる最も強烈で破滅的な感情のひとつ、嫉妬を研究してきた。このごく普通の感情はどのようにして強迫観念に変わるのだろうか。

嫉妬は、恋愛関係において最も強烈で破滅をもたらしかねない感情である。コントロールがむずかしく、暴力、殺人、自殺にいたることもある。嫉妬にはさまざまな形があるが、かならずといっていいほどライバルが存在する。ライバルは実際に二人の関係を脅かす誰かのこともあるが、パートナーの目を惹き付ける誰かがいるかもしれないという不安にすぎないこともある。嫉妬は、あらゆる手を尽くしてパートナーとライバルの接触を阻止するという形であらわれることもある。たとえばパートナーがひとりで出かけるのを禁じたりすることがそうだ。嫉妬は、長期的な関係でも、まだ親密な関係にいたらずライバルと競争している段階でもあらわれる。また恋人が以前のパートナーのもとに戻ってしまうかもしれないという不安から、嫉妬が湧いてくることもある。

脅威となるライバル

嫉妬は、さまざまな感情（脅威、不安、疑念、不信、不安、怒り、裏切り、拒絶）、認知（偏執的思考、パートナーの行動への懸念）、行動（パートナーをひそかに見張る、パートナーの持ち物をあさる）をともなう。嫉妬はほとんどの人が経験するが、パートナーへの愛着に不安が入り混じる人や、関係への依存がひじょうに強い人に顕著にみられる。女性の嫉妬は自尊感情の低さと関連があり、パートナーが浮気すると、自分に「足りないところがあった」と考えて、抑うつになりやすい。一方、嫉妬した男性は大酒を飲んだり暴力をふるったりする傾向がある。一般に男女を問わず、異性からみて魅力がありそうなライバルに最も脅威を感じる。女性は肉体的魅力のある人に嫉妬しやすく、男性は肉体的魅力や社会的地位で優位にたつ人に嫉妬しやすい。また自分自身が重視する資質（知性、人気、運動能力、専門的能力など）が自分より優れていると思われる人に嫉妬する傾向がある。

高いリスク

人間に最も近いチンパンジーは一夫多妻である。だが人間は程度の差はあれ、一対一の関係を保っており、通常、男性は食糧を提供したり、他の男性や敵から守ったりして、子どもの生き残りにかなりのエネルギーを投資する。だからこそ、男性は進化の過程で、女性が経験しないような潜在的損失に直面してきた。パートナーが浮気をすれば、知らないうちに、自分の遺伝子を受け継がない他の男性の子どもに多大な投資をすることになるのである。だから男性は、パートナーの不倫について性的な面にこだわる傾向がある。浮気が発覚したとき、男性はまず「あの男に性的魅力を感じるのか？」と質問する。一方、女性はライバルが出現すると、パートナーの資源を他の女性と分け合わなければならないリスク、もっと恐ろしいのはパートナーが資源をすべてライバルに与えるリスクに直面する。だからパートナーが他の女性と感情的絆を形成することに、ことさら脅威をおぼえる。だから最初に「あの女を愛しているの？」と質問する。

ホルモン

嫉妬は身体的・生理学的特徴と明らかな関係がある。背の高い男性（より勢力があり優位にたつ傾向がある）は背の低い男性よりも嫉妬深くなく、背の低い男性はとくに勢力のある男性に嫉妬しやすい。一方、女性の場合、ひじょうに背の高い女性とひじょうに背の低い女性が最も嫉妬深く、とくに肉体的魅力のあるライバルに嫉妬をおぼえる。最も嫉妬深くないのは、中肉中背の女性（繁殖力があり男性に好まれる傾向がある）である。さらに言うと、女性的傾向のある男性（胎児期にあまり男性ホルモンを受容しなかった）はとくに勢力のある男性に嫉妬しやすく、男性的傾向のある女性（胎児期に男性ホルモンを多く受容した）はとくに性的魅力のある女性に嫉妬しやすい。また一般に男女とも女性の妊娠可能期間（最も魅力的な配偶者をめぐる競争が重要な期間）に嫉妬深くなる。

自尊感情

このように嫉妬は、強固な生物学的基盤をもつ普遍的で人間的な体験なので、この感情を完全に消し去ることができると思うのは幻想にすぎない。だがパートナーへの依存度を低くし、自尊感情を高め、感情のコントロールを習得することは、嫉妬をやわらげ対処するのに役立つ。むろん、自分の人生も人間関係も破壊するような妄想的な嫉妬と、よくあるふつうの嫉妬とは同じではない。ふつうの嫉妬は、関係の重大な脅威に対する適応的反応であり、自分自身と関係を守るために行動するよう注意を喚起する役割をもつ。

Love is ...

- 嫉妬はほとんど誰もが経験するが、パートナーへの愛着に不安が入り混じる人や、関係への依存がひじょうに強い人に顕著にみられる。
- パートナーの不倫では、男性は性的な面にこだわり、女性は感情的絆を恐れる。
- 嫉妬を完全に消し去ることはできないが、パートナーへの依存度を低くし、自尊感情を高め、感情のコントロールを習得することは、嫉妬をやわらげ対処するのに役立つ。

A・P・ブーンク　A. P. Buunk

オランダ王立芸術科学アカデミーのアカデミー教授であり、南米のいくつかの大学でも名誉教授をつとめている。人間行動、とくに嫉妬や同性間の競争、配偶者選択に関する親の統制について、進化的・生物学的アプローチで研究している。さまざまな科学会議や委員会の委員をつとめ、雑誌や書籍で発表した著作は五〇〇以上にのぼる。二〇〇九年、オランダ王国獅子勲章爵位を授与された。ときどきスペインとウルグアイで暮らす。趣味はジョギング、映画、ポップスとラテン音楽、コンガの演奏。

066

エコセクシュアルな愛

愛は命のエコロジーである

セレナ・アンデルリーニ・ドノフリオ――イタリア／アメリカ／プエルトリコ

「私たちは、人間としてできるかぎり多くの形で愛を実践できるようになるべきだ。愛の途方もない力への地球的、宇宙的な投資をすべきである」とセレナ・アンデルリーニ・ドノフリオ博士は言う。エコセクシュアルな愛とは何だろうか。

エコセクシュアルな愛とは、ジェンダー、数、年齢、性的指向、民族、種を超越した愛である。すべての命を対等な権利をもつパートナーとして受け入れ、地域、世界、生態系の健全性を最大限に高める愛のスタイルである。

私が愛を研究する大きな目的は、愛の教育は平和と民主主義の教育の強力な手段であるという意識を、世界中に広めることだ。愛は命のエコロジーであり、計りしれない力をもっている。愛は宇宙の力であり、愛のエネルギーには生死を分けるほどの力がある。愛の教育に関心のある人なら誰でも、愛を実践するための正確な知識を習得することができる。愛が欠乏感や不安を生みだす欲求とか本能としてではなく、実践して身に付ける技能として解釈されるとき、そうした教育は可能になる。だから私の研究は、愛を技能として解釈することが現在よりも広く受け入れられるよう、パラダイムを変化させることに力を注いできたし、これからもそうだろう。

性愛の表現

プエルトリコ大学で人間学を教えた一五年間で、この方向性はかなり進展した。流動性や包含性のある愛の実践についての研究は、人間について、そして人間を超えた新しい知の領域を開いた。私が学んだのは、両性愛は人間のセクシュアリティの流動性を尊重した愛の形であり、両性愛を実践することによって、ジェンダーを超えて人を愛する能力を表現できるということだ。またポリアモリー［当事者の合意のもとで、親密な関係をひとりに限定しない愛のあり方］は、同時に複数の人と恋ができる人間の包含性を尊重した愛の形である。ポリアモリーは、社会的に強制された性の所有権と一夫一婦制をはるかに超越した愛の実践を可能にすると、私は理解している。また最近になって、エコセクシュアリティが、人間と対等な存在としての自然にまで愛と主体性を拡大する、愛とエロスと性とアートの表現として注目され始めている。**エコセクシュアリティは、愛の包含性と性の流動性を、人間の生命が宿る地球全体にまで拡大する。**エコセクシュアリティの実践者は、愛というアートを自然に実践するうちに、愛として解釈する感情や、喜びとして体験する感覚の幅が広がると考えている。

愛の教育

私は愛を研究し実践しながら、愛の教育と多種多様な愛の実践は、民主主義の実践になくてはならないものだと確信するようになった。民主主義の教育は愛の教育である。なぜなら「安心して愛することができる世界は、安心して生きられる世界」だからだ。愛の教育は全人格的な変革のプロセスである。愛の教育に携わる人には、生徒たちの多様な才能の素晴らしさを理解し、愛のアーティストとして全人格的に成長できるよう支援できる能力が必要である。ここではガイアの概念がひじょうに大きな意味をもつ。ガイアの概念は、生物学、物理学、神話学、大衆文化、批判理論、ジェンダー、セクシュアリティを、愛を命のエコロジーの中心にすえた新しい知のパラダイムへと統合するからである。

Love is ...

- 愛は命のエコロジーであり、計りしれない力がある。愛は単なる欲求や本能ではなく、実践しながら習得する技能である。
- 両性愛とポリアモリーは、同時に複数の人と恋ができる人間の包含性を尊重した愛の形である。
- エコセクシュアリティは、人間と対等な存在としての自然にまで愛と主体性を拡大する、愛とエロスと性と技能の普遍的表現である。
- 愛の教育は全人格に関わる。

セレナ・アンデルリーニ・ドノフリオ

Serena Aderlini-D'Onofrio

イタリアのローマに生まれ、一九七九年にサッサリ大学を卒業。一九八七年、カリフォルニア大学リバーサイド校（アメリカ）で比較文学博士号を取得した。マヤグエス（プエルトリコ）のプエルトリコ大学人文科学教授、ストーズ（アメリカ）のコネチカット大学の人文科学フェローをつとめている。研究者、活動家、大学教授、文化理論学者。『ガイアと新しい愛の政治学』、『両性愛とクィア理論』、『エロス——多様な愛の旅』をはじめとする著書・編書があり、数々の賞を受賞している。

067

愛ゆえに殺す

愛する人を殺せますか？

スニル・サイーニ——インド

「最近、私たちのキャンパスで二人の女子学生が惨殺されました。友達になりたいと言ったのに断わられたという理由で」とスニル・サイーニ博士は言う。「どちらの事件も犯人はクラスメートで、殺害後もまったく反省していないことに、私たちは衝撃を受けました」。

恋愛関係は、思春期の発達に欠くことができない要素である。一般に十四、五歳から始まり、最初は同年代の男女混合グループの延長だ。恋愛関係は、思春期の少年少女のメンタルヘルスの健全性と不健全性に関係する。

世界中の心理学者がポジティブ心理学によって、どうすれば前向きに生き、幸せになることができるかを教えている。ハッピーな映画が上映され、インドではあちこちでヒンドゥー教の導師が「自分を愛し、人類を愛せよ」と説いている。インターネットにもテレビにも書籍にも、愛の物語が満載だ。文学作品はひたすらパートナーを思いやるポジティブな愛を描き出す。愛をインスピレーションにして、優れた絵画、歌、音楽が生まれ、それらは自分もパートナーも傷つけない優しさに溢れている。だが**コインには表だけではなく裏もあるのだ。**

思春期の恋愛関係での暴力は、増加の一途をたどっている。毎日のニュースの見出しや警察の記録を調べると、「愛」が誘拐、セクハラ、レイプ、不倫、破局、復讐、殺人の主な原因のひとつであることがわかる。インドの名誉殺人〔レイプされた女性や婚前交渉のあった女性が、家名を守るという名目で家族に殺される〕は激しい議論を呼んでいる。なぜ父親が自分の娘を殺せるのだろうか。愛のためだろうか。恋愛関係での暴力は、身体的暴力、誘拐、酸をかける、レイプ、殺人などの行為としておおまかに定義できるが、身体だけでなく心を傷つける暴力も考慮しなくてはならない。たとえば恋人を嫉妬させるために別の人といちゃつく、言うとおりにしないと別れると脅す、怒ると口をきかないなど。

この愛の裏表のギャップは広がるばかりで、愛は人生にとってどんな意味があるのか、私たちはわからなくなる。誰でもポジティブな愛にみちた世界で生きたい。だがコインの裏はどうすればいいのだろう。すべての人が、何が本当に実りのある関係なのかを、そして思いやり、赦《ゆる》し、楽観性、共感、回復力、感情のコントロールと怒りに対処する方法を学ぶ必要がある。

スニル・サイーニ　Sunil Saini

パティアラ（インド）のパンジャブ大学で心理学の博士号を取得し、グル・ジャムベシュワール科学技術大学の研究員をつとめている。主な研究テーマは、青少年の怒りと攻撃に関連する問題。インド健康・研究・福祉協会の会長でもある。

068

愛の法則

感情的愛着が薄れるほど、愛の法則は信用の法則へと変質する

エーリヒ・キルヒラー——オーストリア

かつて信用の法則、公平の法則、エゴイズムの法則を研究したエーリヒ・キルヒラーは、円満な関係には別の強力な法則——愛の法則——が働いていることを発見した。

円満な関係を目指すカップルは、信頼にもとづいて協力し合いながら、それを実現する。バランスのとれた関係のカップルは、自分を表現するだけではなく、おたがいを直感的に理解して、双方の期待とニーズを満足させる。おたがいにとって有益で有意義な意思決定の力学は、パートナー間の調和とバランスのよい力関係に依拠している。円満な関係では、片方だけに有利な力のアンバランスはあったとしても小さく、意思決定の際に、力関係のアンバランスを利用してエゴイスティックな利益を追求したりしない。

一方、不満のある関係では、相手をビジネスパートナーのようにみていて、どんな見返りが得られるか、こちらは何を提供すべきかを計算する傾向がある。パートナーとの調和や力関係のレベルによって、カップルの行動は利他的行動から市場のような交換取引まで、さまざまである。

六つの特徴

円満な関係の二人は「愛の法則」にしたがって行動する。この法則には、信用の法則や公平の法則、エゴイズムの法則にはない六つの特徴がある。

1　幸せなカップルは、相手への要求と自分が果たすべき義務をいちいち心の帳簿につけたりしない。パートナーのためを思い、自発的に行動する。円満ではないカップルは要求と義務を勘定に付け、すぐに帳尻を合わせようとする。だが幸せな関係のカップルは何をおいても相手のニーズを大切にし、思いやりを示す。

2　円満な関係のカップルの感情、思考、行動は、おたがいに依存している。相手の行動に影響されるし、自分の行動が相手に影響することも自覚している。円満であるほど、おたがいへの関心や思いやりも強い。

3　経済的関係では、ギブとテイクは直接的に結び付いている。何かを提供したら、見返りとして相応の物をもらうことを期待するし、相手も互恵性の法則にしたがって、返す義務を感じている。だが円満な関係では、与えた喜びがすぐさま報われることを求めない。

4　関係が円満であるほど、パートナーとの関係を終わらせることに興味がない。関係そのものに価値を見出しているのだ。だが不満のあるカップルは、関係を利用して自分が得をしようとする。

5　配分的正義の公平のルールでは、貢献に比例した報酬が与えられる。だが親しい関係では、必ずしもこのルールは当てはまらない。幸せなカップルは**自発的に喜びを与え合う。**

6　経済的関係では、交換する資源は主に普遍性のあるものに限定されるが、円満な関係で交換する資源は個別性がある。また二、三の資源に限定されず、さまざまな報酬の資源を与え、受け取る。

エゴイスティックな願望

おたがいへの感情的愛着が薄れるほど、愛の法則は「信用の法則」へと変質する。それでもなお相手を喜ばせようとし面倒をみたりするかもしれないが、見返りとして同じことをしてもらうのを期待する。さらに関係の質が落ちると、相互作用のパターンが社会的交換理論の「公平の法則」を反映するようになり、だんだんビジネスパートナーのふるまいに似てくる。また関係の質が落ちるほど、二人の力の差が意味をもってくる。円満な関係では力関係はあまり大きな意味はないが、「冷めた」関係では、力の強いほうが交換取引を支配しようとし、「エゴイズムの法則」によって行動する。

一方、幸せなカップルの関係と親友どうしの関係は、肯定的で利他的な点で似ている。愛し合う二人や親友どうしはおたがいに無条件で肯定的な関心を抱き、自発的に相手を喜ばせようとする。ビジネスの法則で行動したり行動の代価を考えたりしない。エゴイスティックな願望は薄く、共通の願いが優先される。「ホモエコノミクス（経済人）」の「主要戦略」といわれる「個人の利益のエゴイスティックな最大化」は、ここでは原理ではなく数少ない例外なのだ。愛とは実に輝かしいものなのである。

Love is ...

- おたがいにとって有益で有意義な意思決定の力学は、パートナー間の調和とバランスの良い力関係に依拠している。
- 円満な関係の二人は、「愛の法則」にしたがって行動する。この法則には六つの特徴がある。
- おたがいへの感情的愛着が薄れるほど、「愛の法則」は「信用の法則」へと変質する。

エーリヒ・キルヒラー Erich Kirchler
ウィーン大学（オーストリア）の経済心理学教授で、国際経済心理学研究協会とオーストリア心理学協会の会長をつとめている。学術的な著書は一五冊を超え、論文は三〇〇以上にのぼる。

069

あなたがいないとさびしい

愛着が安定している人は、人生を肯定的に捉える

ダニエル・パールマン――アメリカ

「あなたがいないとさびしい」。ポピュラーソングの歌詞では、愛とさびしさが添い寝している。ダニエル・パールマン博士がそのわけを説明する。

愛着の観点からいうと、愛とさびしさは表裏一体の現象であり、両方ともひとつの概念で説明することができる。愛着理論を確立したのは、イギリスの天才的精神科医ジョン・ボウルビー（一九〇七～一九九〇年）だ。彼は愛着を「人と人の間の持続的な心理的繋がり」と定義した。愛着理論では、「恋に落ちる」とは愛着の絆を結ぶことであり、「恋している」とは愛着の相手がいる状態のことである。またさびしさは、満足感のある愛着関係をもたないことから生じる。だから愛とさびしさの違いは、煎じ詰めると、愛着の相手がいるかいないかである。

不安

乳幼児は母親やその他の養育者に愛着を抱く。これは乳幼児、ひいては人類全体が生き残るため

の進化の機能である。乳幼児はストレスにさらされると養育者のそばにいようとする。ストレスがないときは、愛着の安定した子どもは、まわりの環境を探索し習熟することや、他の人びとと接触することに興味を示す。愛着理論ではそれを「養育者を安全基地として利用する」と表現する。

だがすべての乳幼児が養育者と安定した愛着を形成できるわけではない。形式できる乳幼児もいるが、反対に「不安—アンビバレント型」や「回避型」の愛着を形成する子どももいる。**愛着の安定した子どもは、養育者とあたたかい関係にあり、**導きを求めると同時に自分で世界を探索しようとする。しかし、「不安—アンビバレント型」の子どもは神経質で、養育者にしがみついて離れようとせず、養育者が自分を一番大切にし、いつでも応えてくれるかどうか自信がもてない。「回避型」の子どもはもっと独立的で、養育者をほとんど意に介さず、導きや支援を求めようとしない。

分離

愛着理論では、主に親子の相互作用から養育者との愛着関係が形成されると考えられている。愛着の安定した子どもの親は愛情が深く、感受性や応答性に優れている傾向がある。「不安—アンビバレント型」の子どもの親は一貫性がなく、あるときは子どもの領域に土足で踏み込み、あるときは他のことに気を取られて子どもに応答しない。「回避型」の子どもの親は、応答が少なく愛情が薄い傾向がある。

愛着の形成と種類の重要性は、乳幼児期だけに限定されない。愛着理論では、人生早期の体験は成人期の人格や親しい関係にも影響を与えると考えられている。早期の体験は、ボウルビィの言う自分と他人についての「内部作業モデル」を形成する。**自分の人生にとって重要な人物は、支援や保護を求めたときに応答してくれるのか、**あるいは自分は愛着の対象人物に助けてもらえるような人物なのか、などについての期待を形づくるのである。この内的モデルは途中で変化することもあるが、一般に持続しやすく、早期の体験と後年の体験を繋ぐのである。

子どもの愛着形成のダイナミクスの多くは、おとなの恋愛関係にもみられる。子どももおとなもアイコンタクトや微笑み、抱擁、キスなどの手段で、相手に接近し接触しようとし、分離によって苦しむ。

安定

愛とさびしさは表裏一体の現象だというテーマに戻ろう。愛着の安定した人は（不安定な人よりも）恋愛面でうまくいくことが多い。一般に親しい関係が長く続き、満足感も大きい。一方、愛着の不安定な人は孤独に陥りやすい。

この違いは、おそらく認知やソーシャルスキルも関係していると思われる。愛着の安定した人は、人生を肯定的に捉えている。人とわかり合うのはむずかしいことでなく、他人も自分を好きになってくれると思っている。ソーシャルスキルの面では、**愛着の安定した人は相手の自己開示を引き出すのがうまく、**言語にならない表情を読み取り、うまく対立に対処できる。こうした認知やスキルが関係の発展に貢献するのは明らかだ。

また、孤独を味わっていることが刺激となって恋愛関係を求め、愛着の相手をみつける人も少なくない。ただし孤独の原因がその人自身にあり、慢性的なさびしさを抱える人は、長期的な愛の絆を築くのは壁が厚いかもしれない。環境的要因のために一時的に孤独を味わう人のほうが、長く続く有意義な愛にたどりつきやすい。

繋がり

愛着理論からすると、有意義な愛を得られるかどうかは、安定した愛着を確立できるかどうかにかかっている。愛着理論は子どもの頃の体験を強調するので、恋愛の軌跡は幼少期に決まってしまうと思われるかもしれないが、必ずしもそうではない。たしかに愛着のスタイルは持続する傾向があるが、子どもの頃にひじょうにつらい関係を体験しても、おとなになってから安定した関係を結べる人もいる。家族のメンバーの変化など環境の好転が、うまく作用することもある。また愛着理論では、安定したパートナーとの繋がりが大きな安心をもたらすと考えられている。さびしさを和らげ、永続的な愛をみつける秘訣は、自分と他人についての内的モデルを変えることである。内的モデルが肯定的なものになると、さびしさが消えていき、愛をみつけることができる。

Love is ...

・愛とさびしさは一つの概念で説明できる現象である。愛着が安定した人は（愛着が不安定な人や回避的な人よりも）、恋愛面でうまくいくことが多い。

・愛着が安定している人は、人生を肯定的に捉えている。他人や自分の良い面を発見し、目を注ごう。

・愛が実るためには、他人のニーズに敏感になり応答することが大切であり、安心して人に頼り、頼られようにならなければならない。

ダニエル・パールマン Daniel Perlman

ノースカロライナ大学グリーンズボロ校（アメリカ）の人間開発・家族研究の教授で、国際関係性研究協会の会長をつとめている。主な研究テーマはさびしさと親密な関係。一三冊の著書と編書がある。

070

愛国心

愛国心を表現すると、侵略と結び付けられがちだ

クリスチャン・ビョルンスコフ——デンマーク

「この国は大好き　でも政府は恐ろしい！」というスローガンをプリントしたTシャツをみかけた。ある種の愛国心によって、無数の人びとが命を落とし、また殺されてきた。愛国心は強烈な感情だ。クリスチャン・ビョルンスコフ教授は、彼と友人がバースデーケーキを国旗で飾る理由を説明する。

愛にはさまざまな対象がある。私たちは子どもを愛し、親や祖父母、恋人、夫や妻を愛する。友人や同僚への愛もある。愛の形もさまざまだ。祖父母への深い思慕は、恋に落ちたときの高揚感とは違うし、親や旧友への愛は、彼らの過ちや欠点を知っていても揺るがない。

愛の表現もさまざまで、地中海世界や中東でよくみる人目をはばからない大胆な愛情表現もあれば、日本人やフィンランド人のような秘めた愛情表現もある。それでも人を愛する感情はどこでも変わりなく、同じように人間的だ。南はケープタウンから北はグリーンランドのヌー

クまで、アメリカ西海岸のシアトルからロシアのサンクトペテルブルクまで、愛は人と人を結び、生きる目的にもなる。世界の文学で最も人気あるテーマは、人生をともにするただひとりの愛する人を探し求めるというものだろう。

だが世界の大部分で眉をひそめられる愛もある。それは愛国心である。フランスのある層の間では、愛国心や愛国者であることを表明するのは「規範」からはずれた行為で、三色旗を掲げることは極右イデオロギーの支持の表明とみなされたりする。国粋主義者が日章旗を掲げて練り歩く日本でも、状況は似ている。多くの社会では、先祖の国あるいは自ら選んだ母国への強い肯定的な感情を表現することは、侵略と結び付けられがちだ。愛国心を表明すると、**往々にして他国を否定していると受け取られてしまう。**ドイツを愛するというなら、他のすべての国を憎んでいるに違いないというように。だがこの種の愛の表明は、必ずしも不信を招くものばかりではない。デンマークやノルウェーやスウェーデンで表現される愛国心は、ステレオタイプな腐った愛と大きな違いがあるのだ。

一九四五年、ナチス占領下からの解放当時に書かれたデンマークの歌は、「赤と白で咲き誇る街々」はデンマークの祝賀の華だとうたう。五月にデンマークに入った連合軍の兵士たちは、「ダンネブロ」（赤地に白十字の一二一九年以来のデンマーク国旗）がいたるところで翻《ひるがえ》るのをみて、強い印象を受けた。国旗が抑圧と戦争の象徴だった暗い一二年間を過ごしたイギリスの兵士たちは、無数の国旗が侵略ではなく歓喜のシンボルとされていることに、心底、驚いたのである。一度も侵略戦争をしたことがない北欧人の愛国心と、侵略戦争を支えた愛国心との違いがそこにある。

自国への愛はかならずしも他国や他国の人びとを貶《おとし》めるものではないし、脅かすものでもない。スカンジナビアでは、**愛国心は人類同胞という大きな共同体への愛の表現である。**ヨーロッパの北のはずれの侵略とは無縁の愛国心は、人類同胞への信頼を喜ぶことなのだ。だから誕生日や国の祝日にはスカンジナビア十字の国旗を掲げて、その愛をまわりの人びとと分かち合うのである。

クリスチャン・ビョルンスコフ Christian Bjørnskov
オーフス大学（デンマーク）の経済学教授。社会的信頼、主観的ウェルビーイング、人生の満足について多くの著作がある。水泳のコーチとして才能開発にも携わっている。

071

火星の愛

愛だけが憎しみへの答え

ビド・ペチャック——スロベニア

「これまでの人生で、いやというほど憎しみをみてきた」とビド・ペチャック教授は言う。「答えは愛しかないことはわかっている」。だが愛はなかなかみつからないので、教授は火星に愛を求めた。そして何世代もの子どもたちが彼に続いたのだ。

第二次世界大戦が始まったとき、私は一一歳だった。旧ユーゴスラビア（スロベニアも含まれる）でみた惨事について、ここに書くつもりはない。私はとても感受性の強い子どもだった。当時、人びとは憎しみ合い、誰もが疑心暗鬼になり、愛が存在する余地はなかった。戦争が終わる頃、私はゲシュタポに逮捕され拷問を受けていた。戦後、共産主義者が政権を取ったが、相変わらず憎しみと疑心暗鬼が支配し、私は再び逮捕された。その後、釈放されて、心理学を学び、作家になった。私の処女作は児童文学だった。

「宇宙飛行は自分自身からの逃避にすぎない。自分を貫くよりは火星か月に行くほうが簡単だから」と言ったのは、有名な心理学者カール・グスタフ・ユングだ。最近、知ったのだが、ユングは一九五〇年代にヨーロッパで火星や空飛ぶ円盤について講演し、第二次世界大戦後の世界の再建の夢を語ったという。彼が逝去した一九六一年に、私の『ドルーと三人の火星人の子ども』が出版された。同書はスロベニアで、何世代にもわたって子どもたちに読み継がれている。

三人の火星人の子どもの名はマニー、ミディー、ティニー。三人はこっそり地球にやってきてドルーと友だちになり、ドルーを火星に連れて行った。火星は地球とはまったく違う世界だった。地球にないテクノロジーがあるだけでなく、憎しみよりも愛が支配する世界だったのだ。火星の住人、とくに子どもたちは幸せそうだった。**火星では、幸せに暮らすためにたがいに愛し合わなければならないと法律で定められていた。**戦争も禁止されている。火星の衛星フォボスには、巨大遊園地が建てられていた。

この遊園地の名物は、ドラゴン、オオカミ、小人、妖精、魔女や魔法使いで、全部、ロボットだが、本物のように動いたりしゃべったりする。火星人の子どもの話によると、平和な星である火星では、地球を訪問することが禁じられていて、この掟は地球で戦争が禁止されるまで変わりそうもないという。ところが三人は禁断の惑星みたさに、かつて、掟を破ってしまった。そして、そのときに覚えたマーマレードの味が忘れられず、どうしてもまた地球に行きたくなってしまったのだ。

私は後になって、この物語で描こうとしたのは、戦中戦後に体験した世界と正反対の理想世界だったことに気付いた。それは私の空想と願望の産物で、過去の個人的体験に対する反動にすぎなかったのである。地球上にはそんな場所はないので、火星という惑星にそれを転移したというわけだ。地球に愛はないが、火星にはある。地球に正義はないが、火星にはある。地球に友情はないが、火星にはある。執筆中は、それが転移だという自覚はなく、気付いたのは何年も経ってからだった。今の私には、火星の生活は私のやぶれかぶれの夢だったことがわかる。私はあまりに未熟だったのだ。今では、夢だけでは憎しみは癒されないことを知っている。火星はただの広大な砂漠にすぎない。それでもやはり、私たちはみな、愛と平和を求めてやまない夢みるドルーなのだ。ここから逃げることはできないし、火星で夢がみつかるわけでもない。私たち自身が、今、ここで、平和と愛をつくりださなければならないのだ

ビド・ペチャック Vid Pečjak
リュブリャナ大学（スロベニア）の心理学の教授で、世界のいくつかの大学で客員教授をつとめている。主に人間の発達、感情、やる気について、約四〇冊の著書と四〇〇本の論文がある。現在は引退し、スロベニアの美しいブレッド湖畔で暮らしている。

072

条件つきの愛

私たちが「ありのままで」受け入れているのは、パートナーよりも家族や友人だ

アナ・マリア・フェルナンデス——チリ

「私は人生を愛し、社会的相互作用と感情の面白さに惹きつけられてきました」とアナ・マリア・フェルナンデス博士は言う。「私はフェミニストではありませんが、こうしたテーマについて、女性の視点から解釈を提示して男性の視点を補完している、実験社会科学の女性研究者たちを心から尊敬しています」。

親の愛、友情、恋愛など、生殖の維持に関わる愛は、人生の目標にもエンジンにもなる。人間は社会的な種であり、愛は、世界への最低限の適応に必要な社会的交換をもたらす。だが愛のすべての形が等質なわけではない。

社会的交換の最も深い感情を満足させるのは友人や家族の愛で、私たちは家族や友人に深い共感を抱き、「ありのまま」の姿で受け入れている。それは、人間の心理的適応と脳は、人間として発達するために、生涯、社会的絆を求め、必要とするよう特化されているからだと思われる。私は進化心理学を研究し、レダ・コスミデ

スとジョン・トゥービーの教えを受けて、家族愛は遺伝的関係性によって調節されることを学んだ。私たちは関係が近しいほど、相手の不完全さを受け入れ、受ける以上のものを与えるのだ。一方、友情やその他の社会的絆においては、私たちは戦略的・相互的に行動し、相手との社会的関係や、相手にどう評価されたいかを基準にして、期待したり与えたりする。多くの友情や家族関係は深い愛情へといたるが、それがどの程度、無条件的かは、関係性のレベルによって左右される。最も親密で無条件的な愛の形は、親の愛である。

一方、私たちが最も壊れやすい愛を経験するのは、人生をともにし、通常、生殖のパートナーとなる重要な他者との関係である。人類学者ヘレン・フィッシャーが指摘するように、身体と脳は全面的に、欲求とセックスと恋愛に影響される。皮肉にも、**恋愛は無条件的な社会的交換ではない。**現在の状況と期待を絶えず評価し、現在の安定したパートナーに留まるか、それとも別の選択肢を探すかを検討している。

愛はすべての感情がそうであるように、繰り返し、その状態に達しようとする強烈な心理・生理学的反応をともなう。失恋などで愛する人を失ったとき、それに対処しきれず、強烈な嫉妬心がわいて、不合理な攻撃反応をしたり深い抑うつやひきこもりに陥ったりすることがある。私は信頼関係の破綻や、嫉妬を引き起こす状況の男女差、恋愛関係で裏切られたときの深い情動反応にともなう感情について研究してきた。その結果、**男性の嫉妬を支配するのは、**パートナーや他者への暴力を動機付ける**攻撃的感情**だと考えるようになった。生理学的に言うと、裏切られた男性は積極的攻撃と攻撃の動機が一気に高まるようである。一方、**女性の反応は、**当然ながら怒り、裏切られたと感じるものだが、**ひきこもったり社会的支援を求めたりする傾向がある。**生理学的に言うと、裏切りによって傷つき、パートナー、あるいは何事に対しても反応する積極的動機を失うようである。

アナ・マリア・フェルナンデス　Ana Maria Fernandez
サンティアゴ・デ・チレ大学（チリ）心理学部の准教授。テキサス大学で進化心理学に魅了され、修士課程で実験心理学を学びながら恋愛と嫉妬を研究した。チリ大学で博士課程に進み、進化心理学センターでポスドクとして研究を続けている。

073

あなたの「生きがい」は？

私たちは人生で最も愛するものを通して、人生を愛する

ゴードン・マシューズ——日本／中国

ゴードン・マシューズ博士は、この二〇年間、「生きがい」という日本の概念を研究してきた。生きがいとは、人生を生きる価値のあるものにする何かのことだ。何が自分の「生きがい」かがわかれば、最優先すべきことを明確に意識して、より良い人生を送ることができる。

「生きがい」とは、自分が最も愛する何かのことだ。誰かへの愛かもしれないし、何かの活動、人生全体に意味を与えるような夢かもしれない。これが私の生きがいだと直感的にわかることもあるが、その直感が必ずしも正しいとはかぎらない。惚れ込んだ相手が実はふさわしくない人で、後で深く後悔することがあるのと同じだ。複数の生きがいをもつ人もいるが、たいてい生きがいはひとつで、そのひとつのことによって人生のすべてが価値あるものに変わる。驚くべきことに、たいていの人は、そのひとつが何なのか、ぎりぎりまで追い詰められないとわからない。生きがいは、人生が同じことの繰り返しで嫌なことの連続であっても耐えられる、個人的な理由である。

生きがいは、つねにその人個人のものである。誰も人に向かって、これがあなたの生きがいだと

言うことはできない。配偶者から「私を愛してる？」と聞かれれば「イエス」と答えないわけにはいかないし、上司にサービス残業を求められたときも、そうかもしれない。だが本当にあなたの生きがいが配偶者や仕事かどうかは、彼らにはけっしてわからない。あなたの心だけが知っている。とはいえ、生きがいは個人のものであるにしろ、けっして個人的なものに留まらない。生きがいは心の奥深くに宿るが、必ず他者の世界に関係している。最も本質的な意味で私たちと社会を結んでいるのである。

生きがいは年齢とともに変化する。十代の若者にとって、生きがいはたいてい将来の夢のことで、子どもをもつことや、ロックスター、プロのバスケットボール選手、企業の重役、はたまたアナーキストになることだったりする。三十代を迎える頃には、多くの人は結婚、子ども、職業など、成人としての人生を規定するものに深く関わっている。もちろん離婚、再婚、転職によりその関わりを絶とうとする人もいる。また関わりの中にいながらも生きがいを見出せない人もたくさんいて、「人生にはもっと素晴らしいことがあるはずなのに」とぼやいたりする。だが大半の人は家族や仕事、趣味、信仰、夢に生きがいを見出す。それが六十代、七十代まで続く人もいるし、さらに老境に入っても生きがいをもち続ける人もいる。だがその一方で、生きがいが過去のものになってしまう人もいる。

生きがいは、基本的にもろく壊れやすい。生きがいだった仕事を突然失い、路上に放り出されることもある。ある朝、二〇年間いっしょに暮らしてきた人の横で目が覚め、「もうこの人に愛は感じない」と気付くこともある。子どもが自立して家を出て、そのまま疎遠になることもあるだろう。いつか配偶者も死を迎え、もちろん自分自身もいずれ死を迎える。すべてに終わりがあるのだ。若いうちに生きがいを失うと、運がよければもう一度、人生を生きる価値のあるものにする人や仕事や夢をみつけられるかもしれない。だが次の生きがいをみつけられず、死ぬまで、心ここにあらずの状態のままかもしれない。

生きがいには超越する力がある。生きがいとは、私たちが人生で最も愛するもののことだが、それは未来永劫、存在するわけではない。人生ははかない。生きがいも愛も人生そのものも、一瞬にして、あるいは一〇〇年続こうともいずれは消えていく。多くの人はキリスト教が語るような天国は信じない。生きがい、愛、人生が貴いのは、束の間しか体験できないからだ。私の知るかぎり、人生にはより広い意味や超越的な目的はない。ただここに存在しているだけだ。そして、ここに存在しているということ、無ではないことこそ、素晴らしいのだ。だが私たちは日々の倦怠《けんたい》にとりつかれて、ほとんどの日々を、人生を愛せないまま過ごしてしまう。だが生きがいは倦怠を超越させてくれる。たとえはかなく、うつろいやすく、束の間であっても、最も愛するものを通して人生を愛することを可能にしてくれるのだ。

Love is ...

・誰でもその人なりの「生きがい」がある。生きがいは、人生を生きる価値のあるものにする。
・生きがいは個人的なものであり、変わりやすく壊れやすいが、超越する力がある。
・自分の「生きがい」がわかると、最優先すべきことを明確に意識して、より良い人生を送ることができる。

ゴードン・マシューズ　Gordon Mathews

香港中文大学の人類学教授。『人生に生きる価値を与えているものは何か―― 日本人とアメリカ人の生きがいについて』(三和書籍)などの著書がある。生きがいは、結婚して三〇年以上になる妻。死後にどうなるか知りたいので、死ぬことも楽しみにしている。

074

超越的な愛

愛は創造的だ。それは発明し、創始する。

サイード・モーセン・ファテミ――イラン

サイード・モーセン・ファテミ博士はイランで生まれ、ハーバード大学、トロント大学、テヘラン大学で心理学を教えている。世界中を旅して、感情的知性や交渉技術の心理学を含むさまざまなテーマに関して、現地調査、講演、研修指導、ワークショップをおこなっている。以下を読めばわかるように、博士は、詩人でもある。以下は「愛の縮図」、すなわち超越的な愛の心理学についての二〇の断章である。

1 愛は自己の絶対的支配を無効にし、人を唯我論・利己主義・自己中心主義から解き放つ。愛は**独自の言語**を生みだし、その言語においては、意味は、功利主義的交換や利益にもとづいた見解には縛られない。

2 愛の言語は、物質主義・消費主義、資本主義の蚤の市では用いられない。愛の言語は、障害や妨害や暗黒主義に屈しない。

3 愛は自己や「自分でいること」に光を当て、新しい解釈の世界を自己に与える。いっしょにいることこそが完璧へと導く万能薬である、と。

4 **愛がもたらす世界**では、増殖と断片化が統一と一体性に置き換えられる。相手が存在しなければ愛することはできない。愛こそが共存の本質であり、愛は不在と分割を霧散させ、一体化の実現へと向かう道を開く。

5 魂と心をとまどわせるさまざまな神秘の筆頭が愛だ。愛は、生成の頂点、進歩の絶頂、運動の最高点である。

6 限定的な歓喜と快楽の世界でも、**束の間の喜び**を手に入れることはできるが、夜明けとともに愛の花がいっせいに咲くときの限りない歓喜を知ることはできないだろう。

7 ひとは偏狭かつ強制的・操作的に相手を囲い込むのではなく、一体感がもたらす拡張的な励ましによって、揺らめく愛の光の中に引き込まれ、圧倒され、包み込まれる。情熱や肉欲の原始的な表出においては、愛はおざなりで束縛的にみえるかもしれないが、超越的な愛の至高の結晶化においては、あらゆる束縛が解かれる。

8 愛は、熱く燃え上がるにつれて大きくなり、親密な関係の再生的で覚醒的な瞬間をもたらす。極致の熱の中で燃え上がりながらも、期待の中にも留まる。**愛の親密な関係（belonging）は、ある（being）と同時に憧れる（longing）ことである。**時間と場所に根を下ろしながらも、いまだ訪れぬ生成段階を渇望し続ける。

9 愛の言語は無意味で矛盾にみち、逆説的にみえるかもしれない。その感受性は、ビジネス的な等価交換の世界では説得力をもたないかもしれない。

10　愛の言語は、私たちが住んでいる現実世界の巷《ちまた》を超え、慣れ親しんだ感受性の領域を超えた、新しいパラダイムを導入する。

11　至高の愛は、所有欲や権力欲とは無縁だ。至高の愛は、希求と欲求と沸騰の絶えざる流動で魂をみたす。至高の愛は、たえざる視覚化の文法で心をみたし、そこでは意志が関係の銀河の経験を熱烈に欲する。愛は、意気消沈や絶望などの障壁を除去する。愛は、失望をカムフラージュすることを非難し、**希望を創造する。**愛は、絶望と無力感の嵐の上空を行く。祈りと信仰を後押しし、自由と解放の真珠を生む。

12　愛は結果のみにあらわれるのではなく、そのプロセスにおいて開花する。愛は、物質主義に囚われた精神による数学的で直線的な計算から遠く離れた次元で、外見、視野、展望をつくりあげる。愛は発展の可能性を讃え、限界という足枷のなかで、新たなものの誕生を讃える。愛は窓をつくりだす。その窓を通して、意味の虹が、合理的な精神がつくりあげたどんなに精巧な望遠鏡でも観測できないような、新しい地平線を描く。

13　愛は存在論的な関わりによってのみ理解される。修練を讃える愛のヒバリは、鍛錬の河を越える。**愛し方は知っているのにまだ愛を経験したことがない、**ということもありうる。知ることはたんに人を認識の道へと導き、そこからは景色の美しさを知ることはできても、実践的関わりという緑の草地からは遠く離れている。

14　愛のクライマックスは言葉では表現できないかもしれない。超越的な愛においては、リラの花が愛の兆しとなり、権力や所有欲のようながらくたは捨てられる。宇宙は朗々と愛を歌いあげる。

15 昼になって気温が上がるとき、天と地が当惑・驚嘆するとき、貴婦人が別れの最後の瞬間をみるとき、少女が父を訪れる次の機会を首を長くして待つとき、目がすべての力を動員して最後の数歩についていくとき、愛の縮図をみて、天使が畏怖の念を抱いて片膝をつくとき、荒れ果てた疎外の地に囚われつつも、惜しみなく与えることと共感とのオアシスで、愛がかすかな音を立てるのが聞こえるかもしれない。

16 **唐突に、無私無欲で、純粋に、燃えるように、愛は進む。**愛は楽しみながら、それでもすべてを捨てることができる。所有しながらも、手放すことができる。愛は、一体化の包含性と、関係の意味性を明らかにし、みかけを溶かし去り、何が本物かを証明する。

17 愛は渇きであるが、独占を回避する。愛は、権力をふるうことなく、誠実さ・価値観・一体感を証明する。愛を狭い檻に閉じ込めることはできない。愛は自由であり解放である。

18 **愛は純化し、美化する。**愛が、安楽と平穏の岸辺に打ち寄せる大洋としてやってくることもあれば、乗客を乗せ、緊張と葛藤の渦巻の中を、平静と沈着の水平線に向かって進んでいく船としてやってくることもある。

19 愛は創造的だ。それは発明し、創始する。経済発展にまみれた世界で、愛は魂の発展を広げ、精神の頂点において意識の根本的変容を起こし、反響の最後の瞬間に精神性を物質化する。虚無主義の深淵で、愛は一神教を声高に叫ぶ。

20 昼の栄光と輝きの思い出にともなう、**枯れ**

ることのない涙の川の中に、愛はある。答えを求めて完成への道を行く巡礼たちの、期待にみちた目の中で、愛は讃えられる。ありとあらゆるみせかけと外見の愛を純化する、赤ん坊の泣き声の中で、愛は谺《こだま》している。

サイード・モーセン・ファテミ　Sayyed Mohasen Fatemi
ブリティッシュコロンビア大学（カナダ）で学位を取得。テヘラン大学（イラン）心理学部助教授、ハーバード大学心理学部（アメリカ）のポスドク・ティーチング・フェロー、トロント大学（カナダ）の心理学講師である。多数の論文を世に問うていて、イランの心理学・カウンセリング協会の副会長をつとめている。専門領域は社会心理学、多文化心理学であり、国際精神療法学会など、数多くの国際学会で基調講演者をつとめる。

075

究極のパラドックス

それは、自からが育む飢餓感だ

ディルク・デ・ワクテル――ベルギー

人間は自分がすべてをコントロールできると思いたがるものだ。ところが愛に不意打ちをくらう。よくわからない、よく理解できない他者によって不意打ちされるのだ。精神科医ディルク・デ・ワクテルが、持続する愛の究極のパラドックスを明らかにする。

人生は、時間に制限があるからこそ意味がある。人生に意味を与えるのが究極的には死であることは、あまり気持ち良くはないが抗《あらが》いがたいパラドックスである。愛にも同じことが言える。ここでいう愛は、ホルモンの働きによる気まぐれな陶酔のことではなく、その衝動を超えてもちこたえる愛のことだ。

恋愛関係のパラドックスは、まさに愛する人をよくわからず、よく理解していないというところにある。愛は他者を自由にさせ、よくわからない他人のままにしておくことである。フランスの哲学者エマニュエル・レヴィナス（一九〇六～一九九五年）の愛についての多くの知恵から、私は豊かなインスピレーションを得た。

人間は世界も自分の運命もコントロールできるのだという幻想が愛の領域にまで広がった、現代という「管理」の時代、「できるはず」の時代では、他者を自由に存在させ、よくわからない他人のままにしておくことは、ことさらむずかしいことのようだ。**他者を自由にさせ、自分と同じものにせず、人間関係は基本的に非対称なものであることを受け入れいとおしむことが、スマートではないかもしれないが、愛着を結ぶ鍵なのである。**

固い殻

この明確な矛盾は、すでに親子関係から始まっている。親子関係では、愛着を保ちつつ子どもを自由にし、子どもの個性を認めてやることが、その後の子どもの人生に基本的自信をもたせる土台になる。この自信があると、やがて恋愛の理想としての「かなわない」愛の本質をなす、根本的なみたされなさ、完全な一致の不可能、常につきまとう違和感や不十分感と、共存できるようになる。**またこの自信があれば、**愛する人を自分の欠乏感をみたすために利用したりせずに、**自分の孤独、つまり本質的なみたされなさに向き合うことができる。**完全に一致できず、違いが存在するからこそ、欲求を殺す共生的な融合に陥らずにすむのだ。

他者（そして特別に愛する人）は私たちを攻撃し、自己満足を揺さぶり、自己追求という固い殻を打ち砕く。他者はそれによって、私たちが現在の世界に顕著な自己中心性に飲み込まれるのを防いでいる。現在の自己中心的な世界では、時として他者は私たちの個人的幸福の手段、一時的快楽のための交換のきく道具、すぐに消費される娯楽の道具にされている。

自分の影

持続する愛では、みたされないという意味での「かなわなさ」こそが、欲求を維持し高める。それは、自らが育む飢餓感であり、際限なく続いていく。他者が外部からもたらすこの根本的な動揺がなければ、存在はただの自律的なプロジェクトと化し、欲求は消えていく。他者が傷をつけた割れ目から光が差し込むとき、自己満足の闇が照らし出され、自分の影が浮かび上がる。すると自分の弱さやもろさがあらわになり、血も涙もない傲慢さに陥らずにすむのだ。

愛は本質的にみたされないものなので、欲求は消えず、かえって深まっていく。欲求はより多くを求め続け、養われていく。自分という閉じた人格をまな板の上にのせることは――危険でリスクをともなうが――そうするだけの価値がある。他者は私たちに欠けているものを白日の下にさらしてくれるからだ。だから愛は恐ろしいものでもある。愛により偶然と責任、チャンスと応答、恐れと決断の板挟みになるのだ。愛は善に向かって、新しい光が輝きはじめるほうへと、行動することなのである。

愛において、他者は光を照らしてくれる。私たちがそれを私物化したいかどうかに関係なく。

Love is ...

- 恋愛のパラドックスは、愛する人をよくわからず、理解していないところにある。愛は他者を自由にさせ、他者をよくわからない他人のままにしておく。
- 完全に一致できず、違いが存在することこそが、欲求を殺す共生的な融合に陥ることを防ぐ。
- 愛において、他者は光を照らしてくれる。私たちがそれを私物化したいかどうかに関係なく。

ディルク・デ・ワクテル　Dirk De Wachter

大学教授、精神科医、心理療法家である。ルーヴェン・カトリック大学精神医学センター（ベルギー）システム家族療法部の部長をつとめ、国内外の多くの医療センターで家族療法を指導している。著書『境界の時代』では、患者とそうでない人の境界線は紙一重と述べている。

076

恋愛を左右する四つの力

恋人たちの中には、牢獄に囚われたように感じる人もいる

ランディ・ハールバート――アメリカ

「幸せな恋愛をすることは可能だ」と二〇年以上にわたり恋愛関係を評価してきたランディ・ハールバートは語る。そのための秘訣は、どんな恋愛にも働く四つの力を正しく活用することにある。

幸せな恋愛などそもそも無理なのか、苦痛と混乱は避けられないのだろうか。こんなありふれたカップルを、想像してみよう――男性は離婚したばかり、女性は何度かつらい恋を経験してきた。どちらも安定を求め、理想の相手にめぐり合えたと感じている。一年後に結婚するが、その一年後には喧嘩が始まる。なぜこうなるのか。一人ひとりの物語は違ってもあらゆる恋愛関係に影響を与える、見落とされがちだが大切なポイントをここで紹介したい。

1　恋愛感情は強力だが、その気持ちが本物か見分けにくい。

多くの人が、相手を愛しているという理由で結婚する。恋愛感情は強力だが、最初からその

感情を信用してはいけない。一時的なのぼせ上りや性的欲求が恋愛感情の仮面をかぶっているにすぎず、時とともに気持ちが薄れることもあるからだ。真に魅かれ合う力（魅力）とは、永久磁石のように二人を引き寄せ合う力であり（ひどい仕打ちを受けて弱まることはあっても）色褪せることはない。二人が同じくらい相手に魅かれることも、めったにない。たいていは、どちらか一方の気持ちがより強く、これが問題を引き起こす。

2　精神的な成熟も同じくらい重要である。

恋愛感情は確かに大切だ。他方で精神的な成熟も同じくらい必要なのに、情熱のさなかでは忘れられがちである。精神的な成熟とは、良好な関係を築く能力のことだ。大人になっても精神の成熟性は平均して約六〇パーセントにしか達せず、一般にカップルのどちらか一方が他方より成熟していることが多い。成熟度は高められるが、そのペースは非常に遅い（数十年単位と考えてもらいたい）。成熟したパートナーを選べば、長く苦しい道を歩まずにすむ。

3　繋がりたい気持ちは、恋愛を促す大きな動機である。

ひとりものはたいてい孤独で、恋愛関係がもたらす結び付きに飢えている。それは自然なことだが……。

4　繋がりたい気持ちと、自由を求める気持ちは対立する。

ほとんどの人は気付いていないが、繋がりたい気持ちと自由を求める気持ちの間には葛藤がある。この葛藤は得てして無意識的なもので、付き合いはじめて数年後やいっしょに暮らしはじめた後、あるいは結婚後にその醜い首をもたげる。繋がりたい欲求は気軽に口に出せるが、

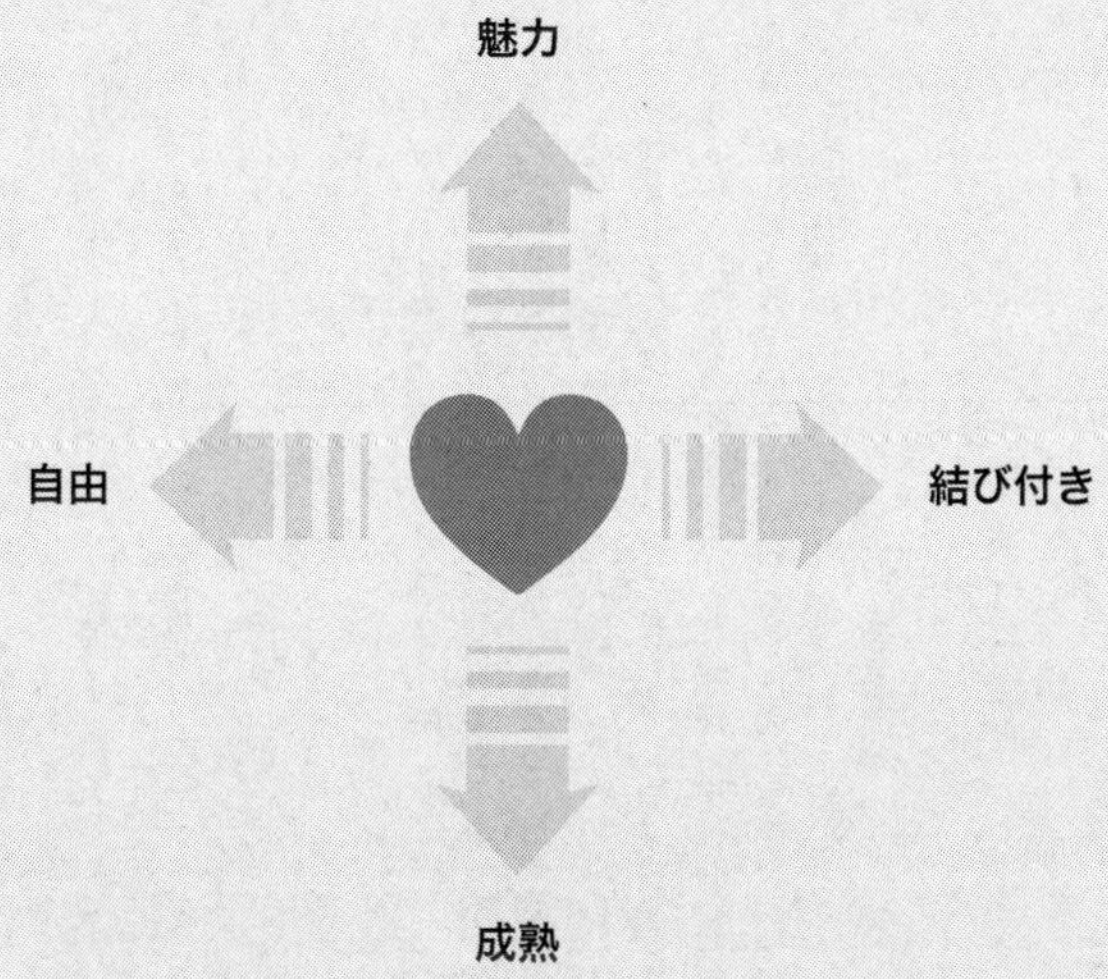

自由を求める欲求を率直に話し合うのはむずかしい。嫉妬心や罪悪感、社会的圧力、文化的な諸条件がコミュニケーションを妨げるからだ。

そのため、牢獄に囚われたように感じ、相手に当たりちらす人もいる。カップルが完全な自由と厳しい束縛の間のどこかの地点で、バランスをみつけることが大切になる。たがいに納得できる妥協点を見出すのがむずかしいため、結局別れてしまうことや、一緒にいても心が離れてしまうことも多い。

この四つの拮抗する力が、ほぼ必ずさまざまな問題を生みだすだろう。こうした問題を解決することが、鍵になる。それには、協力への意欲と建設的な話し合いをする能力が必要になる。前述のように、二人の意欲や能力にはたいてい違いがある。加えて、問題解決には恋愛関係に作用する無意識的な力——とくに自由と束縛との葛藤――を知っておく必要がある。それが問題であることにさえ無自覚な場合、いったいどうやって話し合えるだろう。

問題を解決するには、相手を怖がらせないやり方で自分の気持ちを表現し、素直に相手の気持ちに耳を傾けねばならない。型にはまらない解決策を考え、それを試してみる柔軟性や、何度も繰り返される話し合いの中で、相手の言葉に耳を貸す忍耐強さも必要だろう。こうした問題解決のスキルや前述の四つの力に関する知識を活用すれば、きっと幸せな恋をみつけ、その関係を続けることができる。

ランディ・ハールバート Randy Hurlburt
カリフォルニア州サンディエゴ（アメリカ）に暮らす。国際的に有名な恋愛関係コーチングのコーチとして講演活動をおこない、著書に『愛はゲームではない』、『恋と犯罪のパートナー』、『デートと恋愛のノウハウ』がある。これら三冊には、ハロルド・ベッセルが開発した「恋愛感情・精神的な成熟性尺度」が掲載されている。この尺度を使えば、恋愛関係の行く末を予測できるとされる。

077

愛の真価

私たちは、災害が起きなければ愛を感じられないのか？

飯田夏代、坂本典子――日本

死者一万六〇〇〇人、行方不明者三〇〇〇人を出した二〇一一年三月一一日の東日本大震災と原発事故は、日本の転換点となった。愛や人間関係を考え直すきっかけともなった。飯田夏代と坂本典子が、その経緯を教えてくれる。

今の日本では単に「三・一一」と呼ばれるこの震災が、私たち一人ひとりの人生にさまざまな形で影響を与えた。東北地方を地震が襲ったあの日、大地だけでなく私たちの存在そのものが根底から揺さぶられた。当たり前と思っていたものが簡単に失われてしまうこと、ずっと続くと信じていたものが永遠には続かないこと、安全に思えたものが絶対安全とは限らないことを学んだ。三月一一日を境に、世界が大きく変化したように思える。

震災を経て、**多くの人が人生の意味を考え直している。**あるインターネット上でのアンケートでは、回答者一〇〇〇人中八割以上が、自然の大切さや人といっしょに過ごすことの重要性に気付いたと答えている。また多くの人が、人との絆、とりわけ家族やパートナーとの絆が人生に欠かせないものだと感じている。私たちの友人の中にも、両親に会いに行く回数を増やした人、子どもと過ごす時間をつくるため仕事を早く終えるようになった人がいる。震災前はほとんど交流がなかった近所の人と、積極的な付き合いを始めた人もいる。先ほどのアンケートでは、七割以上の人が仕事より家族と過ごす時間が大切だと回答した。日本漢字能力検定協会が選んだ二〇一一年の「今年の漢字」は、「絆」だった。

結婚件数の増加

調査によると、震災以後におそらくは安心を求めて結婚に関心をもつ女性が増えたという。震災直後に実施した調査では、回答者五〇〇人のうち男性の約三〇パーセント、女性の約三七パーセントが結婚に関心を抱いていた。別の調査では、夫婦の八割以上が震災を通じて相手を尊敬する気持ちが強まったという。

他方で、震災を機に何が一番大切か選択を迫られた結果、価値観の違いから離婚を決意した夫婦もいる。おそらく**誰もが、自分の人生を見直すよう促された。**

幸せ経済社会研究所は、本当の幸せを追う中で人間に一番大切なものは何かを探っている。私たちは、二〇世紀以降世界が追求してきた経済成長ばかりに重点を置くのは間違いだと考えている。人生で本当に大切なものを問い直す機運が社会に生まれているのは、新たなチャンスであり、もっと多くの人が本当の幸せを探せるよう後押ししていきたい。私たちは、幸せ、経済、社会に影響を与えるさまざまな要因を掘り下げ、思いを同じくする人たちと今後も意見や情報を交換していくつもりだ。

人とのつながり

数多くの新技術が登場している。ソーシャルネットワークを使って、身近な人だけでなく一度も会ったことがない人とも簡単に繋がることができる。新たなコミュニケーション手段を用いて、個人や組織はさらに多くの人に情報を、時に従来メディアをはるかに上回るスピードで届けることができる。震災時には、ツイッター経由の情報連携により被災地で多くの支援活動が行われた。また、ツイッターやフェイスブックを介して、世界中から無数の愛のメッセージが日本に届き、大いに勇気づけられた。私たちはひとりではなく、世界に支えられていると実感できた。

東日本大震災が、人間関係を強め一体感を育んだ。では私たちは、今回のような災害が起きなければ、愛を感じられないということなのだろうか？　そうではない。**愛は日々の生活ですぐそばにあるのに、それに気付かないことが多いのだ。**誰もが人と結び付いているが、その繋がりを当たり前と思っている。一日一日が平凡な日ではなく、特別な日であり、生きていること自体が奇跡なのだ。これが、私たちが大震災を通じて学んだ貴重な教訓である。

飯田夏代

幸せ経済社会研究所研究員。この研究所は、幸せと経済、社会に関する研究や情報発信、対話に関わっている。

坂本典子

持続可能な社会を生みだす活動や開発に関して情報発信を行う日本の非営利団体、ジャパン・フォー・サステナビリティの事務局担当をつとめている。

078

かけがえのないパートナー

出会いの場で一番モテる人でなくてもいい

ルーシー・ハント、ポール・イーストウィック――アメリカ

「運命の相手をどうやって見つけるのか？　それがこの人だとどうすればわかるのか？」この質問が暗に示すように、世の中には恋人として理想的なタイプの人がいる。あるパートナーといっしょになれば最高の幸せが手に入るが、別の相手だと一生幸せになれない。ルーシー・ハントとポール・イーストウィックが、「かけがえのない相手」を探す旅を導いてくれる。

私たちは個々人でみると明らかに、パートナーがもついくつかの特徴（たとえば思いやり）を他の特徴（残忍さ）以上に重視している。だが、特徴にもとづいて配偶者の価値を判断するこの方法には、限界があるのかもしれない。恋人や配偶者と良い関係でいられる理由を、考えてみてほしい。それは、あなたのパートナーが素晴らしい資質を備えていると、誰もが納得しているからだろうか。それとも、あなた自身が相手との関係に満足し、パートナーに親密さを感じ、相手に恋をしているからなのか。親密な人間関係を研究する専門家も、後者の視点に沿って配偶者の価値の定義を見直すべきだ。配偶者としての価値とは、相手に満足できる親密で愛情溢れる関係を与える力を指すの

だ。望ましい特徴を備えた人のほうが、こうした関係を与える力に優れると思われるが、他方で満ち足りた関係が、二人の間だけに存在する相性や親和性から生まれる可能性もある。実際、配偶者の価値についての従来の概念では、人間関係自体がもつ影響力がほとんど考慮されていない。

配偶者の価値

では、関係性が、他人の配偶者の価値に関する認識に及ぼす影響を、どんな方法で評価するのか？第一に、私たちの属人的な認識（例：花子は他者を一般にどうみているか、他者は一般に花子をどう捉えているか）と、関係性そのものの影響（例：太郎と花子はたがいをどう捉えているか）を分けて考える必要がある。配偶者の価値を扱ったこれまでの研究では、属人的な影響しか検討していない（例：他者の花子に関する一般的な認識）。しかし、社会関係モデルという新たな分析手法を使って、**私たちは属人的な影響と独自の関係性がもたらす影響**（例：太郎のほかでもない花子に対する認識）を区別することができた。第二に、配偶者の価値について従来の評価手法では回答者に相手の特徴（例：「Xは魅了的だ」「Xにはユーモアのセンスがある」）を評価させるのに対し、私たちは関係性への満足度を反映した新たな評価尺度を考案した（例：「Xと私は、大切な感情や大きな問題、重要な信念をたがいに共有している」「Xは、私と充実した時間を過ごせるよう普段から努力している」「Xのおかげで、人生がより良いものになった」）。

望ましい特質

私たちは研究参加者に、配偶者の価値を、特徴にもとづいて評価する従来の手法と、満足度にもとづいて評価する新たな手法の両方で、自分と周囲の人（知人、友人、現在のパートナー）を評価してもらった。これまでの研究と同じように今回も、特徴にもとづく評価手法で他者を評価した場合、参加者は、相手が望ましい特徴を備えている場合にかぎり、配偶者として高く評価する傾向がみられた。すなわち、中には他の人より望ましい特徴を多く備えている人もいたということである。従来的な考え方にしたがえば、配偶者の価値を高めるには、できる限り誰もが望ましいと考える人間――恋愛の相手として理想的な特徴を数多く備えた人物――を目指す必要がある。しかし、満足度にもとづく新たな評価手法を使ってたがいを評価してもらったところ、回答者がそれぞれ独自の評価をする傾向が強くみられた。たとえば回答者の中には、花子が自分にみち足りた関係を与えてくれると感じた人もいれば、与えてくれないと答えた人もいた。つまり、**望ましい特徴をもつ人がいたとしても、それだけでは、その人がすべての人にみち足りた関係を与えられるわけではない。**どんな気質であれ、花子が誰とでも等しくうまが合うとはかぎらないかもしれない。

相性

過去の研究から、恋愛の相手に望まれる特徴は判明しているが、この研究では恋愛という経験に含まれる重要な要素が見落とされてきた。それは、当の二人が感じる、自分たちの関係への満足度に対する固有の認識である。相手に望む特質には、人によってばらつきがあるが、充実したみち足りた関係を生みだす能力には大きな個人差がないようにみえる。つまるところ、**こうした関係をつくりだす力はそもそも「能力」ではないようだ。**むしろみち足りた関係は、相性ぴったりの相手に出会うという幸運から生まれると思われる。

この新たな証拠は、自分にはかけがえない相手をみつけるだけの魅力がないと信じている人に、ある程度の自信を与えるかもしれない。おそらく一番賢明な目標は、出会いの場で一番モテる人を目指すのではなく、その場であなたが一番モテるべきだと思ってくれる人をみつけることだろう。言い換えれば、一部の人、いやほとんどの人にかけがえないパートナーと思ってもらえなくても、運命の相手はあなただと感じてくれ、あなたも相手をそう思えるような、たったひとりの人がみつかればそれでいい。つまるところ恋愛において、みち足りた関係を生む相性ぴったりの出会いに必要なのは、たったひとりの相手だけだ。ひとりだけでいいという事実に、おそらく何よりホッとさせられるだろう。

Love is ...

- 配偶者としての価値に関する従来の概念では、人間関係自体がもつ影響力がほとんど考慮されていなかった。
- みち足りた関係は、相性ぴったりの相手に出会うという幸運から生まれると思われる。
- 運命の相手があなただと感じてくれ、あなたも相手をそう思えるような、たったひとりの人がみつかればそれでいい。

ルーシー・ハント　Lucy Hunt
テキサス大学（アメリカ）オースティン校人間発達・家族学博士課程に在籍し、ポール・イーストウィック博士とともに魅力と人間関係に関する研究をおこなっている。関係性維持と最初に魅力を感じるプロセスの考察に、幅広い関心を抱いている。

ポール・イーストウィック　Paul Eastwick
テキサス大学（アメリカ）オースティン校人間発達・家族学科准教授をつとめる。研究テーマは、愛着、魅力、進化の観点からみた求愛、理想的なパートナー選択が関係性の開始・維持に与える影響など。

079

成熟した愛

愛は、満足より意味をもたらす

ドミトリー・レオンチェフ――ロシア

「愛は単なる感情に留まらない」とドミトリー・レオンチェフ教授は語る。恋愛につきものの胸のドキドキや緊張だけでなく、教授は真の成熟した愛の特徴をつきとめた。それは愛の誓いやたがいの気持ちの確認を経て、自己の境界をも乗り越える旅なのだ。

人生における愛の役割は、それがもたらす感情の並はずれた豊かさと激しさにあるように思える。ロマンチックな愛、燃えるような恋と言われる恋愛感情は、私たちを飲み込んでしまう。恋愛に取りつかれると、判断や計画、生活習慣に歪みが生まれる。恋愛を束の間の狂気と呼ぶ昔ながらの表現は、こうした人の気持ちを捉えたものだ。

けれど愛は、単なる感情に留まらない。それは生死と同じく、人生の存在論的な基盤のひとつである。愛という関係性を通じて個性形成を終え、乳児期の心理的な共生感、自己愛的な充足感を乗り越えた成熟した人間のみが、他者と関わることができる。実際、心理学者エーリッヒ・フロムが強調したように、愛は名詞でなく「愛する（こと）」という動詞なのだ。愛とは、自分が選択し、つくりだせるもの、たとえ結果は保証されずとも、その選択を行動に移す上で責任を負うものだ。

この成熟した実存的な愛は、その人の責任感や判断力、心の動きや変化する力を試すものだ。それは、満足より意味をもたらす。そのため、こうした対価を払ってまで成熟した愛を求める覚悟がある人はさほど多くない。「実存的」とは、因果関係では説明できず、それが生まれる心理的仕組みを予測できないということだ。その存在は事実性よりむしろ可能性であり、実現するかどうかもわからない。この取り組みに身を投じ、愛を育てるかどうかは、もっぱら本人の責任ある意識的な選択にかかっている。

二人の空間

成熟した愛は、対話である。対話は予測できず、コントロールできない。それは、自己の境界を越え、他者という異質な領域に踏み込む旅だ。愛情ある関係と同じように、この予測しがたさのおかげで、私たちは対話を通じ自分を豊かにし、大きく変え、時に根本的な転換をもたらす発見をすることができる。そのための必要条件は、多くの人間関係で誰もがなりがちなように、自分の殻に閉じこもるのではなく、未知なるもの、想定外のもの、自分を変える何かと出会う可能性に心を開くことだ。

純粋な対話のもうひとつの特徴は、パートナーどうしの間に共通の会話の場が生まれることにある。その空間には言葉や意味、価値観、象徴、世界観があらわれ、それらは二人を結び付けるものであるがゆえに、会話の場を形づくっていく。なぜならさまざまな場所、出来事、人が二人の歴史として共有されるからだ。愛の物語とは、成熟した恋愛関係の中で二人がつくりだす共有空間の誕生と成長の物語であり、そこでは二人がともにくつろげる。この愛の国には境界がなく、すべてが共有され、二人がひとつになる。成熟した恋人が払うすべての犠牲や献身は、相手のための行為ではなく、この共有の場のための投資である。一方がこの新たな現実のために自分を捧げれば、双方がその恩恵を受けられる。それは自己を否定するのでなく、自己を拡大することだ。愛に支えられた利他主義は、パートナーをより大きな自己（私でなく私たち）として受け入れる、拡張されたアイデンティティにもとづく高次の利己主義の一種と言える。

絶え間ない変化

あらゆる愛がそうであるように、成熟した愛がつねに幸せとはかぎらず、必ず報われるわけでもない。だが一方通行の成熟した愛は、片思いの恋愛と違い、いつの日か見返りを得るためだけでなく、自分の成長や自分らしい生き方のためにこの報われない好意という重荷を担う、という真摯な決意をあらわすものだ。両思いの恋愛は幸せをもたらし、片思いの恋愛は失望をもたらす。だが成熟した愛は、両思いでも一方通行でも、人間的成長と意味をもたらしてくれる。それは人を強くする試練であり、一方通行より両思いのほうがいっそう苛酷な試練となる。

愛の誓いに始まり、たがいの気持ちの確認、生涯の保証など、恋愛は相手に多くを期待する。けれど恋愛には、絶え間なく成長し変化する場合だけ存続できるという矛盾が存在する。停滞すれば、恋愛はたちどころに色褪せてしまう。**成熟した愛では、気持ちを確認する必要などない。**そこで求められるのはまったく違うもの、すなわち不断の注意力、相手の変化を感じ取って順応し、体のふれあいや優先する価値観などさまざまな面で折り合いをつける覚悟、それに変わり続ける意思である。愛という感情は誰にでも芽生える可能性があり、個人差はあまりない。その感情をどんな形で責任ある営みに変え、人生を変える関係性にどのように身を捧げるか、この先がみえない挑戦と成長の可能性にどうやって心を開くかによって、違いが生まれる。これが、私たちが獲得した人間らしさの尺度となる。

Love is ...

- 成熟した（実存的な）愛は、単なる感情に留まらない。それは意味をもたらし、名詞でなく「愛する（こと）」という動詞である。
- 成熟した愛は対話であり、予測もコントロールもできない。二人が共有する会話の場では、相手が拡張された自己の一部になる。
- 成熟した愛では、気持ちを確認する必要などない。自分と相手の成長と変化に、いつも注意を払っていればよい。

ドミトリー・レオンチェフ　Domitry Leontiev
モスクワ大学心理学教授をつとめる。ロシア国立高等経済学院のポジティブ心理学・QOL（生活の質）研究所所長、実存心理学・人生の質向上研究所所長。三〇〇以上の論文を執筆し、ロシア心理学会から心理学最優秀書籍賞を受賞している。

080

南米の愛

僕は死ぬ、きみと僕のせいで

オラシオ・バラダス・メサ——メキシコ

南米は、ノーベル文学賞受賞作家を何人も輩出している——マリオ・バルガス・リョサ（ペルー）、オクタビオ・パス（メキシコ）、ガブリエル・ガルシア・マルケス（コロンビア）、パブロ・ネルーダ（チリ）。彼らはたびたび政治的関心を示し、そして愛を描いている。社会学者のオラシオ・バラダス・メサが、男らしさと悲劇性を基調とする、メキシコに燃えさかる愛の炎を探る。

「僕は死ぬ／きみと僕のせいで／二人のせいで死ぬ／こうして引き裂かれ／僕は／僕ときみは／僕たちは死ぬ」とメキシコの現代詩人ハイメ・サビネスが書いているように、メキシコ社会はとかく愛を求めたがる。私たちは早い頃から、手放しで欲望に身を投じること、いやむしろ欲望を抱いて人を愛するための条件をみきわめることを学ぶ。メキシコの文化には、現実離れした情熱を掻き立てるこの愛という感情を強調する民話が、さまざまに形を変えて残っている。

ポポカテペトルとイスタクシウアトルの伝説

ポポカテペトルとイスタクシウアトルの伝説から、昔のメキシコ人の愛の形を知ることができる。一四世紀、隆盛をきわめたアステカ帝国がメキシコ盆地を支配していた頃には、制圧した近隣の町に税金を課す習慣があった。トラスカルテカス族の長は、部族の自由のために戦うことを決めた。彼には、イスタクシウアトルという娘がいた。この娘が、村の戦士ポポカテペトルと恋に落ちた。ポポカテペトルは、長に娘との結婚を願いでた。長はこれを認め、もしポポカテペトルが勝利をおさめて帰還すれば、結婚の宴を開くと約束した。ポポカテペトルの恋敵は、愛し合う二人に嫉妬し、イスタクシウアトルに恋人は死んだと伝えた。彼女は悲しみに崩れ落ち、**それが嘘だと知らずに世を去った。**戦いに勝ち、愛する人に会うため村に戻ったポポカテペトルは、恋人の死を知らされた。彼は悲嘆にくれて町をさまよい歩き、山中に墓をつくるよう命じた。彼は愛しい人を抱き上げて大きな墓に運び、口づけすると、煙をあげる松明を灯し彼女の前に跪《ひざまず》いた。以来二人はかたときも離れず、やがて雪に覆われて二つの巨大な火山になった。

ボレロ

どんな文化も、さまざまな手段で愛を表現する。南米の人びとも、いろいろな形で独自のスタイルを生みだしてきた。たとえばボレロは、郷愁や征服といった感情をあらわす南米の代表的なダンス音楽であり、愛の歌だ。バルコニーの下のセレナードでは、何世代も前から伝わる歌の中から選び抜かれた傑作が歌われる。クラリネットの音色にのせて、夜のしじまにこんな歌詞が聞こえてくる。「きみと過ごしたあの通り、出会ったあの夜がいとおしい。絹のようなきみの手、二人で交わしたキス。きみが大好きだ、僕の命よ。きみのそばにいたくてたまらない。きみは僕の人生、僕の心、決して離れはしない。きみは僕の月、太陽、夜の恋人、愛しい人よ」。**ボレロを聞けば、音楽が崇高なまでに情熱を昇華することがわかる。**人はこうして恋に落ちるものだが、音楽だけが求愛と崇拝の道具ではない。

映画も、固定観念や役割意識を強める。映画『大砂塵の女』(La Cucaracha)では、マリア・フェリクス演じる勇敢で肝のすわった女闘士が、結婚したとたん女らしく従順になる。このシナリオに描かれた劇的な変化は、恋人への無条件の愛に屈するメキシコ人女性の典型的な姿である。

男らしさ(マチスモ)

メキシコの歴史は暴力に彩られており、日々前進はしているが、昔からのこの弱点をなかなか克服できずにいる。音楽や映画、テレビ、昨今ではSNSでもこうした特徴が強調され、大がかりなエンターテイメントや情報発信の舞台に実際に起きた話が反映されている。経済や政治に限らず、愛もまた絶えず危機にさらされている。メキシコ人にとって、**誰かを愛することは完全な降伏であり、独占欲や支配欲に駆られる場合もある。**ただしこれはメキシコだけの習慣というわけではなく、こうした強い独占欲は男らしさ(マチスモ)を重んじる南米の文化に関係している。

メキシコの恋愛は昔も今も悲劇的だ。**恋愛では、苦しみを経て幸せになれる。**メキシコ人はいつも恋愛に悩むか、恋愛を謳歌するか、そのどちらかだ。そのどちらもが、街頭での暴力事件、日常生活に横行する社会的不公正、腐敗した政治へのもどかしさ、チャンスのなさ、贅沢をひけらかす富裕層といった現実からの貴重な逃げ場になっている。メキシコ人は、バラエティー番組やおとぎ話のような結婚に逃げ場を求め、幸せを約束する処方箋をみつけようとしている。その意味で愛は、より人間らしい世界を築くためのヒントになっている。

オラシオ・バラダス・メサ　Oracio Barradas Meza
ベラクルス大学（メキシコ）出身の社会学者。多数の雑誌に論文を寄稿し、「ソーシャル・プレイヤーズ・コレクティブ」の創設者でもある。ソーシャルブログ管理者であり、国内問題、文化、社会などの話題を扱うネットラジオ番組ＡＳラジオのプロデューサーをつとめる。

081

他者の幸せ

きみが幸せなら僕も幸せ

アルマン・ルクー——ベルギー

「深刻な問題にぶつかりながら、何とか関係を続けようとしているカップルを観察すると、彼らはたいてい、感情に流されまいとしている。話し合い、意見をやりとりし、相談する……」とアルマン・ルクー博士は語る。「だがそれも、じゅうぶんではない」。

彼らは、相手の基本的な欲求に耳を傾け、それに応じて判断し行動するというステップを見落としている。彼らの話し合いは、問題が発覚した企業の取締役会のようになりがちだ。取締役会では意見を募るが、企業のニーズに合った戦略を実行できない。長く続く恋愛では、毎朝新たな選択がなされる。双方の性的、感情的な欲求を反映した具体的な決定と行動を通じて、愛情が表現される（「かけがえのない存在になりたいというあなたの願いを、一〇〇パーセントは叶えられないけれど、あなたはいつでも私にとって特別な意味をもつ人だとはっきり示してあげる。無条件に愛されたいという私の希望は完全に聞いてもらえなくても、あなたが安心させてくれるから、絶えず愛情を確認しなくてもいい。たがいの性的欲求すべてはみたせないけれど、二人の「秘密の花園」を尊重しながら、ありのままに悦びを分かち合うことができる」)。

二人の距離感

カップルが長く付き合っていくには、二人の距離を絶えず変えていくことが大切だ。一日の中には、性的関係や親密なやりとりを通じて二人がひとつになる時間もあれば、離れて過ごす中で、一番大切な相手を裏切ることなく、胸のトキメキを感じる時間もある。**たがいに縛り付けられると、どちらも息苦しくなる。**けれど二人の距離が離れすぎると、相手を失ってしまう。その中間を目指すというより、振り子のように離れたり近づいたりする理想的なリズムをみつけることが大切になる。それはたとえるなら、カップルに酸素を供給する呼吸運動のようなものだ(「離れている間の楽しい体験で得られた喜びが、二人の関係にもプラスになる。恋愛の中で知った幸せが、それ以外の人生にも良い影響を及ぼす」)。

日々の決断

私たちは、パートナーの幸せに責任を負わない。せいぜい相手の幸せを分かち合い喜ぶくらいしかできない。パートナーが祝福され、賛辞を浴び、昇進すれば、あるいはとてつもない幸運に恵まれれば、自分も喜ぶのは当然に思えるかもしれない。けれど本当は、**心の中で相手の幸運や成功をついねたんでしまう**ことを認める必要がある。実際、長く愛し合っているカップルを対象とした調査から、相手の幸せをいっしょに喜ぶことは、苦難のときに助け合い手を差し伸べる以上に重要だと判明している（「きみが幸せなら僕も幸せ。きみが喜ぶのがうれしい。生きていることに感謝……」）。もちろん恋愛には、何もかもがおのずと簡単に進む楽しい時期が長くあるが、重大な転機や倦怠《けんたい》期において愛とは、積極的な姿勢であり、断固たる決意であり、決断である。私たちは、こうした決断をそれこそ毎朝下せるよう、腕を磨くことはできる。男性にとっても女性にとっても、長続きする愛情は、庭のバラとはちがって、自然に芽生えるものではない。

Love is ...

・意見をやりとりし相談するだけでは足りない。相手の基本的な欲求に耳を傾け、それに応じて判断し行動するというステップが抜けている。
・二人の距離を絶えず変えていく。つかず離れずを目指すのでなく、理想的なリズムを見つける。
・相手の幸せをいっしょに喜ぶことは、苦難のときに手を差し伸べる以上に重要だ。愛とは、日々の決断である。

アルマン・ルクー Armand Lequeux
婦人科医・性科学者にしてルーヴァン・カトリック大学（ベルギー）医学部・心理学部名誉教授。彼の研究は広く知られ、『男根と処女——性をめぐるやさしい戦争』など人気書籍を何冊か発表している。

082

愛におけるユーモアのスタイル

親密さが怖くて、ユーモアを嫌がる人もいる

男女双方にとって、「ユーモア」は魅力的なパートナーの資質として優先順位が高い。けれど笑う理由はさまざまである。シャー・S・カザリアン教授は、人間関係の中で使われがちな四つのユーモアスタイルをみつけた。その中には、愛情のこもったユーモアもあれば、そうでないものもある。

シャー・S・カザリアン――カナダ／レバノン

この一〇年間、私はカナダの同僚やレバノンの大学院生との共同研究事業のひとつとして、家族・友人・恋人との関わり方とユーモアのスタイルの関係性を熱心に調べてきた。私たちは、二つの不安型の対人関係のスタイル（不安型と回避型）と、四つのユーモアのスタイルに注目した。ユーモアのスタイルのうち、二つ（自己高揚的、親和的）は本人にプラスに働き、残り二つ（自虐的、攻撃的）は弊害をもたらす。対人関係が不安型の人は、相手に本当に好かれているかを不安に思い、拒《こば》まれて捨てられるのを恐れる。他方で回避型の人は、心の繋がりや愛情から生まれる依存を恐れるため、他人との間に感情面で距離を保つ傾向がある。ユーモアのスタイルに目を向けると、親和的なユーモアを好む人は他人を喜ばせるために、面白いことを言って冗談を飛ばし、自然にウィッ

トに富んだやりとりをする。自己高揚的なユーモアを好む人は、人生をユーモラスに捉え、ひとりのときも生活の中で出会う違和感を面白がり、ストレスや逆境に直面しても面白い点に目を向け、ユーモアを対処方略として使う。対して自虐的なユーモアを好む人は、極端に自分を卑下したユーモアに頼り、自分を犠牲にして面白おかしい言動で他人を笑わせようとし、自分がからかわれるといっしょになって笑う。最後に攻撃的なユーモアを好む人は、皮肉や嘲りやからかいなど、他人を批判したり操作したりする笑い、場合によっては性差別的、人種差別的な冗談など、攻撃的になりかねないユーモアを使うことが多い。

対人関係が不安型の人は一般に、恋愛や人間関係への不安や心配に対処する手段として、弊害を生む可能性を秘めた自虐的なユーモアのスタイルを使うことがわかった。基本的に、彼らは他人を繋ぎとめ、好意を得るため、自分を冗談の種にする。同じように対人関係が回避型の人は、おそらく他人との心の距離を保つため、親近感を生みだすユーモアという道具をあまり使わないことが判明した。彼らは、人との結び付きや親密さを恐れるため、他人といっしょに面白おかしく笑い興じることを嫌がる。

【教訓1】自分の対人関係のスタイルとユーモアのスタイルを、振り返ってみよう。対人関係やユーモアのスタイルの中には、あなたの異性関係や人間関係全般にプラスにならないものもあるからだ。できれば対人関係では、不安型や回避型でなく安定型のスタイルを大切にし、これを自虐的でなく、心の繋がりを生みだす種類のユーモアで補うと良いだろう。

子ども時代の環境

最近になって、共同研究事業の進展により、育った環境が、成長後のユーモアのスタイルや主観的な幸せと関係することがわかった。私たちはこれを「愛とユーモアと幸福をめぐる真実」と呼んでいる。子ども時代に、温かく理解ある両親から言葉と行動でふんだんに愛情を示された人は、拒絶的で敵対的な環境で育った人と比べて、自分にプラスに働くユーモアのスタイルを好み、幸福感が大きいのではないかと予想した。両親と愛や笑いを共有した人は、そうでない人よりも、成長後も親を真似て有用なユーモアを身に付ける可能性が高いと推測されたからだ。結果として、子ども時代に愛され、大切にされた人は全般的に、自己高揚的で親和的なユーモアを好み、主観的な幸福度が高いと述べた一方、**愛情を注がれなかったと感じている人は、自虐的で攻撃的なユーモアを好む**ことが判明した。総合すると、育った環境とユーモアと幸福度の関係をめぐる私たちの研究から、有用なユーモアのスタイルと主観的な幸福度には、子ども時代の家庭環境が深く関わっていると考えられる。

【教訓2】あたたかく受容的な家庭環境は、健全なユーモアと主観的な幸福度を促す。愛とユーモアと幸福を次の世代へ伝えるため、私たちみんなであたたかで包容力ある社会環境を育てる努力をしていくべきだろう。

Love is ...

・ユーモアは、愛情ある人間関係を育む上で非常に重要である。だがユーモアにはさまざまなスタイルがある。うち二つ（自己高揚的、親和的）は本人にプラスに働き、別の二つ（自虐的、攻撃的）は弊害をもたらす。

・対人関係では、不安型や回避型でなく安定型のスタイルを大切にし、これを自虐的でなく、心の繋がりを生みだすユーモアで補うとよい。

・愛とユーモアと幸福を次の世代へ伝えるため、あたたかで包容力ある社会環境を育てる努力をすべきだ。

シャー・S・カザリアン　Shahe S. Kazarian

ベイルート・アメリカン大学（レバノン）心理学教授兼同学部長。単著・共著を含め著作は二〇冊以上におよび、文化とポジティブ心理学——とくに愛着型、ユーモアのスタイル、幸福——の関連性について査読つき学術誌に六〇以上の論文を発表している。レバノン心理学会の創設メンバーであり、学術・臨床・行政分野で数々の職務につくとともに、ウェスタン・オンタリオ大学医学部精神医学教授など専門職を歴任している。「私はアルメニア系カナダ人であり、アルメニア人虐殺を生き延びた第二世代というアイデンティティゆえに人生に深い愛を感じている。家族を愛しており、先日めでたく結婚四〇周年を迎えることができた」（本人談）。

083

情熱は変化する

仲直りした後のセックスが一番いいと告白するカップルもいる

ロイ・F・バウマイスター――アメリカ

「恋に落ちたら危険はつきもの、ゆきずりの相手との熱い一夜……」とロッド・スチュワートはヒット曲『パッション』で歌っている。ロイ・F・バウマイスターの研究をみてみよう。情熱が時間とともにどう変化するか、内向的な人と外交的な人で反応にどんな違いがあるかを、彼は解き明かしている。

情熱と親密さは愛の二つの要素だが、両者の比率には恋愛関係によって大きなばらつきがある。良い恋愛はその両方を備えているが、情熱が一時的で時間とともにさめがちである一方、親密さは長い間高い水準で維持される。そのため、カップルが恋に落ちた当初から結婚五〇年を迎えるまでに関係性は変化し、情熱は薄れるが親密性は増していく。

私たちの研究の結果、親密性が変化すると情熱が生まれやすいことがわかった。二人が初めて出会った時点では多くの場合、情熱も親密さもほとんどない。心が通いはじめると親密さが増すため、情熱も芽生える。二人がたがいの気持ちを告白し、長時間会話して秘密や夢を教え合い、心身ともに相手を理解しはじめた段階で、親密さが急激に高まる。親密性が増すため、ふつうはこの時期に最も情熱的になる。

親密さ

数年経って二人の関係が安定すると、たがいをじゅうぶん理解し思いやるという意味で、親密性は高まるかもしれないが、もうさほど大きな変動はない。二人はたがいの過去や未来の計画を知り、身体的にも性的にも相手のことを知りつくし、相手の不安や情動反応を予測できるようになる。**この時点で情熱は衰える。**喧嘩して亀裂が生じると、親密さが損なわれるせいで、怒りや不満といった別の種類の情熱（感情）が生まれる。皮肉にも、喧嘩して仲直りした後のセックスが一番いいと告白するカップルもいる。こうした場面ではおそらく、喧嘩により親密さが一時的に減少した後、（和解してたがいの気持ちを再確認することで）急激に回復することで情熱が生まれると推測される。親密さが喧嘩前以上に高まることはないが、喧嘩（親密性が低い）を経て関係を修復する（親密性が高い）までの過程で親密さが増したように感じ、それが情熱的な性的興奮のじゅうぶんな引き金になるのかもしれない。

むろん、万人にまったく同じパターンがみられるわけではない。理論的には、情熱と親密さの相関グラフにはさまざまな形が考えられる。外向的な人はすぐ親密になるために情熱も急激に高まるが、短期間で親密さが横ばい状態になる結果、情熱も比較的早く薄れていく。逆に内向的な人は打ち解けるのに時間がかかるため、最初はさほど情熱的ではないが、おそらく長い間熱い思いを抱き続けられる（予想されるとおり、外向的な人は内向的な人より早い段階で性的関係をもつ傾向がある）。

新たなパートナー

親密性がじゅうぶんに高まり、情熱が衰えると、新しい相手がいっそう魅力的にみえてくることもある――新しい相手のほうが親密さを高められる余地が大きく、情熱も生まれやすいからだ。わけても外向的な人は、すぐ親密になるため、恋の嵐に翻弄《ほんろう》されやすく、新たな相手に目移りしがちである。気心の知れたパートナー（親密性は高いが情熱はない）と目新しい相手（親密さが増すため激しい情熱を感じる）を比べると、後者こそが本物の恋に思えるため、外向的な人は今の関係を清算して新たな恋を始めたくなる。外向的な人は、内向的な人より恋愛経験が豊富で、性的パートナーの数が多いことを示す証拠も確認されている。

ただし、目新しい恋のために交際中のパートナーと別れることが、誤りである場合も多い。そもそも二つの恋（必然的に情熱が高まる新しい恋と、親密さが先に立つ旧来の恋）を同列に比較することなどできないからだ。新たな相手とすっかり親密になった途端に情熱が色褪せ、実は前の恋人といたほうが幸せだったと悟ることもある。刺激的な新たな相手との対比のせいで、情熱が衰えただけなのに愛が消えたと勘違いしていたのだ。

男女差もあるだろう。いくつかの研究結果によると、親密性の高まり方は同じでも女性より男性のほうが情熱を感じやすいという。男性は女性より恋に落ちやすいことを示す証拠もじゅうぶんにある。男性は一般に女性より、異性との関係を深めて自分の気持ちを告白し、体の関係をもつ決意をするまでの時間が短い。とはいえ、男女ともに個人差が大きいことに注意する必要がある。

Love is ...

- 情熱と親密さは愛の二つの要素だが、両者の比率には恋愛関係によって大きなばらつきがある。親密性が変化すると情熱が生まれる。
- 外向的な人は親密性も情熱も急激に高まるが、やがて頭打ち状態に達する。内向的な人は、最初は情熱的ではないが思いが長続きする。
- 親密性がじゅうぶんに高まり情熱が衰えると、新しい相手がいっそう魅力的にみえてくる。

ロイ・F・バウマイスター Roy F. Baumeister

フロリダ州立大学（アメリカ）心理学名誉教授。一九七八年にプリンストン大学で社会心理学博士号を取得、カリフォルニア大学バークレー校社会学部で博士研究員をつとめた。五〇〇本以上の論文を発表し、三〇冊の著書にはニューヨークタイムズ紙のベストセラー『WILLPOWER 意志力の科学』（インターシフト）が含まれる。科学情報研究所は彼を、世界で最も論文引用回数が多い（影響力が大きい）心理学者のひとりにあげている。人格社会心理学会と自己アイデンティティ学会から生涯功労賞を受け、最近では科学的心理学会から最高位の賞であるウィリアム・ジェームズ賞を授与された。

084

山と積もる愛

険しく連なる峰をも愛す

ミハイ・チクセントミハイ——アメリカ

「フロー」に入ると、今この瞬間に集中し夢中になれる。ミハイ・チクセントミハイ教授は、現代心理学にフローという概念を導入した。もちろん、フローと愛の間には強い関わりがある。だが彼はまず私たちを、山へと導く。

先日、イタリアのヴェローナ出身の男性グループと会う機会があった。彼らは、イタリア・アルプスの民謡を得意とする有名な合唱団のメンバーだった。医師や配管工、ビジネスマン、教師など職業はさまざまで、毎週火曜日に練習を重ねて世界各地に演奏旅行に出かけている。

全員がアマチュアで、ただ声を合わせて歌うのが好きという理由で参加していた。私も若い頃から民謡を歌っていることを知った彼らから、いっしょに歌おうと誘われた。

まずアルプス西部の民謡『バルドスタンの山々』を歌った。この地方では、イタリア語ではなくフランス語の方言が話されている。最後にこの曲を歌ったのは六〇年ほど前のことだ。力強い冒頭のメロディーを歌いはじめたとき、私は深く考えず何度も口にしてきた歌詞にふいに驚かされた。「バルドスタンの山々、きみは僕の恋人」。**数百年前のアルプスの人びとはなぜ山を恋人と呼んだのだろう。**考えられる理由などなさそうに思えた。山など何の役にも立たず、人間の自由な移動を妨げ、牛や羊を迷子にする。冬にはなだれが村を襲う……。けれど、山を故郷とする他の歌い手の恍惚《こうこつ》とした表情（私も同じ顔をしていたに違いない）をみると、この歌詞は純粋な愛情のあらわれと思わざるをえなかった。でもいったいなぜ？

二番に入っても理由は判然としなかった。二番では、住みかを愛する理由が説明される。「僕にはベルトとベレー帽がある、楽しい歌がある、恋人と家がある」。なるほど、ではこの曲はアルプスの無力な羊飼いが貧しく苛酷な生活を耐えしのべるよう、支配階級が広めた一種のプロパガンダなのかもしれない――。おそらくそれもある意味で間違いではなく、山の暮らしを口マンチックに描けば、日々は耐えやすくなるだろう。だが二番を歌う途中で、私はこの歌が伝えるもっと深い真実に気づいた。自分の家や恋人、ベルト、ベレー帽――それに周囲を取りまく険しい峰――を愛せば、とくにこれといった理由がなくとも、たくさんのものを愛することになる。山が障害であることに変わりなく、油断すれば命を落とすこともある。ベルトとベレー帽もさして役に立ちはしない。けれどそれらを愛せば、私たちの人生そのものが愛に溢れる。これ以上何を望めるだろう。

現代では「愛」という言葉が、男女間の感情

や（場合によっては）親子間の感情を指すものに狭められている。けれど、それでは足りない。この世に愛すべきものがこれほどあることを忘れ、匿名性が高く孤立した世界で暮らし続けると、宇宙のそれ以外のものとの繋がりを失うおそれがある。けれど宇宙の圧倒的な孤独さを埋めるのは、とても簡単だ。ビートルズの歌にあるように「オール・ユー・ニード・イズ・ラブ（必要なのは愛だけ）」なのだから。

ミハイ・チクセントミハイ Mihaly Csikszentmihalyi

クレアモント大学院大学（アメリカ）の心理学・経営学教授。ポジティブ心理学の研究をおこなうＱＯＬ（生活の質）研究センターの創設者兼共同所長であり、フローと人間の強みについて多数の論文、書籍を執筆している。

085

感情に目を向ける

人間は、結び付きを求めるようにできている

スー・ジョンソン——カナダ

スー・ジョンソン博士は三〇年にわたって感情焦点化療法の開発に取り組む中で、恋愛関係を扱う世界有数の研究者にして臨床家のひとりとなった。愛情の表現法をめぐり助言を求めるカップルに対する標準的な治療法となった彼女のアプローチは、最新の脳画像分析によって裏づけられている。彼女は、愛について何を学んできたのだろう。

愛は非常に理にかなったものである。それは数千万年の進化の中で遺伝子に書き込まれた、生き残るための情報だ。この謎が解き明かされたのは、大きな朗報だと言える。しだいに社会的孤立が増え、対人関係が必要不可欠なものから付随的な存在へと変わる中、私たちは思いやりや手助け、親密さ、充足感を求めて連れ合いに頼りがちだからだ。私は、大人の愛も親子の絆と同じように感情的な結び付きであり、愛着であることを学んだ。大人も、慰めや安心を求め不確実な世界に乗り出す勇気を手にするため、安全な隠れ家や基地となる人間関係を必要としている。生まれてから死ぬときまで、人間は大切な相手との安全な結びつきがあってこそ最高の自分でいられる。「私のた

めに、そこにいてくれる？　あなたを頼っていい？」と問いかけて、「いいよ」ときっぱり答えてほしいのだ。それがあれば、心のバランスを保って苦難にめげず強く生き、世界を探求して課題や脅威と向き合える。

相手をギュッと抱きしめる

人類史上初めて、私たちは愛の科学を手にしている。求めれば応じてくれる身近な愛着の対象がほしいという、人間の最も深い欲求へと繋がる地図をもっているのだ。安全な心の結び付きがあると、関係性や相手への思いやり、性生活など、それ以外の面でも人生の質が高まるという証拠がみつかっている。安心感と応答性があると、セックスは絶妙に調和のとれた営みになり、行き届いた繊細なケアが促される。愛着の科学的研究を通じて、恋愛関係における最も基本的な感情を理解できる。情緒的孤立に傷つかずにいられない哺乳類として、私たちは恋人が応じてくれなければ不安やパニックを経験し、怒りに駆られて相手を無理やり振り向かせようとする。心が離れると深い悲しみと喪失感に襲われ、自分には愛される価値などないのではと怖くなる。順調な恋愛関係では二人がたがいに頼り合い、思い切って手を差し伸べ、自分の欲求をみたしてくれるよう求める。助け合ってたがいの弱さを支える。

頭で理解すれば人間関係は変えられる。壊れた関係を修復する感情焦点化療法は、カップルセラピーとして最も広く認められた手法であり、的を射た研究だからこそ望ましい結果が得られるのだと思う。私たちはカップルの対立を減らす方法だけでなく、カップルの距離を縮める会話（相手をギュッと抱きしめるような会話）を促す方法を知っている。一六件のアウトカム調査により、こうした会話を通じて治療終了時に悩みが解消されると期待され、治療結果の長期的な安定性が促されることが示されているのだ。私たちはカップルにたがいに助け合い、相手を責めて自分の殻に閉じこもるといった不安と分断の悪循環を断ち切るよう教える。代わりに、思いやりと共感を生む形で、たがいの愛着への欲求を受け入れ表現できるようにする。**心の絆に必ず生まれる亀裂《きれつ》を修復できれば、生涯揺るぎない愛情を抱ける。**私たちは最新の研究で、神経科学を用いて愛着とカップル間の関係性の変化を分析し、脳スキャンにより、安定的な愛着形成が電気ショックなどの脅威に対する脳の認識や反応を変化させることを証明している。

アリスとピーター

関係に行き詰まったアリスが、ピーターに告げる。「あなたは私をみてくれない。私の心に寄り添ってくれない。二人の仲が駄目になった理由や理屈はどうでもいい。ずっと頭にきているのよ、私に応えてほしいの」。ピーターは答える。「僕を求めているとは初耳だな。きみが僕に失望したって言うから、身を引いたんだ。いつも拒《こば》まれるのはこっちも辛いから、僕も心を閉じたのさ」。「そっちが私を閉めだしたんでしょ」とアリス。この二人はもっと別のやり方、すなわち相手を招き入れる形でたがいの繊細な感情に向き合う方法を知る必要がある。

たとえばアリスが怒りでなく、自分などピーターにとってどうでもいい存在なのかもという不安を口に出せれば、ピーターも心を開きはじめるだろう。心の距離を縮める会話とは、次のようなものだ。「きみに寄り添えるようになりたい。僕にも間違いはあるだろうけど、しじゅう僕に当たり散らさないで。責められると傷つくし、**こっちも頑**《かたく》**なになる。心を閉ざしてしまう。でも本当はそばにいたいんだ。**きみにそばにいてほしい」とピーター。アリスはこう答える。「私があなたを必要とするほどあなたは私を必要としていないのかもって、いつも不安なの。あなたに呼びかけたい、こっちを向いてほしい。私を安心させてちょうだい」。こうしたやりとりを通じて、絆が修復される。

私からのアドバイスはこうだ。愛着への欲求を受け入れること。哺乳類である以上、あなたは結び付きを求めるようできている。他人を求めるのは「弱い」ことではない。勇気を出してパートナーを頼り、そんな欲求をみたしてくれるよう素直に頼もう。心の声に耳を傾ければ、何が必要か教えてくれる。パートナーに与えられる最高の贈り物は、感情面で寄り添うことだ。これこそが、カップルが抱えるほとんどの問題を救う「解決策」と言える。安心できる心の繋がりをもてれば、たがいに最高の自分を引き出せるだろう。

Love is ...

・大人の愛も、親子の絆と同じように感情的な結び付きであり、愛着である。
・安全な心の結び付きがあると、関係性や相手への思いやり、性生活などそれ以外の面でも人生の質が高まる。
・頭で理解すれば人間関係は変えられる。愛着への欲求を受け入れ、たがいに協力して不安と分断の悪循環を断ち切ろう。

スー・ジョンソン　Sue Johnson

オタワ大学（カナダ）臨床心理学教授、カリフォルニア州サンディエゴ（アメリカ）のアライアント国際大学教授、感情焦点化療法国際研究センター所長。米国夫婦家族療法学会の夫婦家族療法分野貢献賞を含め、数々の賞を受賞している。専門書の有名な著作として『感情焦点化カップル療法の実践』がある。ベストセラー『私をギュッと抱きしめて——愛を取り戻す七つの会話』（金剛出版）は、世界二〇カ国語以上に翻訳された。趣味はアルゼンチンタンゴと、カナダ北部の湖でのカヤック。

086

イスラムの愛

愛に限界はない

ハビブ・ティルウィン――アルジェリア

「愛は、すべての言語や文化的伝統の中で最も複雑で捉えがたい概念のひとつかもしれない」とハビブ・ティルウィン教授は語る。彼は、イスラム神秘主義の中に真の恋人や完璧な愛を求めている。

とはいえ、シェークスピアの『ロミオとジュリエット』のような伝説的な恋物語は今も世界の人々を魅了している。愛と情熱、詩と悲劇的な運命が交錯するさまざまな物語は、古代および現代のアラビア文学、イスラム文学にもみられる。少なくとも私たちは、イスラム教が誕生する以前の時代の詩人アンタルといとこアルバの物語、カイスとライラ、ジャミールとブサイナの悲恋、それに知名度は低いがアルジェリアのハイジャとサイードの物語を知っている。だが中世のイスラム学者の間では、こうした愛を「聖なる愛」に対し「世俗の愛」と位置づけることに異論はないだろう。中世イスラム哲学では、この二種類の愛がもつ価値の違いが強調されている。理想主義的な意味では後者の「精神的な愛」が好まれ、「自然な愛」より優れた存在とみなされる。**「外面的な美」ではなく「高次の美」を求めること**が、いろいろな形で推奨される。その意味で、絶対的な神の美しさにまさるものはない。さらに言えば、精神や人格などいわば隠された内面の美しさのほうが、外面的、肉体的な美しさより重要かもしれない。

真の恋人

アル・ファラビ(八七〇〜九五〇年頃)や清浄の同胞団(一〇世紀の哲学者集団)など中世のイスラム哲学者は愛について素晴らしい著作を残したが、イブン・シーナ(九八一〜一〇三七年頃、アビケンナの尊称で広く知られる)はそれ以上に注目を集めた。彼は精神的な洞察を経て、人間には三種類の魂があるというアリストテレスの教えに賛同した。植物的な魂と動物的な魂は人間を大地に結び付け、感覚的な悦びを求めさせる。これらの感覚は、人が育ち、生殖し、知識を獲得するのを助ける。対して思考する魂は、真の幸福にいたる道をたどって神と繫がるのを助ける。イブン・シーナは著作『愛について』の中で、三種類の魂すべてに愛が存在すると述べている。彼は外面的な美が果たす役割を認めつつ、すぐに消え失せる外面的な美に比べて、俗世を超越した高尚な愛のほうがより優れた不滅の存在だとする。**そのため「真の」恋人とは、全能なる宇宙の創造主を最愛の人とする敬虔な人びとを指す。**イスラムの伝統では、神はアッラーという名の他に九八の尊称をもち、どの呼称も、愛が宇宙の本質であるという真理を否定するものではない。

人間や動物の母子を結ぶ絆のような、人の間に存在する慈悲（ラーマ）は、神が創造物に示す無限の情け深さの片鱗にすぎない。

完璧な愛

歴史をひもとけばわかるように、ラビア・アル・アダウィーヤ（七一七年頃に生まれる）はイスラム初期の女性神秘主義者のひとりだった。彼女は神への愛から世俗の楽しみと完全に決別し、見返りを拒《こば》む「絶対的な愛」という新たな愛の理論を打ち立てた。人間は手段と目的を打算的に区別するが、ラビアの説く無条件の「絶対的な愛」にはいかなる区別も存在しない。

完璧な愛を体現する二人目の人物は、アンダルシア生まれの思想家イブン・アラビー（一一六五〜一二四〇年）だ。彼の著作は、現代の印刷物に換算すると一万五〇〇〇ページ（二五〇冊）に及ぶとされる。彼はこう書き残している。

「私の心はあらゆる形をとることができる。ガゼルが草をはむ牧草地、キリスト教の修道院、偶像をまつった寺院、巡礼の聖地、ユダヤの律法書、聖典コーラン――愛のらくだに導かれて、私は愛という名の宗教をたどる。それが私の信仰であり信念なのだ」。動物が命を繋ぐための瑞々しい草、僧侶が住まう修道院、偶像や巡礼者を称える寺院、あらゆる聖典が載せられた書見台――。イブン・アラビーの心にさまざまな形を与えたものは果たして何なのか。彼の洞察は、イスラムに対する深い理解に根差している。簡単に言うと彼は、**真の叡知は他者の模倣から得られるものではなく**「魂の可能性を具現化した悟りにより、見出されねばならない」と訴えている。他の哲学者と違い、イブン・アラビーは、預言者の足跡をたどって初めて完全な悟りに達することができると主張する。愛をたんなる消散する感情とみなしてはならない。むしろそれは、意図的な行動を通じた絶え間ない精神の上昇なのだ。愛が終わりのないプロセスであることは、数々の聖典に詳しく記されている。イブン・アラビーにとって、宇宙自体がひとつの聖典なのだ。

神秘主義者や信心深い人びとにとって、愛は魂を純化するものだと結論できる。ただしひとつ条件があり、その愛は外的に促されたものではなく、無限の絶対的な愛でなければならない。愛に限界はない。そこには、人びとを（個々の違いはそのままに）狭量な身勝手さや物質主義・消費主義の彼方へと導き、調和と平安の中で生きさせたいという高貴な感情や欲求が宿っている。だからこそ、愛を与え続けようではないか。

ハビブ・ティルウィン　Habib Tilouine
オラン大学（アルジェリア）社会科学部心理教育学科教授。教育プロセス・社会的文脈研究所所長。一八カ月ごとに全国調査を実施し、アルジェリア国民の生活に関連する多様な（社会）心理学的側面を評価している。ＱＯＬ（生活の質）に関する研究やイスラム諸国の幸福について、豊富な知識をもつ。専門書『生活の質研究百科』に収録された「イスラムにおける幸福」をはじめ、多数の論文を執筆している。

087

幸せなカップルを目指して

幸せはひとりでみつけ、その後で分かち合うもの

イヴォン・ダレール――カナダ

「私たちの研究によると、結婚はなかなかうまくいきません。五割近くの夫婦が離婚し、三割は程度の差はあれ運命に甘んじ、幸せに暮らしているのは二割にすぎません」とイヴォン・ダレールは語る。だが心理学者として三〇年間夫婦療法を手がける中で、彼はその原因が愛情不足にはないことを学んだ。

従来のセラピーでは、夫婦生活に付きものの数多くの衝突を解決するために、（効果的または非暴力的な）コミュニケーションを重視する。これらのセラピーは短期的な緊張を和らげ、一時的に愛を蘇らせるには効果的だが、長い目でみると役に立たない。その理由は単純で、**夫婦間の対立のほとんどは解決しようがないからだ**。解決できない問題を話し合っても、双方が「正しいのは私だ」と主張し果てしない言い争いに陥るだけだ。（「子どもをおおらかに育てたいという私が正しいのであって、権威を振りかざすあなたは間違っている」「老後のため貯金するのが正しい、目先の楽しみにお金を使うのはおかしい」「お互い無干渉ではなく、義父母と良い関係を保ちたい」「あなたは家事や育児を平等に分担していない」「仕事ばかりで家族をないがしろにしている」「それに頭の中

はセックスで一杯。私という人間を愛してほしい」)。

こうした対立の原因を解消するには、夫婦が同じ教育方針、経済観念、家族観をもつしかない。家事や育児も平等に分担し、二人で過ごしたい時間の長さや、性欲の旺盛さもまったく同じでなければならない。私が長年「結婚は人を幸せにするものではなく、むしろ――人を成長させることもあれば停滞させることもある――幾多の危機の原因をつくる」と言ったり書いたりしてきた理由がわかるのではないだろうか。

相手を批判しない

新婚当初の盛り上がりは二~三年で薄れるものだが、それでも、新婚時代だけでなく長く幸せに暮らしている夫婦は存在する。不幸な夫婦や離婚する夫婦と、彼らはどこがどう違うのだろう。ここでも答えはいたって単純だ。彼らはたがいの違いを受け入れて生きているのだ。幸せな夫婦は、自分の正しさを確認するより、幸せでいることを選んだ。コミュニケーションを通じて意見の一致を目指す代わりに、夫婦関係のさまざまな要素についてたがいの意見を伝え、意見が合わない場合もあると納得している。そしてたがいの主張を踏まえて、双方が満足できる着地点を探すのだ。たとえば、貯金や浪費を含めた一年間の家計について交渉する場合、家計の管理をどちらか一方に任せたら、翌年までお金のことで相手に一切口出しししない。

幸せな夫婦のコミュニケーション法を観察する中で、私は長く円満に暮らす最大の秘訣のひとつを発見した。それは批判や文句の五〜一〇倍くらい、相手を褒める言葉を口にすることだ。言い換えれば彼らは、愛という口座に、引き出し額を上回る貯金をしている。多くの専門家が繰り返し指摘するように、相手を糾弾する言葉はコミュニケーションを途絶えさせる。「知らないふりして」「どうしてそばにいてくれないの」ではなく、代わりに「あなたってスゴイ」「さすが頭が切れるわね」と言えば、末長く仲むつまじく相手を尊重し合えるだろう。批判は弁解と反撃しか生まず、それらこそが不幸な夫婦に共通する力学なのだ。

特別なゲスト

ポジティブ心理学の研究結果からしだいに明らかになっているように、私たちは楽しい感情のみを表現すべきであり、不快な感情（ましてや不平不満）を口にしてはならない。幸せな夫婦は不満や文句を相手にぶつけるのではなく、自分のニーズや欲求を伝える。実際、夫婦円満を長続きさせるには、まずは夫婦関係の一端を担う自分の側の問題には一〇〇パーセント責任をもち、自分の幸不幸が相手に左右されると考えるのをやめることだ。フランスの俳優ブノワ・マジメルが見事に言いえたように「幸せはひとりでみつけ、その後で分かち合うもの」なのだ。自分の結婚生活に一〇〇パーセントの責任をもち、夫婦という名の美しい人類の冒険にすべての力を投じることが、円満の秘訣である。

二つ目に、感情の知能指数を伸ばさなければ、誰も幸せな人間関係を築けない。確かにＩＱ（知能指数）は成功に欠かせないが、ＥＱ（心の知能指数）はそれ以上に大切と言える。結婚生活において、心の知能指数とは、マイナスの感情がプラスの感情を上回らないことを意味する。目の前の相手が世界でたったひとりのかけがえない存在であることを、けっして忘れてはいけない。幸せな夫婦は、パートナーを自分の人生を訪れた特別なゲストとし大切にする。彼らは恋に落ちるのでなく、恋愛を通じて高みに上るのだ。

Love is ...

- 夫婦間の衝突のほとんどは解決しようがない。そのため単純なコミュニケーションセラピーには長期的に何の効果もない。
- 幸せな夫婦はたがいの違いを受け入れて生き、どちらが正しいかはっきりさせるより幸せでいることを選んでいる。
- 幸せな夫婦は不満や文句を相手にぶつけるのではなく、自分のニーズや欲求を伝える。

イヴォン・ダレール　Yvon Dallaire

カナダのケベック在住の心理学者、性科学者にして著作家。カップルを対象とする心理性的アプローチの考案者であり、愛と成功する恋愛関係について多数の書籍や論文を執筆している。

088

愛、セックス、リスク

毎日一〇〇万人が新たに性感染症に罹患している

パノス・コルドティス——ギリシャ

毎日一〇〇万人が新たに性感染症に罹患している。自分の病気に気付いている人は、そのうち半分にみたない。アメリカではティーンエイジャーの少女の二五パーセントが性感染症にかかり、世界全体で三四〇〇万人以上がエイズを抱えている。その背後にはどんな愛があるのか、パノス・コルドティス博士が読み解く。

愛にまつわるさまざまな言葉、表現、意味に目を向けると、世の中にはいろいろな種類の愛があるようだ。だが恋愛中に私たちが経験する愛は、おおむね二種類に分けられる。友愛的な愛と情熱的な愛だ。友愛的な愛は深く安定した感情であり、自分の人生が相手の日々の現実、欲求や意図と密接に結び付く。情熱的な愛は多かれ少なかれ理想化された相手とひとつになることを願う強い渇望であり、性的興奮、高揚感、親密さ、不安、悲しみなどの不安定で相矛盾する感情をともなう。この数年間の研究の結果、若い頃の恋愛には友愛的な特徴もあるが、情熱的な愛が中心を占めることが多いとわかった。情熱的な愛が優勢になれば、恋人たちは出自、価値観、財産、性格の違いなど、二人を引き裂きかねない現実的な障害を乗り越えやすくなる。恋人たちは色眼鏡を通して相手をみる。実際の相手ではなく、自分がそうあってほしいと思う姿を相手の中にみるのだ。この「人を惑わす」情熱的な愛に駆られて二人が魅《ひ》かれ合えば、友愛的な愛がさらに深まる可能性も大きくなる。たとえ人を惑わそうとも、情熱的な愛は、親密な関係を進展させる上で基本的な役割を果たす。さらに人間は情熱的な愛に喜びを感じ、とくに若い人は情熱的な恋愛をすること自体に魅力を感じる。

官能的な瞬間

誰もが憧れ、恋愛を始める上で一定の役割を果たすにもかかわらず、情熱的な愛には危険な側面がある。情熱的な愛にともなう、自分を知ってもらいたいという強い欲求は、相手に影響を与え、自分も相手の影響を受けたいという思いを生みだす。恋に落ちると、心の壁が低くなる。これにより恋する二人の「一体感」は強まるが、身を守るために交渉したり、合理的に判断する意欲が薄れもする。これが安全なセックスをする上でとくに問題となる。性感染症や思わぬ妊娠から自分を守るには、そうしたリスクと予防法を知り、相手と交渉して対策を実行しなければならない（避妊／感染防止を提案し、最後までそれを貫けるかどうか）。情熱的な恋愛が、自分と相手を健康上のリスクから守るための判断を鈍らせるおそれもある。避妊具をつけてもらうなどの発想や行動は、情熱的なムードにそぐわないように思える。「どうして愛するあの人から、身を守らないといけないの」「直接触れ合いたいのに避妊具なんて邪魔になる」「避妊具をつけてと頼んだら、相手を信用してないみたいじゃない？」「せっかくいい雰囲気なのに、現実的なお願いでムードを台無しにしてしまう」。心の中では予防策をとろうと決心していても、肝心の場面では相手の要求とその場の雰囲気に流されてしまいがちだ。情熱的な恋愛のさなかでは、恋人たちは自分と相手の健康より、親密さと信頼を明らかに優先させているようだ。

思いやりと尊重

私は研究を通じて、ゆきずりの恋であれ、安定した付き合いであれ、情熱的な関係にある若者では予防措置が減少することを確認した。友愛的なパートナーどうしは予防措置をとるケースが多かった。友愛的な雰囲気が、たがいの健康と幸せに対する配慮や責任感を高め、恋人たちは予防策を講じることで相手に思いやりをみせていた。この調査結果と、若い人は情熱的な恋愛に魅かれることを考え合わせると、**若者に安全なセックスを訴える健康推進キャンペーンがうまくいかないのは、予防策を（情熱的であれ友愛的であれ）恋愛関係の中での意思決定ではなく、個々人の決断とみなしているからではないかと思われる。**安全な性交渉を促し、感染症や望まぬ妊娠を減らしたければ、予防措置は情熱的または友愛的な恋愛感情と繋がった行動なのだと明確に伝えなければならない。

若者のセックスの安全性を高める手段として、予防策に繋がる友愛的な恋愛を育てることもできるだろう。友愛的な愛と情熱的な愛はたがいに排他的なものではなく、情熱に支配された若い恋愛にも友愛的な要素が多少はみられる。保健教育では友愛的な愛の特徴を活かして、情熱だけでなく、相手の幸せを尊重する気持ちや思いやりを備えた恋愛の形を示せるだろう。若者向けのポップカルチャーをはじめ、欧米の文化では、理想化された情熱的な恋愛という神話が大きな影響力をもち、制度的に擁護されている。確かに魅力的な神話だが、それが恋とセックスにまつわる判断だけでなく、恋愛関係の中でも最低限必要な自我の壁を守る上で、悪影響をもたらすおそれもある。私たちはおそらく、情熱的な恋愛という根強い神話に太刀打ちできる、新たな恋愛の形を必要としている。

Love is ...

- 誰もが憧れ、恋愛を始める上で一定の役割を果たすにもかかわらず、情熱的な愛には危険な側面がある。友愛的なパートナーどうしは、予防措置をとることが多い。
- 情熱的または友愛的な恋愛感情に駆られても、しっかり予防策をとるよう伝えなければならない。
- 保健教育では友愛的な愛の特徴を活かして、情熱だけでなく、相手の幸せを尊重する気持ちや思いやりを備えた恋愛の形を示せるだろう。

パノス・コルドティス　Panos Kordoutis
パンテオン社会政治科学大学（ギリシャ、アテネ）心理学部准教授。研究および論文執筆のテーマは、対人関係や恋愛をめぐる心理学、および恋愛・性的関係にともなう健康・予防関連の社会心理学などである。

089

みえない壁

愛とは挑戦である

エイミー・カラム——レバノン

レバノン最古の文明の痕跡は、七〇〇〇年以上前に遡る。レバノンは中東で最も宗教的に多様性が高い社会である。目にみえるもの、みえないものを含めて多くの壁が国民を分かつこの国で、人びとがどのように愛と向き合おうとしているか、エイミー・カラム博士が教えてくれる。

みえない壁があった。壁をはさんで一方の側にひとりの男が暮らし、もう一方の側にはひとりの女がいた。二人はある日、散歩の途中でばったり出くわした。目が合うとたがいに強い愛を感じ、相手と完全にわかり合えた。「この壁は呪いだ」と男は言った。女はほほ笑んだが、踏み込んだ発言はしなかった。他の文化を進んで受け入れる中で、彼女は人種差別や反啓蒙主義、派閥主義と無縁の真の世界市民になるすべを学んでいた。男は強い責任感に駆られ、自分の宗教の教えを熱心に実践した。女は、男や他の人びとへの思いやりを示すしぐさとして、いたるところにロウソクを灯した。女からみれば、**人間どうしの絆はすべての根強い宗教的な信念をしのぐもの**だった。男は、内戦に備え武器の扱いを覚えながらも、内心まだ迷っていた。

二つの道があった。ひとつは、異なるアイデンティティがたがいに心を開き、成長と多様性、英知と受容を目指す道、もうひとつは、異なるアイデンティティが狭量さや不安、対抗心をあおる基盤となり、理性が失われ、対話の可能性が閉ざされる道だ。人びとがひとつになり手をとり合って祝った日々もあった。当時は、教会とモスクの鐘がいっしょに鳴るのを耳にしたものだ。だが「きみとぼくの間に共通点は何もない」という判断が下された途端、誰もが狂気に足を踏みいれた。

生命の強さ

この国では、宗教や部族が異なる人びとにとって、愛とは挑戦である。学校では、脳は可塑的な存在で、進化し発達し、反対や意見の不一致、逆境を受け入れられると教えられる。若者どうしが出会うと、互いの違いや目新しさに魅《ひ》かれるが、戦争により過去への回帰を余儀なくされる。傷ついた脳には後遺症が残った。進化が阻《はば》まれ、むしろ退行が宣言された。多様性が花開くどころか、自我を殺すことがアイデンティティになった。しかし、それに負けない命の強さが証明された。人びとは旅に出かけ、見聞を広めた。現代はインターネットで、どこにいても世界と繋がれる。国民は今、自分たちが夢見た世界、思い描いた世界を新たに創造しようとしている。理想の世界を、一片たりとも逃さず実現し、その中で生きたいと望んでいる。彼らは二十代で一体性を求め、四十代のときに個性の獲得を新たな意味で定義し、創造性の擁護者となり、臆病さと戦い、分断を克服した。

中には前進する勇気がない人もいる。そのため彼らは今までの歩みを否定し、道が唐突に途切れると信じるがため、わが身を振り返っても無意味だと考える。そして立ち止まってしまう。周囲の景色を楽しみ、次々と人生の新たな面を切り拓く人もいる。彼らは隔たりを埋め、勝利をおさめようとする。**人生とは勇気だ。**隠れ家に閉じこもる人もいれば、思い切って外に飛び出し、離別を免れる人もいる。

強い信頼

壁は呪いとなった。だがその呪いは、規則を破れば必ず罰が下るという思い込みと同様、たんなる想像にすぎなかった。男は制約に抵抗する決心をした。女は彼に、何よりも強い揺るぎない信頼を寄せた。男の世界を照らし、失ったものを忘れさせるため、無限の力が注がれた。女は男に違いを受け入れる知恵を授け、人類への希望を教えた。彼らはコミュニケーションの能力、同じ大地の記憶、豊かな未来への展望、融和がもたらす魔力を利用して、希望を分かち合った。

この国で生きるとは、制約を受け入れ、適応することを学び、規則を書き換えることだ。それは、**脳を進化させ、感情を豊かにし、自由な精神を勝利に導くための一歩**なのだ。そして愛とはつまるところ、多くの見返りの代名詞であり、崇高な試みにして人間の生活の真の核となるものなのだ。

エイミー・カラム　Aimee Karam

バラマンド大学（レバノン）セント・ジョージ・ホスピタル大学医療センター精神医学・臨床心理科の臨床心理士。レバノンとアラブ世界の精神医学、研究および教育を専門に扱う非営利ＮＧＯ団体ＩＤＲＡＡＣの創設メンバーでもある。

090

目には目を

恋人に侮辱されると、相手に仕返しをしたくなる

ヨハン・カレマンス——オランダ

世界で年間二五〇万件以上の殺人が発生している。恋愛とセックス、親密な関係が動機の上位を占める。目には目を、歯には歯を。ヨハン・カレマンス博士が、日々の恋愛関係の中での復讐の意味を探る。復讐は、人間に生来備わった本性のひとつに思われる。

どこの国でも、人間関係には対立や侮辱がつきものである。一番愛する人との関係では、おそらくなおさらだ。愛について語る本に掲載される文章の書き出しとしては、いささか悲観的かもしれないが、それが真実だ。誰よりも愛する相手は、誰よりも深く自分を傷つけ、誰よりも激しく怒らせる相手でもある。喧嘩の最中に頭に血がのぼった相手が余計なひと言を口にした、あなたの誕生日を忘れた、パーティーであなたを無視した——例はいくらでも考えられる。

そんな事実は認めたくない？　おそらく多くの人は、恋人どうしが決して言い争いをせず、衝突しても馬鹿げた文句や相手を傷つける言葉を口にしない、そんな理想の世界を望んでいるだろう。けれど恋人たちの争いは、まぎれもなく存在する。だがそれ自体が問題ではない。問題になるのは

たいてい、相手の明らかな過ちや不快な行動に私たち自身がどう対応するかである。私たちは研究を通じて、人間は傷ついたとき、たとえ相手が恋人であっても「目には目を」の精神で反応する根強い傾向があることを示す証拠を数多く発見した。恋人に侮辱されると、人は正義感に駆られ、相手に仕返しをしたくなる（少なくともそれが、人間の反射的な反応だ）。復讐は、人間に備わった本性なのかもしれない。

復讐

だが、復讐すれば気が晴れるとそのときは思っていても、反撃によって事態は好転どころかむしろ悪化する。おまけに、気が晴れることもない。私は、自分自身を含め、さまざまな心理学者の研究室で、恋人に侮辱的な態度をとられて相手に報復したり相手を避けたりする人は、長期的に恋愛関係への満足度が低く、その相手と離別する可能性が高いことを確認してきた。その上、恋人への報復的な態度は、将来的な恋愛関係の破綻だけでなく、個人の幸福度や身体的健康の減少とも相関関係をもつ。印象的な例として、侮辱されて仕返しすることしか考えない人は、心拍数や血圧の上昇など体のストレスが高まることが研究で示された。許しがたい相手の行動に報復的な態度でのぞめば、二人の関係にも、自分自身にも、深刻な影響が及ぶおそれがある。

対立

ではどうすれば良いか。恋人の侮辱的な行動に、どう対応するのが正解なのか?

どんな恋愛でもいずれは対立や非難の応酬が避けられないことを踏まえると、長く円満な関係を続ける秘訣は、ひとつには相手を許す力だろう。寛容とは、相手からひどい仕打ちを受けた際に敵意や復讐心を抑え、やさしく大らかな心で受け止められる能力のことである。対人的な寛容性に関する一〇年間の学術的研究を通じて、実態が明確になった。すなわち、二人の関係を大切にし、相手を許せるパートナーは、長期的に恋愛への満足度が高く、安定的な関係を築けるのだ。また一般にたがいを許し合える(たとえば誕生日を忘れられたなど)恋人たちは、寛容性の直接的な結果としてだけでなく、長い目でみても、心理的な幸福度が高まることが示された。つまり**寛容さは、本人にも二人の関係にもメリットをもたらす。**だからといって、有名なコラムニストが昔提案したように「毎晩ベッドに入る前にすべての人とすべての出来事を許そう」と主張するつもりはない。世の中には強姦や激しい暴力など、許しがたい侮辱もあるだろう。また反省の色がまったくない恋人を許したところで、前述したような効果は得られない。

相手の立場になる

相手を許せと口で言うのは簡単だが、実行するむずかしさは私も承知している。パートナーのひどい仕打ちに対する怒りや反発を断ち切るのは、時に困難だからだ。だが相手の立場で考えてみれば、寛容な態度をとりやすくなる。その理由は単純だ。恋人の侮辱的な行動を含め、人間の行動はおおむね外的な環境に左右されるからだ。確かに相手はひどい態度をとったかもしれない。だがその行動の背景を考えれば、自分も同じ状況に置かれたら似たような対応をしたのではないかと気付ける。

相手の立場に身を置くことで、向こうにさほど悪意はなかったことがわかる。実際、視点の転換が寛容さに大きく影響することを示した学術的な研究が、数多く存在する。

寛容さについて、語るべきことはたくさんある。この一〇年間の研究を通じ、一般にどんなタイプの人が寛容さに優れ、どんなときに許したい（または許したくない）と感じ、どんな経緯で相手を許すにいたるのか、多くの知識が蓄積されてきた。だがかいつまんで言うと、私を含め世界各国の社会科学者の数多くの研究結果はどれも、ほぼ同じメッセージを伝えている。すなわち、愛ある関係を長く続けるには、許す心が欠かせないということだ。

Love is ...

- どんな恋愛関係でも、いずれは対立や非難の応酬が避けられない。
- 報復的な態度は、二人の関係にも、自分自身にも、深刻な影響を及ぼすおそれがある。長く円満な関係を続ける秘訣は、相手を許す力にある。
- 侮辱的な態度をとった相手の立場に立つことで、許す気持ちになれる。

ヨハン・カレマンス　Johan Karremans

ラドバウド大学ナイメーヘン校（オランダ）行動科学研究所准教授。寛容性や、恋人たちが魅力的な誘惑から身を守る方法など、幅広いテーマに関し学術誌に論文を発表している。恋愛関係をめぐる知識が幸いしてか、長く幸せな結婚生活を続けている。妻と二人の娘がいる。

091

愛の息吹

本当の愛とは、誰もがもつ聖なる不滅の石である

トーマ・ダンサンブール――ベルギー

「何もなくなったとき最後に残るものは何か？　印象的な景色や考え方、人やものとの繋がり、習慣など私たちを形づくるすべてを奪われ、すべてが無に帰したら何が残るのだろう」。トーマ・ダンサンブールが愛ある状態を教えてくれる。あと一息でそこにたどりつけそうに思える。

家の前に出てみよう。まわりに何があるだろう。壁、家並み、街路、都市、村、通り、教会、宮殿、公園、森、田園風景――。目にみえるものはどれも建築され、育てられ、守られてきたものだ。それらはすべて、遅かれ早かれ、解体され消え去り、流れ去ってしまう。今度は、あなたを取りまく空気を感じてみよう。鼻から肺にたどりつき、体内を循環してあなたを生かしてくれる、空気を感じよう。その完璧な流れを味わおう。空気は何ものにも触れず命をもたらし、多くの生物の存在に欠かせないが、どんな形にも捉われない。世界を動かすために喜んで身を捧げるが、見返りに何も求めない。空気は大きな力をもち、さまざまなものを運んだりひっくり返したりできる。他方で甘くやさしく、心をしずめ爽やかな気分にしてくれる。人工的に組み立てられたものではないため、

分解することもない。今この瞬間あなたの前にあり、五分後も五〇〇〇年後も変わらずそこにある唯一のものは、あなた自身でも周囲の事物でもなく、そこを通り過ぎる空気と風なのだ。

本当の愛

本当の愛もこれと同じだ。息吹のようにあらゆる形の生命を育み、無限の強さとしなやかさを備え、絶えず生まれかわり、尽きることなく、惜しみなく与え、どこにも属さず、何にも囚われない。しまい込まれ、蓄えられ、重さを測ったり、細かく分割したり、交換したり、見返りを求めたりすれば、干上がり、息が詰まって死んでしまう。愛は本質的に、果てしなく与えるものだからだ。最後に両目を閉じて、何ものにも奪われないあなたの真の特質、根底にある本質を味わおう。私たちは、愛そのものだ。もちろん、愛ある状態を味わうには、人生の旅路のさまざまな道程を（苦労しながら）通らねばならない。生れたばかりの子どもは「愛されるからわたしはここにいる」と言い、愛する人をみつけた若者は「きみを愛しているからぼくはここにいる」と言う。夫婦になれば「愛し合っているから私たちはここにいる」と言う。**人生のどの段階でも愛は必ず条件付きで、その前提が失われるのではという不安とともにそこにある。**

けれどいつかは愛が、きわめて人間的な対人関係の連鎖や、たがいに与え与えられる習慣、自己と他者の区別から解き放たれ、いかなる形にも縛られないときがくる。私たちが、人間性を超えて、クリスチャン・シンガーのいう「誰もがもつ聖なる不滅の石」に根差した無条件の愛という真の本質に出会うときが訪れる。

愛ある状態

私はこの二〇年間、さまざまな人の人生のステージやライフサイクルに寄り添ってきた中で、こう確信するにいたった。誰もが、最後まで手元に残るたったひとつのもの、すなわち愛ある状態を味わうために——時に必死に——さまよっているのだと。旅の途中で自分を見失い、愛とは正反対にみえる態度をとるかに思えても、それはたんに彼ら自身、自分が何を探し、本当はどんな人間なのかがわからないだけなのだ。人生の深遠な意味を教えてくれる人に、それまで出会えなかったせいで。私たちは教育を通じて、知らないうちに本来の自分を抑えつける固定的なモデルや象徴を受け入れている。そのため、自分らしさを表現するさまざまな形（私の家、私の領分、私の文化、私のイメージ、私の宗教）にこだわり、誤った方法に頼り、自分の欲求を誤解する（愛されたいから相手に自分を押し付ける。愛されたいという思いの背後にある、自分の本当の欲求には気付かない。それは、他人にどう思われるか気にせず穏やかに過ごせるほど、自分を好きになりたいという欲求だ）。

この洞察が得られなければ、いつまでも本当の自分に出会えない。愛も一体感もない苛酷な状況で必然的に疲弊し、自己からも他者からも、全能性や神（その他どんな呼び方をしようと）からも切り離される。心の奥深くからの分断によって、罪悪感や言い争い、戦争など、あらゆる相違が生じる。こうして自分自身と疎遠になった結果、あらゆる種類の物欲や中毒、富の独占にいたる代償的な仕組みが生まれる。

私たちは内面的な営み——内なる市民性の発揮——を通じてこそ、自分の真の本質や行動を促すきっかけ、愛との強い結び付きを発見し、愛という生命の息吹に喜んで身を捧げることができるのである。

Love is ...

- 本当の愛は、空気と同じように生命を育む。愛は本質的に、果てしなく与えるものだ。
- 「誰もがもつ聖なる不滅の石」に根差した無条件の愛という、真の本質に出会うときがいつか訪れる。
- 私たちは内面的な営みを通じて、自分の真の本質や愛との強い結び付きを発見し、愛という生命の息吹に喜んで身を捧げることができる。

トーマ・ダンサンブール　Thomas d'Ansembourg
弁護士にして作家、心理療法士である。人間関係と非暴力的コミュニケーションをテーマに、国際的に講師・トレーナーとして活躍。著書は世界でベストセラーとなり二八の言語に翻訳されている。主な著書に『「なんでわかってくれないの!」と思ったときに読む本』（紀伊國屋書店）。ニーム心理学作家フェスティバル（フランス）で賞を受賞。ガイ・コルノー（ケベック）とともに心理療法団体 Coeur.com を創設した。

092

幸せな恋

愛の意義は、意味を生みだすところにある

ヴィルヘルム・シュミット――ドイツ

「現代人には何もかもが単純明快で、愛は人を幸せにするものとされている。どんなラブストーリーも、『運命』という決定的な要素から始まる。けれどそれは、真の幸福の発見に向けた第一歩にすぎないのだ」。ヴィルヘルム・シュミットが、二歩目以降の道のりを示してくれる。

運命や幸運のおかげで二人がついに結ばれ、思いがけない幸せに喜びを感じると、その恋愛の中で二番目に訪れる喜びとして、彼らは心地良い幸せを味わう。たがいにたがいを良く思い、いっしょにいると楽しく、二人はともに官能の喜びにみたされ、たがいを理解し相手になぐさめを見出す。こうした形の幸福をことさらに求めるのは、恋愛を通じて幸せになるための作業のひとつだ。偶然の産物で得られる幸せと違い、心地良い幸せは必然的に訪れるだけでなく、意志の力で実現させることができる。そのための唯一の前提条件は、恋人たちが絶え間ない試行錯誤により、どんな形で相手に尽くせるか探ろうとつとめることだ。それには、おいしい食事、長時間のおしゃべり、献身的な優しさ、素晴らしい夕べ、情熱的な一夜などいろいろな形があるだろう。

けれど愛が続くには、第三の幸せが必要になる。それは充実した生活がもたらす幸せ、すなわち良いことや悪いこと、喜びや怒りを含め人間の幅広い経験すべてを積んでみせることだ。ここでも恋人どうしがたがいに、この幸せを高めるための行動を起こすことができる。「人生と愛にはどんな特徴があるのか。正反対の状態を行き来する両極性の中に、人生や愛の本当の姿があらわれるのではないか。そもそも自分はそれを受け入れられるか。人生の両極性を存分に生きれば、恋愛関係や人生自体がかけがえのないものに思えるのではないか」そう自問することで得られる心のもち方によって、すべてが決まる。こうすれば、楽しい時間に必死にしがみつくのをやめ、多くの人の人生に訪れるそれ以外の時間も受け入れられるようになるため、幸せが自由に息づくことができる。

意味

愛にはこの三種類の幸せが大切だが、一番大切なのは意味ある力強い体験をすることだ。そんな経験があれば、幸せでなくとも愛に意味を見出せる。意味とはたがいの結び付きであり、二人の絆が強い結び付きを生みだす。それぞれの強みを活かして相手を守り、いっしょにいることでひとりのとき以上に強くなれる（「私を大切に思ってくれる人、私が自分の考えを伝えられる人、今は腹が立つばかりだけれど特別な気持ちを抱ける人がいてくれる」）。**愛は、意味を見出す唯一の手段というわけではないが、とても効果的な手段だ。**愛は結び付きを追い求め、強化するため、多くの絆が断ち切られ、意味を求めている現代世界に大きな意味をもたらしてくれる。愛の意義は、意味を生みだすところにある。愛が破綻すれば意味が失われ、人生に疑問が生じる危険はあるものの、多くの人が愛に人生のただひとつの意味を見出している。

相手への理解

恋人たちは、肉体的、感情的、精神的、超越的な次元でたがいに意味を見出せる。今あげた順序は、個々の次元の重要度を示すものではない。恋人たち自身の解釈に応じて、二人の恋愛はいくつかの次元で繰り広げられる。肉体的な触れ合いや情緒的な感情、知的な交流など、根底にある次元が何なのかは当人たちにしかわからない。できる限り安定的で柔軟性のある関係を築くには、複数の次元で支えられた恋愛が理想と思われる。そうすれば、ある次元で困難に直面しても、他の次元に重心を移すことで影響を和らげられる。**さまざまな次元を行き来したり、一方が相手の次元に合わせることで、恋愛は最も自由に息づくことができる。**恋愛関係の最大の問題は、二人の欲求が必ずしも同じ次元にないことにあるからだ。愛を新たに見出すとは、自己を再発見するためにたがいの距離を縮めたり仲ばしたり調節しながら「愛を息づかせる」ことなのだ。

コラム

時間を色であらわすと

現代の暮らしでは、恋人たちが食事や外出、おしゃべり、口論などいっしょに過ごす時間を確保するために、たがいの予定を調整するという仕事がつねに必要になる。そうしなければ、夏休みや休日しかいっしょにいられないからだ。もちろん、誰だっていつも時間が足りない。何をするにも、一〇分、一五分を無駄にせず時間をつくると良いだろう。集中力が高まり用事を簡単に片づけられる「**ゴールデンアワー**」を有効活用する手もある。経験を積めば、誰でも自分が一番集中できる時間帯がわかり、余った時間を二人どちらも楽しめる活動に当てられる。長さの面では、日常生活の大部分を占めるのは当然ながら陰うつな**灰色**の時間だが、それと好対照をなすのは官能と出会う**ピンク色**の時間、激情に駆られる**赤色**の時間、集中して議論を交わす**青色**の時間、無私無欲に身を捧げる**紫色**の時間、それに単純にみち足りた**黄緑色**の時間である。こうした色とりどりのパレットがあれば、嫉妬にさいなまれる**黄色**の時間や、右に述べたすべての色が混ざり合う**漆黒**の時間――できれば、こうした時間はあまり味わいたくないが――を耐えしのぶことができる。

愛に関する研究に長年携わる中で得た知識の共通点をまとめると、次のようになる。現代社会における愛では、二人がたがいにおしみない善意を示すことが求められる。さもなければ、もはや一切が機能しない。かつては宗教や伝統、慣習を通じて二人の絆が保証され強化されたが、今日の絆は内面から生まれるしかなく、それは必ずしもたんなる気持ちの問題ではない。愛は、一人ひとりが自分のために下す決断でもある。これが、新たな愛の哲学なのだ。

Love is …

・愛を長続きさせるには、偶然の幸せや心地良い幸せではなく、充実した生活がもたらす幸せに到達しなければならない。
・何より大切なのは、複数の次元で意味という印象的な体験を伝え、愛を息づかせることだ。
・愛は決断であり、内面から生まれねばならない。それにはたがいへの惜しみない善意が必要となる。

ヴィルヘルム・シュミット　Wilhelm Schmid

ベルリン在住、エアフルト大学（ドイツ）で准教授として哲学を教える。長年、チューリヒ（スイス）の病院で哲学カウンセラーとして働く。『愛――難しい理由とそれがもたらす成功の形』、『愛の再発見』（『愛を息づかせる』としてペーパーバックで再出版）などの著作を発表。

093

ベトナムの愛――ティンカム（感情）

誰と誰が恋に落ちるかは、天が決めるもの

ハリエット・M・フィニー、クワット・トゥ・ホン――ベトナム／アメリカ

「他の感情と同じように、愛に不可欠な本質はない。それは歴史を超えるものでも、普遍的なものでもない。愛の特徴は、それが置かれた特定の情動的な地形に応じて決定される」とハリエット・M・フィニーとクワット・トゥ・ホンは語る。ベトナムのティンカムと愛を例にとって、この言葉を理解してみよう。

人が誰のどんなところを好きになり愛しく思うかや、どんな場合に恋愛が適切かどうかについての認識や判断は、変化し続ける決まりや規則、政治経済情勢によって形づくられ、歴史に左右される。

ベトナムには五四の民族が存在し、そのすべてが愛と結婚について独自の信念と風習をもつ。人口の九〇パーセントを占める多数派キン族の中にも、地域的な多様性がみられる。一般にキン族は、愛に関する豊かな文学的伝統と民間伝承をもち、これが日常の習慣の基盤となっている。儒教的・仏教的な信念や慣習と、東南

アジア土着の信仰・風習が融合した彼らの伝統は、家族や親族（とくに夫の家族）との関係や彼らに対する義務が軸になっている。基本的に他者との関係を通じて自己が既定されるため、キン族の伝統において、個人は本来的に単一的というより相関的な概念として捉えられる。結婚を決める際も、自分の決断が拡大家族に与える影響を考えなければならない。そのため、**恋をする相手と結婚する相手が違うこともある。**

自由恋愛

こうした乖離《かいり》の起源は、革命以前のベトナム社会（一九四五年以前）に遡る。当時は親が子どもの結婚相手を決めるため、子どもに発言権はほとんどなく、地位の高い家族では一夫多妻制が一般的であり、女性は自分を犠牲にして男性にしたがうものとされた。儒教的な家族観では、夫婦愛とは夫婦がともに暮らし働き、年を重ねたがいに親密になるにつれてしだいに生まれる感情と考えられた。**子育てが夫婦を結び付ける絆（ソイ・ダイ）となり**、二人は「歯が抜け髪が白くなるまで」（ラン・ロン・ダウ・バク）いっしょに暮らすことができる。

一九二〇〜三〇年代には、恋愛結婚が知的な社会的論争の焦点となった。一九五九年に初の婚姻家族法が成立すると、見合い結婚や婚姻の強制は違法となり、「価値ある自由恋愛」が結婚の前提条件となった。新婦と新郎双方が結婚に同意しなければならず、結婚最低年齢が引き上げられた。婚姻法改正と社会通念の変化を受けて、若者は新たな形でロマンチックな恋愛を追求できるようになった。とはいえ共産主義者の追放とベトナム戦争による混乱により、多くの恋人が結婚を阻《はば》まれた。**多くの場合、集団（家**

族や国家など）の目標のために、個人の恋愛を犠牲にすることが推奨され称賛された。この時期にはロマンチックな恋愛とは、純粋なプラトニックラブと理解されており、結婚して初めてセックスが認められた。

運命の恋

一九八六年のドイモイ政策（「刷新」の意）の導入以降、社会・経済の急激な変化により、若者は結婚前に恋愛し、結婚相手を選べるようになった。親の同意はいまだ不可欠だが、子どもの結婚相手をめぐり親が昔ほど決定権を握ることはなくなった。

けれど、結婚相手に選ぶ人と恋愛の対象が一致しないこともある。それどころか**結婚相手は一般に、自分の家族と釣り合うかを基準に決定される。**セックスが認められるのは今も夫婦間のみだが、若者の間では婚前交渉も増加し、セックスが恋愛に欠かせない要素になりつつある。

現在のベトナム人は、愛をどう捉えているのか。愛し合うとは、相手に対しティンカム（心情／理解／感情）を抱くこととされる。ティンカムには、思いやり、相手を支え尊重し進んで自己を犠牲にする姿勢、相性の良さといった意味合いが含まれる。相手に恋愛感情をもてない場合や、好きな相手と結婚できない場合、運命のせいにすることがある。逆に恋に落ちたときも、運命（デュエン）とみなされたりする。デュエンとは翻訳すると、おおむね「運命の恋」といった意味で、どの男女が恋に落ちるかを決める天国のトーおじさんとニュエットおばさんの物語を連想させる。

ハリエット・M・フィニー　Harriet M. Phinney

シアトル大学（アメリカ）人類学准教授。情動と感情に関する研究を含め、ベトナムと東南アジア大陸部に幅広い関心をもつ。

クワット・トゥ・ホン　Khuat Thu Hong

社会学博士。ハノイ（ベトナム）にある社会開発研究所共同所長をつとめる。数十年にわたり、ベトナムで恋愛と人間関係の研究に携わる。

094

愛が生みだす影

よくそんな嘘をつけたね

アヤーラ・マラク・パインズ——イスラエル

あなたはどれくらい嫉妬深いだろう。人気の雑誌を読めば、恋愛での独占欲の強さを診断するテストが載っている。嫉妬心は、程度の差はあれ誰の心にも潜んでいる緑色の目をした怪物だ。アヤーラ・マラク・パインズ教授は、嫉妬心という愛が生みだす影をコントロールする秘訣を探ってきた。

恋愛関係が脅かされたと感じると、嫉妬心が湧きあがる。これには、恋愛関係が実際に脅かされている場合もあれば、本人の勝手な想像にすぎない場合もある（恋愛自体にも、実際に存在する場合と、妄想にすぎない場合があるのと同じだ）。自分の妻が他の男に気があると思い込むと、たとえそれが（心理学でいう嫉妬妄想のように）愚にもつかない想像でも、夫は強烈な嫉妬に駆られるだろう。他方で、妻に異性の親友がいても、夫が揺るぎない夫婦関係を信じ、妻の親友に何の脅威も感じなければ、嫉妬に襲われることはない。

恋は盲目

嫉妬(jealousy)という言葉は、熱意や競争心、激情を意味するギリシャ語のゼーロスに由来する。ロマンチック・ジェラシーとは、恋愛関係の中で生まれる嫉妬を指す。この嫉妬心はさまざまな想念、感情、想像を引き起こし、人によってその定義は大きく異なる。ここでは、大切な恋愛関係に脅威を感じた際に起こる複雑な反応と定義したい。

この反応には、内面的な要素と外面的な要素がある。内面的な要素には、傍目《はため》にはわからない特定の感情や想念、身体的症状が含まれる。嫉妬にともなう感情には、苦痛、怒り、憤怒、羨望、悲哀、不安、悲嘆、屈辱などが考えられる。想念としては、恨み(よくそんな嘘をつけたね)、自己批判(気付かない僕は何て愚かだったんだ)、ライバルとの比較(僕は魅力的でも知的でもセクシーでもない、成功してもいない)、自分のイメージへの懸念(みんなにばれて笑われる)、自己憐憫《れんびん》(世界でひとりぼっち、誰も愛してくれない)などがあげられる。身体的症状には、頭に血がのぼる、両手が震えて汗が出る、息切れ、胃けいれん、気が遠くなる、心拍数が速くなる、不眠などがあるだろう。外面的な要素は他人がみてはっきりわかり、何らかの行動を通じて表現される。悩みをあけすけに話す、大声で叫ぶ、泣く、問題を無視する、ユーモアに頼る、仕返しする、出ていく、暴力的になるなど。

理性を失う

嫉妬に内面的、外面的双方の要素があることが、この感情と向き合う上で大きな影響をもつ。内面的な要素はたとえある程度ごまかせても、多くの人は、とくに感情的・身体的な反応をほとんどコントロールできない。「理性的に冷静な対応をしたいけれど、あまりにつらすぎる」「僕はばかみたいに立ち尽くした、頬が熱くなったが自分では止められなかった」。けれど訓練すれば、人間は自分の思考をコントロールできるようになる。実際、思考を変えることで感情を変えられるという発想が、認知療法の前提になっている。

私たちは、嫉妬をめぐる内面的要素以上に外面的要素をコントロールすることができる。たいていの人はこれを理解していない（たとえ理解していても、時にそれを認めたがらない）が、本人がその気になれば、自分の気持ちを正直に話す、一部始終を笑いとばす、胸が張り裂けるほど泣く、黙ってひそかに（あるいは傍目にも明らかな形で）苦しむ、怒って当たり散らす、きっぱり別れる、相手にやきもちをやかせる、皿を投げ付けるといった行動を起こすことができる。

頭の中が嫉妬心で一杯になったとき、その気持ちを制御するのはむずかしくても、嫉妬を引き起こす思考を変えれば自分の感情を抑えられるかもしれない。それに誰でも、嫉妬心をどう処理するかおおむね自分で決めるものだ。

Love is…

- 嫉妬とは、大切な恋愛関係に脅威を感じた際に起こる複雑な反応であり、内面的な要素と外面的な要素がある。
- 私たちは、嫉妬をめぐる内面的要素以上に、外面的要素をコントロールすることができる。
- 嫉妬心を制御するのはむずかしくても、嫉妬を引き起こす思考を変えれば、自分の感情を抑えられるかもしれない。

アヤーラ・マラク・パインズ　Ayala Malach Pines

臨床心理学者、社会心理学者、組織心理学者。著書『ロマンチック・ジェラシー――嫉妬について私たちの知らないこと』（筑摩書房）は、九カ国語に翻訳された。ネゲブ・ベン＝グリオン大学（イスラエル）経営学部長。研究分野として、仕事や恋愛関係における燃え尽きを扱う。一〇冊の著書を執筆、三〇冊の書籍に寄稿し一〇〇以上の論文を発表している。

095

生命の基盤？　それは愛

人生とは愛の問題である

ジャン＝ディディエ・ヴァンサン──フランス

「出会いこそが、地球上での細胞増殖と生命の起源だと思います。これは具体的には、ロマンチックな出会いのことです」。生涯を費やして生命の基盤を探し求めてきた神経科学者、ジャン＝ディディエ・ヴァンサンはそう語る。そう、答えは愛なのだ。

愛の中では、たがいを異質で相補的な存在とみなす分子どうしの脆弱な選択的親和性と、結晶に関する立体幾何学の法則が対立している。愛は、不確かな力によって勢いづき、その暴力的な必然性は前途に立ちはだかるすべてを押しのけるが、他方で逆風に容易に打ち倒される。愛は、多様性という悪魔や自然淘汰という不条理なゲームに、重大な問題をもたらす。

「はじめに行為ありき」というゲーテの金言に代わり、私としては「はじめに愛ありき」という言葉を提案したい。すなわち（とくにセックスにおいて）欲求は主に脳内の欲望（気分・感

情）の発現により促され、行為は外面的な動作への通過点としてのみ介入する。そのため私は、「すべての恋愛感情は（…）それがいかに雲をつかむようなものでも、性的本能（欲望）のみに根差し、より明確化され特殊化された、厳密に言えばより個人的な性的本能にすぎない」というショーペンハウエルの意見を支持する。厳密に自然主義的な姿勢をとれば、「人生とは愛の問題である」と言えるだろう。

欲望と回避

人生の他のあらゆる領域と同じく、愛とセックスは相性の問題と言って差し支えない。快楽と欲望を生みだす上で、ドーパミンという神経伝達物質が大きな役割を果たす。欲望に関する信号の中継点となる、側坐核《そくざかく》と呼ばれる脳の領域に細い管を通してドーパミンを投与すると、欲望と快楽のみでなく、回避と苦痛に応じてもドーパミン量が変化することがわかっている。体内で生まれるこれらの感情は、たとえば「Aへの愛しさのあまり死にそうだ」「Bへの敵意で頭がいっぱいだ」など、その感情に意味を与える客体によって規定される。血中と脳の基底部に放出されるオキシトシンという神経ホルモンは、オルガスムや恋人どうしの愛着、さらにはカップルの貞節に関係する。したがって、一夫一婦制とともに不貞をも司るホルモンとして、**性ホルモンはヒトの場合は道徳規範のしもべではなく、**動物の場合はセックスという仕組みのたんなる媒介手段に留まるとみなすことができる。

腐った果実

ひとつの分子や遺伝子にすべての原因を求め

ないよう、注意しなければならない。**感情の化学作用は、（男であれ女であれ）人間という奇妙な動物の実存的な問題を解決するには無力である。**たがいを認め合い永久に（その長さには個人差があるが）いっしょに過ごすには、感覚・視覚・触覚・嗅覚的な手がかりや、結婚式の讃美歌のような甘い言葉があれば、ホルモンなどなくても——少なくとも最初は——二人の関係を永遠とみなすだけの情熱を引き起こせる。人間はきわめて高い社交性から、個人間の違いが倫理的な対立になるのを防ぐ、無数の行動規範を自らに課している。こうした対立は集団、ひいてはまたたく間に種全体を弱体化させるだろう。こうして肉体的進化に代わり、文化的進化が起こりはじめる。子ども時代に、脳内で「望ましい他者」の象徴が形づくられる。ホルモンの影響で認知地図が再び活性化される思春期まで、奥深くに潜んでいた愛の対象が、青年期に破壊されると、成人後に倒錯した行動（愛の腐った果実）として自己主張を始めるだろう。これが、人間の創造力の尽きせぬ原動力となるのだ。

ジャン＝ディディエ・ヴァンサン　Jean-Didier Vinceint
一九三五年生れの神経精神科医・神経学者。パリ第一一大学医学部で生理学教授をつとめた。フランス科学アカデミーおよびフランス国立医学アカデミーの会員。ホルモンと神経系の相互作用に関する研究を含め、神経内分泌学の発展に大きく貢献した。有名な『感情の生物学』（青土社）を含め、数冊の著書がある。

096

感情の知性

たがいをたんなるモノでなく主体または目的として扱う

マーサ・C・ヌスバウム——アメリカ

アメリカの雑誌『フォーリン・ポリシー』は、マーサ・C・ヌスバウムを「世界的視野で考える思想家トップ100」のひとりに数えている。感情の知性を詳しく研究してきた彼女が、愛に必要とされる要件を示す。

愛という概念の基準を問う場合、まずは哲学的伝統が提起してきた問題、すなわち愛と、過剰な独占欲やそれにともなう執着心、狭量なえこひいきとの関連性から始めると良いだろう。実際、私が今まで研究してきた治療報告はすべてこの三つの問題に明確に対処し、こうした問題と無縁な愛を生みだしたと主張している。こうした主張を、評価しなければならない。

小児期早期の愛をめぐる私の記述から、過剰な独占欲について考える際は、病的な恥辱感に注目すると良いのではないかと考えられる。愛情をほしがる自分の人間性を前に感じる根強い恥辱感を、他人の操作と支配を求める自己愛的な企てが進行している危険な兆候あるいは警告とみなすのだ。愛と攻撃性の関連性を考える際は、憎悪の抑制や封じこめに注目すると良いだろう。愛がもたらす上昇は、自己を堕落させることなく憎悪を募らせるため、有害な攻撃性を確実に克服できるとは考えられない。こうした上昇がもたらす効果を適切に評価するには、いくつかの肯定的な規範的基準も必要となる。道徳理論を援用せずにこうした記述を完全に評価することはできないが、少なくとも、愛に必要とされる次の要件に着目することができる。この要件は、他の多くの道徳理論でも強調されている。

1 思いやり

愛に対する考え方（あるいは、その考え方に沿って生きる人の内面に息づく愛そのもの）には、広い意味での思いやりを促し、これを受け入れる余地が必要とされる。思いやりとは、たとえば、さまざまな人間的苦悩の深刻さや、その苦悩に対する責任、および相応の不安に対して合理的な説明を与えることである。

2 相互性

愛に対する考え方（あるいは、その考え方に沿って生きる人の内面に息づく愛そのもの）には、たがいを単なるモノでなく主体または目的として扱い、相互的な人間関係を促し、これを受け入れる余地が必要とされる。こうした関係において、当事者どうしは精神科医ドナルド・ウィニコットがいう「細かなやりとり」を通じて、互いに反応する。愛が社会的善の推進力になりうると主張する記述はすべて、愛がこの課題――性愛的な関係性だけでなく、愛と密接に関連する他の社会的関係においても相互性の余地を残す――に対処できることを証明できなければならない。したがって、実質的にここでは二つの疑問が生まれる。愛はそれ自体が相互性を含むのか、そして愛は他の相互的関係を促すのか？　この二つは基本的に別々の問題である。相互的な愛は時にきわめて排他的で、（相互的かどうかを問わず）他のあらゆる関係性を妨げることがあり、他方で相互性より独占性を重視する愛が、人生の他の領域における相互的な関係と共存できる可能性もあるからだ。その反面、両者の間に関連性がありそうな場合もある。たとえば男性が、女性は男性による支配と搾取の対象だという規範的な恋愛観に後押しされれば、社会的・政治的場面でも男女の相互的な関係性が促されることはないだろう。愛を通じて理解した価値観を、私たちは他の領域にも適用する。

3　個性

倫理的に優れているだけでなく、社会的善の向上にも繋がる恋愛観は、人間は一人ひとり別個の存在だという事実を認識し、これに依拠しているはずである。これは理解されにくい考え方である。個性のひとつの側面は分離性にある。すなわち、人間にはそれぞれ別々の身体と人生があり、誰もが自分の人生を生きるということだ。生まれてから死ぬまで一人ひとりが異なる道のりをたどり、自分なりの喜びや悲しみ、高揚や悲嘆を経験する。それが有機的に、誰か他人の人生と混ざり合うことは決してない（子どもがこの世に誕生する前は別だが）。Aが口にした食べ物が、奇跡的にBの胃にたどり着くことはなく（Bが胎児でないかぎり）、Dが満足してもCの惨《みじ》めさが解消したり相殺されるわけではない。この分離性はたんに空間的、時間的なものではなく、誰しもこの世に生を受けるのは一度きりであり、他の誰でもない自分の人生を生きるチャンスは二度とない。

個性のもうひとつの面は、質的な違いにある。すべての人には（一卵性双生児や未来に登場するクローンまで含めて）たんなる時間的、空間的な分離性に加えて、独自の特徴がある。各自に固有の才能や好み、思惑や計画、欠点や美徳があり、それらがひとつに合わさって各自がその名で呼ばれるにふさわしい存在を形づくっている。

分離性という言葉が、たんなる時間的、空間的な意味でなく、ここで示した豊饒《ほうじょう》な意味をも含むとすれば、個性の二つの側面のうち、分離性のほうがより大きな重要性をもつように思える。質的な特徴がどれほど似ていようと、自分だけの人生を生きる機会は誰しも一度しかないという事実は、道徳的にきわめて大きな意味をもつ。どれほど他人の影響を受け、他人に守られても、自分の人生を生きられるのは自分しかいない。雪の結晶を考えてみてほしい。ひとつとして同じ形はないと言われ、ひとひらひとひらに個性があり、時間的・空間的にも独立した存在である。それでも誰も、人間性や倫理性に関連して考えるように、雪の結晶に「個性」があるとは思わないだろう。

これら三つの要件は、私たちが魅力を感じがちなすべての倫理観にとって重要に思われ、それ以外の倫理観とも共有できる部分はある。自由民主主義社会における市民の相互尊重を支持する倫理観にとっても、好ましい要件であるため、これら三者を強化する恋愛観は社会的に魅力的である一方、これらを阻《はば》む恋愛観は社会から疑いの目を向けられるだろう。実際、この三つの要件を主張するに際して政治的合意を得られないことはなく、幅広い理性的な倫理観の支持を受けることができる。それどころか、西洋文明に根づく上昇的な観念のいくつかは、これら三つの要件すべてを――たとえそれらがまったく異なる倫理的／宗教的伝統に属するものであっても――支持することがわかっている。

マーサ・C・ヌスバウム　Martha C. Nussbaum
シカゴ大学（アメリカ）法学・倫理学特別教授。『思考の混乱』、『感情の知性』（この文章は同書からの抜粋）など、多数の影響力ある著書を発表している。北米・欧州・アジアの大学から四〇の名誉学位を授与されている。

097

ときめきは消えても

自分がしてほしいように相手を扱おう

キム・バーソロミュー――カナダ

夕日を背景に、観客全員が待ち構えていた最後のキスが交わされる。ロマンチックな映画が幕を閉じ、現実の人生が始まる。時が経つと、最初のときめきは消え去る。だが恋の炎を再び燃え上がらせることができるかもしれない。恋愛を色褪せさせない五つのルールを長年研究してきたキム・バーソロミュー博士は、「恋は長続きさせられる」と語る。

ハリウッドのラブコメディーは、予想どおりの展開をたどる。二人が心を通わせようと努力し、さまざまな障害や誤解を乗り越え、最後に、たがいにかけがえのない存在だと気付くのだ。ラストシーンでは、めでたく結ばれた二人が愛を告白し、バージンロードを歩くか、夕日を浴びて馬で去っていく。二人は真実の愛をみつけ、いつまでも幸せに暮らすのだ。現実の恋愛もそんな映画のようであれば、どんなにいいだろう。情熱的な恋も時とともに色あせていく。一〇年連れ添ったカップルは、恋に落ちた当初のような気持ちになれず、昔のようにはふるまえない。そして多くの場合、情熱の衰えは大きな失望である。恋人たちは今もたがいを思いやり、仲むつまじいかもしれないが、何かが足りない。ときめきが消えている。だが幸い、昨今の研究により、恋を長続きさせられることが判明している。

どうすれば、情熱を保ち続けられるのか。出会った当初に愛情を感じるのは簡単だ。おたがいにお行儀よくふるまい、相手を喜ばせることをし、相手の良い面に目を向ける。恋を長く続けるには、昔はあんなに簡単に芽生えた出会った頃の気持ちを育み、あの頃と同じ態度を促さなければならない。

礼儀を忘れない。私たちはともすると、愛する人を他の誰よりも粗末に扱ってしまう。相手の存在が当たり前に思え、配慮に欠けた態度をとりがちだ。こんな態度をとれば、たがいへの愛情も敬意もしだいに薄れざるをえない。そんな扱いをすれば、相手は自分が特別な存在だと感じられず、あなたもパートナーを大切な存在と感じられなくなるのは当然だ。だから、礼儀正しく接するようにしよう。何か頼みごとをするときは（心から）お願いしますと丁寧に頼み、自分のために相手が何かしてくれたら（心から）お礼を言おう。話しかけられたら、本当は新聞を読みたくても注意を向けよう。機嫌が悪いときも相手に当たらないこと。あなただって、上司や、街中で出会う見知らぬ人に不満をぶちまけたりしないだろう。愛する人にも、それと同じ配慮が必要ではないだろうか。相手の気持ちを傷つけたときは、悪気はなくてもすぐに（誠意を込めて）謝ろう。簡単に言えば、自分がしてほしいように相手を扱うのだ。

良さを認める。自分の理想像を押しつけるのでなく、ありのままの相手を認めよう。毎日、一日の終わりに相手の良いところを考えよう。パートナーに苛立《いらだ》ちや倦怠《けんたい》感を覚えているときは、このエクササイズがとりわけ役に立つ。相手のあら探しばかりしている自分に気付いたら（気になる癖、身体的特徴、あなたの誕生日を忘れたなど）、頭を切り替えよう。代わりに、相手の良いところを思い浮かべるのだ（唇の片端をあげた笑顔、愛らしい笑み、動物に見せる優しさ、あなたを大切に思う気持ちから出る小さな親切）。口に出して相手に伝える必要はない。頭の中で思い浮かべ、そもそも相手を好きになった理由を思い返せば、愛する気持ちが蘇るだろう。

新しいことに挑戦する。慣れ親しんだ二人の日課を続けるのも良いだろう。二人で楽しめる趣味をみつけ、それを何度も繰り返し楽しむ――お気に入りのテレビ番組をいっしょにみる、夕食後に散歩する、近所のレストランに出かける。こうした習慣は、心地良く楽しいものだが、長い目でみればそれだけでは足りない。とくに長く付き合うカップルは、恋を長続きさせたければ、新しい刺激的なことに挑戦し続ける必要がある。できれば毎週、何か新しいことをいっしょにしよう。いろいろな分野に手を広げ、試し、思い切ってやってみるのだ。ダンス教室、コメディーショー、ハイキング、バンジージャンプなど、何でもかまわない。中には失敗もあるかもしれないが、話のタネや思い出ができるだろう。

性生活を続ける。ほぼすべてのカップルは、時とともにセックスの頻度が減っていく。生活上の事情もあるし、当初の情熱を抱き続けるのはむずかしい。カップルの一方または双方が、充実した性生活がもたらす刺激や親密さを恋しく感じている可能性もある。最初は簡単に満足できるセックスを味わえるかもしれないが、次第にある程度の準備が必要になる。そのための時間をつくり、セックスの優先順位を高めることが大切だ。必要であればスケジュールを決めよう。途中で問題が生じる場合（勃起困難、性欲減退など）、助けを求めよう。現状に不満があるなら、自分の気持ちを相手に話してみるべきだ。逆に相手から相談を受けたときは、耳を傾け、相手を尊重しよう。マンネリ化しているなら、スパイスを加えてみる。新しい体位を試す、セクシーな下着を購入する、おもちゃを使う、官能的なビデオをいっしょにみるなど、関心がもてれば何でもかまわない。充実した性生活を維持するには、時間と労力、それに一定のリスクを負う姿勢が求められる。

スキンシップをとる。 普段からたがいに触れ合おう。抱きしめたり手を繋いだりする回数を増やし、相手にマッサージしてあげよう。スキンシップを通じて、感謝や親密性を伝えられる。こうした愛情表現は性的な親密さを促し、環境面（新生児がいるなど）・健康面の理由で活発な性生活がむずかしい時期をカップルが切り抜けるのを助けてくれる。手始めに、おはよう、おやすみ、いってらっしゃい、おかえりなさいの挨拶を、毎回心からの愛情とぬくもりを込めて交わすようにしよう。頰への投げやりなキスは禁止。大好きな友だちと再会したときの犬の様子を想像してみよう。顔一杯に笑みを浮かべ、お尻を左右に動かししっぽをパタパタ振っている。我が家に帰宅して、パートナーにそんな風に歓迎されればうれしいではないか。可愛い動物たちから、スキンシップの大切さについて多くを学ぶことができる。

とくに最初は努力が必要だし、ときには相手への愛情を感じるため行動を多少変える必要もあるが、愛する気持ちや愛情溢れる態度を取り戻せば、おのずと見返りが得られるだろう。

Love is ...

• 恋は長続きさせられる。長く愛し続けるには、出会った頃と同じ気持ちを育み、あの頃と同じ態度を促さなければならない。
• 礼儀を忘れず、相手の良さを認め、新しいことに挑戦すること。性生活を続け、スキンシップをとること。
• 恋愛を長く続けるには、ある程度の努力が求められる。相手への愛情を感じるため行動を多少変える必要もある。

キム・バーソロミュー Kim Bartholomew

サイモンフレーザー大学（カナダ）心理学教授。二〇年に及び、親密な関係に関する研究と指導を続けている。研究テーマは、成人の人間関係における愛着プロセス、虐待的な関係、同性間の関係性、および昨今は人間関係の中のセクシュアリティなど。

098

ネット上の愛

私たちが思っていたほど、恋は盲目ではないようにみえる

パスカル・ラルデリエ——フランス

「欧米では、三十代の恋人探しの半分以上が婚活サイトや出会い系サイトで行われています」とパスカル・ラルデリエは語る。彼は「心のネットワーク」、すなわちインターネット上でのセックス、恋愛、誘惑について研究している。

現代のラブストーリーの発端を社会学的に調査すると、ある事実が浮かび上がる。

真っ先に気付くのは、この四〇年間に欧米社会では独身者の数が増え続けていることだ。パートナーなしに暮らす成人の数は、一九七〇年以降に倍増している。男女問わず誰もが、職業人として成長し成功せねばという強いプレッシャーと同時に、「二人で暮らせる」だけの稼ぎを手にしろという、家族や友人からの絶え間ないプレッシャーにさらされる。なぜならカップルは今も社会的規範であり、家族の基盤だからだ。実際、**情報通信メディアが発達した昨今ほ**

ど、人との感情的な出会いがむずかしくなっているる時代はない。これは奇妙なパラドックスである。

相手の顔はみえなくても

昔は誰しもまずは現実の世界で相手と出会い、それから恋に落ちていっしょに暮らすことを考えるようになったものだ。だがインターネットの誕生により、従来の出会いのルールが大きく変わった。手っ取り早く恋人をみつけたい人はみな、身体的・社会的な制約に捉われずに異性を誘惑することができる、この「情報を関係づける技術」がもたらすメリットを理解した。ネット上で恋に落ちる場合、最初は相手の内面に魅《ひ》かれることになる。身近な他人を好きになるのだ。すなわちそこでは、**誘惑と恋愛感情の発生にまつわる論理が逆転する。**

もうひとつの発見として、デジタル世界でも従来と同じ社会的な論理が働いていることが研究で確認されている。それは、人は自分と似た相手を探し求め、同じ社会的階層に属し同じ宗教を信じ、似通った価値観をもつ相手とカップルになる傾向があるということだ。実際、多くのカップル誕生にあたり、社会文化的な親和性がやはり重要な役割を果たしていることが判明している。ネット上での交流が必ず匿名《とくめい》で始まることを考えると、これはいっそう意外に思えるだろう。私たちが思っていたほど、恋は盲目ではないようにみえる。**私たちは恋のキューピッドの力を借りて、相手の姿かたちがみえないネット空間でもパートナーをみつけられるのだ。**

ネットのとりこ

もちろんインターネットは、「運命の相手」をみつける素晴らしい手段になってくれる。ただしそのためには、いつまでも仮想空間に捉われていてはいけない。心を開き、画面の外の世界に飛び出さなければならない。古代ローマの詩人オウィディウスの名作『変身物語』でも、ピュグマリオンは自分がつくった美しい乙女ガラテアの像を相手に（その時代にすでに）バーチャルな恋をし、ナルキッソスは優しいニンフのエコーより水に映った自分の姿に心を奪われるあまり、ついには溺れ死んでしまった。

けれど、**自分を守ってくれる安全な画面の後ろに隠れていたいという誘惑がどれほど大きくても、**やはり私たちは今も「現実」を愛する。

当然、私たちはこれからも現実世界で誰かと出会い、相手の肉体を求め、本当の恋物語を始めるだろう。だが異性と出会うために、ITやそれがもたらす資源を活用することは今後も増えていくだろう。今や欧米では、三十代の恋人探しの半数以上が婚活サイトや出会い系サイト上で行われている。

画面の向こう

万事が流動的なこの時代、古代の英知に頼るのも良いだろう。オウィディウスが恋の技術を説いた『恋愛指南』から、男女が求め合うエロスという関係性の起源を説いたプラトンの『饗宴』まで、恋はためらい、その時々に応じて選ぶ相手を変え、特定の時代の道徳観にも影響される。

出会い系サイトを使って、「互換性ある」恋人／パートナーを選ぶことも可能だが、短期間しか続かないだろう。なぜなら、どれほど幻滅し世間を皮肉な目でみていても、ネット上で活動する独身者たちは、画面の向こうに自分だけの特別な相手がいて、プラトンの『饗宴』に登場する両性具有のアンドロギュノスが、己の失われた半身に恋焦がれるように、ついにはその相手と出会えるのではないかという思いを捨てきれないからだ。**愛とは、分かち合う感情の強さである。**インターネットの時代、さびしい男女はテクノロジーの力で相手を籠絡《ろうらく》しようとする。まれに、相手のほうも同じ気持ちだと打ち明けてくれることもある。そうなると、妄想をふくらませるか、本当のカップルになる道を探るかは、当のネットユーザー次第だ。ここから、一番むずかしい部分にさしかかる。インターネットは出会うのも早いが、疎遠になるのも早いからだ。こうして、決して終わらないラブストーリーが今日も紡《つむ》がれ続ける。

パスカル・ラルデリエ　Pascal Lardellier

ブルゴーニュ大学（フランス）教授にして作家、講演活動も行う。インターネットの社会的利用を専門に研究し、このテーマに関し『心のネットワーク——独身者とネット恋愛』、『親指とマウス——10代のデジタル文化調査』、『心のネットワーク——ネット上のセックス、恋愛、誘惑』などの著書を発表している。これらを題材に精力的に講演も実施し、新聞・雑誌にコラムを執筆している。

099

愛するとは、あり方そのもの

ジャスミート・カウル――インド

愛はそこにあるもの

「愛は、親密さ、セックス、結婚、精神性、欲望といった人間のそれ以外の体験と分かちがたく結び付いているため、純粋な体験としての愛そのものや、愛が人をどう変えるかについて考え、感じるのはむずかしいことだ」とジャスミート・カウルは語る。愛するとは、あり方そのものなのだ。

二二年間にわたる私自身の公私両面での経験から、人びとがさまざまな人間関係を通じて手に入れようとしているものは、愛という永続的な現象であり、そこにいたる旅には人間としての大きな成長と変容が求められるのではないかと思う。愛とは存在のあり方である。私にとって愛するとは、精一杯生きていると実感し、相手の欲求や存在を自分の願いや自我そのものと同じくらい大切に感じるほど、その人を思いやることだ。愛は絶えず変化するため正確に定義できないが、幅広い感情や自己のさまざまな面を導きだし、時とともに成長していく。

四つの段階

愛するというあり方にいたるまでに、さまざまな段階があらわれる。それは、恋に落ちる、愛されていると感じる、自分は愛されるに値しないと感じる、愛することそのもの、という四段階である。まず「**恋に落ちる**」部分は、出発点にすぎない。それは単に、好意や魅惑といった感情が初めて発露し、自分にとって特別な相手と出会い、相手からも「特別」と思われる喜びを感じただけのことである。ある意味で、むしろ自分の内面に湧き起こった気力、愛情、開放性や欲望といった感情に惹き付けられているとも言える。二人が親密になるにしたがい、この状態が変化する。相手に特別扱いされると、人は「**愛されていると感じる**」——甘美で魅惑的な感情だ。愛情を受ける側にまわることで、三種類の強烈な感情が生まれる。①過去のみたされずに終わった欲求の充足を含めて、愛する相手と出会い「愛されていると感じ」続けたいという欲求、②決して孤独や不安を感じないよう、ずっと変わらずいっしょにいたいという欲求、③自分の欠点が明らかになる、心を乱す不愉快な感情や不安（嫉妬、貪欲、傷心、身勝手さなど）である——ときに、こうした感情や自分の不完全さが耐えがたく思えることもある。当然、相手が自分の欲求や期待すべてをみたしてくれるわけではなく、不愉快な感情から自分を守ってもくれない。そのため、相手の限界や現実の姿が目に付きはじめる。自分の欠点を受け入れられなければ、自分など「**愛されるに値しない**」という感情が生まれる。ここから激しい葛藤が始まり、変化の過程を経て、やがて「**愛すること自体**」を理解するようになる。

身を委ねる

こうした一連の過程に圧倒されたり押しつぶされたりせず、ただそれらと向き合い経験すれば、しだいに自分を受け入れ、自分の中の醜い感情すべてを相手に取り去ってもらいたいという強い欲求から解放されるようになる。私たちの心の中には味方がいるし、恋人への愛情も、相手にできるかぎりのことをしてあげたいという気持ちを生みだしてくれる。この気持ちを忘れなければ、ストレスや胸の中の嵐を耐え抜く強さを手に入れられる。相手に優しい感情や情熱を抱いた、まぎれもない真実の瞬間を思い返せば、不快感や失望、激しい願望に耐えることができる。時間を、幸せな過去とつらく苦しい現在（あるいはつらい過去と幸せな現在）が共存する、連続したひとつの流れと捉えれば、自分という存在のすべてを受け入れ、長所短所を含め、愛する相手のすべてを受けとめられる。本当の自分を好きになれば、愛する人をありのままに尊重し、相手の欲求や欠点を大目にみることができる。

他人を愛するには、身を委ねるという発想が欠かせない。それは、愛という現象やそれがもたらすすべての体験に自分を預けることだ。そうすることで、相手を自分と同一視せず、広い心で受け入れられる。**身を委ねればエゴが消え失せ**、親密な恋愛関係の中で生じるあらゆる感情と体験に、否定も抵抗もせず心を開き、自分が満足できる方向、自分が望む方向へと事態を進めてコントロールしたがる姿勢を捨て去ることができる。流れに身を委ねて初めて、アイデンティティに縛られ、自己に規定された存在から、柔軟に相手を受け入れ、惜しみなく与えられる人間に変化できる。自分に対するのと同じように相手の人間性を尊重し、二人の間にある結び付きを大切にできれば、愛することが持続的なありようになる。誰かを愛するとは、実は自分自身を変え、己の内面にある優しさ、思いやり、自己陶酔からの脱却、開放性、受容性、寛大さに気づくことなのだ。

東洋と西洋——文化による愛の違い

愛をどう認識し定義するかには、文化によって多少の違いがある。たとえばインドの文化と、北米・ヨーロッパなどアングロサクソン系の文化を比べてみよう（それぞれ大まかに、東洋、西洋と呼ぶことにする）。一般に東洋の文化では「存在」が重視されるのに対し、西洋の文化では「行為」が重視される。これは恋愛の分野でも同じである。存在を重視するとは、自己の内面的な体験や意識との結び付きを大切にし、愛する相手を自分の意識に留めることである。この場合、心の中で相手を愛していれば、外面的な行動も自然と愛情深くなるものと想定される。西洋の文化では愛情の目安として、相手のために行動を起こすかどうかや、態度で示したり環境を変えたりできるかが重視される。行動や愛の主体的な側面、外部に愛の空間をつくりだすことが強調される。

もうひとつの違いは、思想家や研究者、専門家による愛への取り組み方である。西洋では、分析、分類、整理を通じて、愛が個々の要素に細分化されて説明されるのに対し、東洋では愛という内面的な体験が、全体的な姿勢あるいは現象として探求され議論される。こうした見方が社会全体に伝わり、人びとの愛に対する考え方や捉え方に影響を与える。

違う文化に属する人が恋に落ちると、こうした違いが問題を引き起こすこともある。どちらも愛情を感じているが、表現の仕方が違い、それぞれの文化的な刷り込みに応じた形で愛を理解しようとする。愛の定義は明文化されていないため、最初のうちは違いがあまり認識されない。二人がたがいの愛の定義や、それを表現する方法を探しもとめれば、もっと解放感を味わえるだろう。二一世紀の偉大な思想家・精神分析家のスディール・カカールも、こんな言葉を残している。「愛とはモノではなく、そこにあることである」。

Love is ...

- 愛するというあり方にいたるまでに、四つの段階があらわれる。それは、恋に落ちる、愛されていると感じる、自分は愛されるに値しないと感じる、愛すること自体、という四段階である。
- 他人を愛するには、身を委ねるという発想が欠かせない。そうすればエゴは消え失せる。
- 東洋の文化では「存在」が重視されるのに対し、西洋の文化では「行為」が重視される。これは恋愛の分野でも同じである。

ジャスミート・カウル　Jasmeet Kaur

ニューデリー（インド）で活動する心理療法士にして集団力学の講師である。デリー大学で心理学学士号、カリフォルニア州立大学（アメリカ）で結婚・家族・児童カウンセリング修士号を取得。一九九〇年代初めにインドに帰国し、同国初のカップル療法専門家のひとりとなった。インド応用行動科学学会およびインド家族療法学会の理事会メンバー。二〇一二年にインドで開催された、親密な関係とカップル療法に関する国際会議で議長をつとめた。

100 魔法の処方箋

私たちは、謎と熱狂に溢れた道を歩んでいる

シャオメン・(モナ)・シュー——中国/アメリカ

魔法の薬、秘密の飲み物、魅入られたまなざし——誰もがそんな不可思議な存在を信じたがるものだ。シャオメン・シューが、恋を長続きさせる万能のアドバイス、すなわち魔法の処方箋が世の中にあるのかどうか、つぶさに調べてくれた。

恋愛をめぐる興味深い疑問のひとつは、文化により大きな違いがあるかどうかである。アンケートを用いた過去の研究では、東アジア(中国など)と西洋(アメリカなど)には違いがあり、東アジアの人は恋愛感情を公然と話題にはせず、情熱や感動より、安定や家族の価値といった現実的な利点を強調する傾向があることがわかった。とはいえ、感情をどう表現するかは文化に左右されるため、人びとが実際に経験する恋愛や、その体験を表現する方法に、文化による違いがあるかどうかを判断するのはむずかしい。中国の文化では慎み深さと謙遜が重んじられるため、中国人はアンケートに回答を求められても、自分の感情を大っぴらにしないのかもしれない。他方でアメリカの文化的特徴のせいで、アメリカ人は知らぬうちに感情表現が豊かになりがちなのかもしれない。

脳の活動

この疑問に興味を抱いた私は、アンケート以外の方法で恋愛体験に文化間で違いがあるか調べてみようと考えた。

恋愛初期の状態を神経画像検査で調べた研究は、すでに実施されているが、いずれも欧米人を対象とした研究だった。そこで東洋人を対象に、機能的磁気共鳴画像法（ｆＭＲＩ）を用いて脳の活動に文化による違いがあるか調べることにした。幸い、この研究に手を貸してくれる協力者がいたため、北京で試験をおこなった。その結果、中国人が恋人の写真をみているときの脳の活動は、アメリカ人とほぼ同じであることがわかった。中国人とアメリカ人は恋愛の語り方に大きな違いがあるが、**恋に落ちたときの実際の脳の活動はおおむね同じであると結論づけることができた**。他の研究者はこの知見をさらに発展させ、恋をしたときの脳内の活動に男女間にほとんどちがいはなく、異性愛者でも同性愛者でも変わらないことを明らかにした。したがって、恋愛の表現の仕方や定義には無限のバリエーションがあるが、恋愛体験そのものはきわめて普遍的なものだと思われる。

それぞれのハッピーエンド

私はよく、恋愛関連のアドバイスを求められる。ハリウッド映画風のハッピーエンドを約束する魔法の処方箋を知っていると、思われているのかもしれない。誰であれ恋愛体験自体は基本的に似通ったものだが、何十年もの研究から、恋がたどる道筋に「ただひとつの正解」などないことがわかっている。短期間で激しい恋に落ちる人もいれば、何年もかけてゆっくり恋に落ちる人もいる。ロマンチックな関係は、浮き沈みを繰り返しながら時間をかけて発展することもあれば、昔も今も変わらぬ関係が続くこともある。あなたがたは、手を繋いで公園を散歩し、友達どうしのような愛情を抱き続ける可愛い老夫婦になるかもしれない。結婚後何十年たっても、いまだに片時も離れず寄りそうカップルになるかもしれない。あるいは、多くの友人や家族に恵まれ、大切なパートナーもそうした輪の中のひとりにすぎないかもしれない。さまざまな可能性があり、バリエーションはほぼ無限だが、どんな関係もすべて等しく満ち足りた素晴らしい恋愛像といえる。そのため、**自分の恋愛を他人と比べる際には慎重になる必要がある。**とくに、（現実感に欠ける）映画やメディアの中のカップルと比較する場合はなおさらだ。隣の芝は青くみえるかもしれないが、他人と比べて自分が惨《みじ》めに思える場合、理想像を追い求めても百害あって一利なしかもしれない。恋愛関係の性格やそれが長続きするかどうかは、二人の関係以外の要素（健康上の問題、経済的困窮、その他ストレス因子、トラウマ的な出来事など）を含め、さまざまな問題に影響される。恋愛がうまくいかなかったり、いわゆる普通の恋愛関係と多少違っていても、あなた自身に問題があるとはかぎらない。

恋愛を長続きさせるためのアドバイス

生まれたばかりのロマンスを実らせ、安定した恋愛がその輝きを失わないよう、いくつか一般的なアドバイスを皆さんにお伝えできる。

- 相手を尊重する
- 愛情を注ぐ
- じゅうぶんにコミュニケーションをとる
- おたがいの関係以外に交友関係や支えてくれる繋がりをもつ
- いっしょに楽しめることをする
- それぞれに目標をもち、実現に向けて助け合う

とはいえ、最終的にどうなるか保証してくれる絶対確実なルールなどない。**どんな恋愛もこの世にひとつだけの物語であり、**あなたのストーリーも例外ではない。それを体験できるのはあなただけで、それが正しいかどうかを判断できるのもあなただけなのだ。あなたが今経験しているのは、恋愛という人間の普遍的で根源的な体験だが、同時にそれは謎と熱狂に溢れ、途方もなく大きな意味と幸福をもたらす可能性を秘めた、他の誰とも違う、あなただけの道のりでもあるのだ。だから、精一杯その恋を楽しもう。

Love is ...

- 恋愛の語り方に大きな違いがあるが、恋に落ちたときの脳の活動に男女間でほとんど違いはなく、異性愛者でも同性愛者でも、中国人もアメリカ人も変わらない。
- 恋愛がたどる道は、一人ひとり違う。他人と比べないこと（とくに映画やメディアの中の恋愛と比べない）。
- 恋愛を長続きさせるためのアドバイス。相手を尊重する、愛情をしめす、コミュニケーションをとる、交友関係を広げる、いっしょに楽しむ、目標をもつ。

シャオメン・（モナ）・シュー Xiaomeng〔Mona〕Xu

中国重慶市涪陵に生まれ、五歳でアメリカに渡った。ニューヨークで育ちニューヨーク大学を卒業。同大学でカップル研究所の研究助手を務めるうち、親密関係の研究に夢中になる。二〇一一年にニューヨーク州立大学ストーニーブルック校で社会保健心理学博士号を取得、北京（中国）で中国科学院と共同研究を実施している。

101

恋愛の中のセックス

セックスは愛情の身体的表現である

マーサ・タラ・リー――シンガポール

シンガポールの性科学者マーサ・タラ・リー博士は、セラピーを通じさまざまなカップルに出会う。彼女が与えられる最高のアドバイスは何だろう？「愛情溢れる関係と刺激的なセックスを手に入れたければ、愛に立ち戻る必要がある。愛は質問ではなく、答えなのだ」。

セックスと愛と親密さは、たがいに関係しあうものと考えられている。セックスは一般に愛情の身体的表現とみなされるため、恋愛関係の中ではセックスレスが問題をもたらし、自分は愛され無条件に受け入れられているという感情を抱けなくなることもある。セックスは恋愛で一番大切な要素ではないが、どちらか一方がセックスレスに悩んでいる場合はそれが問題になりかねない。片方が一家の稼ぎ手で、もう一方が主婦（主夫）として経済的に相手に頼っている場合や、カップルがどちらも同じ会社（たいていは自営）で働いている場合など、二人の力関係が対等でない場合には、これがとくに大きな問題になる。それに加えて、当人それぞれが考える男女の役割意識や、パートナーに抱いている暗黙の期待などが絡んで複雑化する。

私は何度か、目の前に座るカップルがみせた愛の証に胸を打たれたことがある。指をからめたり、相手の目をのぞき込んだり、心からの微笑みを浮かべたり。まるで私とのセッションに備えて、無意識に「世界を敵にまわしてもいっしょに戦おう」と確認し合っているように思える。奥深い苦悩を告白するカップルが涙を流し、大声で叫び怒鳴り合うのを、ほぼ何もしゃべらず黙って見守ったこともある。人間がもつ生来の強さには、いつも驚かされる。私自身も最近は、（性的な部分も含め）理想の恋愛関係をクライエントと話し合うのに先立ち、相手がなりたい自分と実際の自分の間で折り合いをつけられるよう手を貸す場面で、最も相手の役に立てることがわかってきた。そこを起点に、クライエントがどんな風に愛されたいかについて理解を促していく。

簡単に言うと段階を踏む必要があり、ありのままの自分のすべてを受け入れて初めて、パートナーと心を通わせることができるのである（内面からの変革）。「他人を愛する前に、まず自分の愛し方を知らねばならない」という格言は、間違いなく真実である。長年の経験をもとに、恋愛にまつわるヒントをいくつかお教えしたい。

1　**自己管理を徹底する。**

自己管理とは、自分の欲求をみたし、体の声に耳を傾け、疲れたら無理をせずに休息をとることを指す。親が子どもを世話するように、自分自身の面倒をみよう。

2　自分を好きになる。

心の中で自分と対話し、うまくいかないときも自分と向き合おう。誰しも自分の価値を認めてくれる相手を探したがるが、まず自分が己を愛し、受け入れてこそ、他人に愛される存在になるということがわかれば、自分への無条件の愛が芽生えてくる。

3　誠実さを忘れない。

関係がマンネリ化し、たがいの存在を当然とみなすようになると、多くのカップルが破綻したり、セックスから喜びを得られなくなったりする。自分がどのくらい満足しているかを偽りなく評価し、二人の関係をさらに育てるため、パートナーと率直に向き合おう。

4　親密さを受け入れる。

自分を守る殻や鎧をとりはらい、本当の己をさらけだして、パートナーと精神的、感情的、性的に結び付こう。おたがいを一から知りなおし、胸や性器などの性感帯を刺激する前に、セックスと関係ない体の部位を探り合ってもいいだろう。

5　感じ良く接する。

身体的、情緒的、心理的なものを含め、あらゆる虐待は親密な関係を損なう。思考や感情を共有できなくなると、セックスの中での親密さや情熱もすぐに消えてしまう。相手を心から褒めて感謝を捧げ、小さな親切を行動にうつせば、親密な関係を長く続け愛を育むことができる。

マーサ・タラ・リー　Martha Tara Lee

シンガポールにあるコーチング企業「エロス・コーチング」創業者にして臨床性科学者。カップルや個人を対象に、性と恋愛に関するコーチングを行い、性教育関連のワークショップを開催し、アジア各地で講演をおこなっている。人間のセクシュアリティに関する高等研究所で博士号を取得。カウンセリング、ライフコーチング、セックスセラピーの資格ももつ。

102

もしもからだが話せたら

愛は、排他的なものでも、永遠に続く無条件なものでもない

バーバラ・L・フレドリクソン――アメリカ

愛とは何か？　世界中の人がこの質問に無数の答えを出すだろう。その答えには得てして、彼らが育った文化や恋愛に関し各々が学んだ独自の教訓が反映される。だが、もし私たちの体が言葉を話し、愛の定義を語ることができたらどうだろう？　バーバラ・L・フレドリクソンが、「LOVE2.0」という新たなアプローチを提案する。

私は人間の感情を探求する研究者として、からだが愛をどう定義するかはとりわけ重要な問題だと考える。それを明らかにするため、大切にされてきたこの力強い感情が、父祖の代から数千年の間にどう進化したか、また愛が私たちの気付かぬうちに、人のからだにどんな影響を与え続けているかを研究している。

あらゆる幸せの瞬間には――それが熱意や誇り、喜びの爆発であれ、感謝、ひらめき、平穏など穏やかな形で訪れるものであれ――物の見方を広げるという共通点がある。気分が良いと、文字どおり視界が広がり、周囲の全体像を捉えられる。意識が拡張するこうした瞬間を通じて、私たちは

役に立つ特質に気づき、有意義な習慣を身に付け、それらにもとづいて、人生が必ずもたらす課題に対処できるのだ。言い方を変えると、ポジティブな感情は一時的なものだが、それには重要な価値がある。それは、私たちの展望を広げ、生きのびるための資源を与えてくれる。こうした人間の進化に資する論理を、私はポジティブな感情の拡張‐形成理論にまとめあげた。

ポジティブな感情を分かち合う

ひとりきりの時間に、良い気分になることも多い。自分ひとりでやり遂げたことで、達成感とプライドが生まれる。パズルやゲームに興じていろいろな角度から問題を考えるうちに、気付くと夢中になっていたりする。あるいは、他人といっしょにいる中で幸せを感じることもある。食料品店で会計をするとき、買い物かごの中にある、人間の顔を思わせる不格好なトマトと目が合って、思わずレジ係と笑い出したり、郵便受けに手紙を取りに行く途中で、久しぶりに近所の人にばったり出くわし、立ち止まって話したり。数分も経つと、おたがい興味のある話題をめぐり、活発に情報をやりとりしている。職場では、チームメートといっしょに達成した成果を、抱き合ったりハイタッチしたりして喜ぶ。朝のジョギングの途中で、ランニング仲間とにっこり笑ってうなずき合い、たがいに素敵な一日を過ごせるよう願う。長い旅行を終えて帰宅した我が家で、家族と長い抱擁を交わす。あらゆるポジティブな感情は、意識を拡張し形成して、人間をより良い存在に変化させるが、**その感情を他人と分かち合う瞬間には特別な意味がある。**そうした時間には、私たちの成長や幸福、健康をいっそう深く幅広く促す力があるようだ。

これが、私が考える愛である。からだの視点に立つと、愛とは、自分と他者がポジティブな感情を介して結び付く無数の瞬間に生まれるものだ。二人以上の人が同時に――喜びや興味、平静さ、ひらめきなどを――分かち合うことで、あらゆるポジティブな感情を即座に、愛情溢れる瞬間に変えることができる。ポジティブな感情の共有により、ポジティブさがたがいに共鳴する状態が生まれ、自分の幸せな感情が相手に幸せをもたらし、それが引き金となって自分にもさらなる幸福が返ってくる。

同調性

愛を感じる瞬間には、ポジティブな感情の共有以外に、行動や内面の一体性と同調性もみられる。二人以上の人がポジティブな感情を共有すると、相手のしぐさや内面の生理状態を模倣しはじめ、目にみえない部分も含めて「一体として」行動するようになる。また、短い間ながら真剣に相手の幸せを願って力を尽くすようになる。互いを思いやり面倒をみるようになるのだ。

愛とは、人と人の間でポジティブさやたがいへの思いやりが生物学的・運動学的な形で響き合う、人間の最も高次な感情だと私は考えている。**こうした結び付きの瞬間は、私たちの健康、幸福、精神的成長を促す栄養分のようなものだ。**

こうして愛に対して新たな見方をすることで、生命のもとになるこの心身状態を体験する無限の可能性が開ける。愛は、絆を共有するほんの一握りの人に対して抱く希有な感情などではなく、私たちと他者（見知らぬ人を含め）の間に築かれる、すべての瞬間的でポジティブな関係性の中に見出される。したがって愛は、排他的なものでも、永遠に続く無条件なものでもなく、一定の条件を満たすあらゆる対人的な結び付きに活力を吹き込むことができる、無限に再生可能な資源である。この一定の条件には、安心感、物理的・時間的な共存性、それに何より重要な点として、直接顔を合わせてのアイコンタクトがあげられる。愛の前提条件への理解を深めれば、愛は必ずしも気まぐれでとらえどころがないものではないと実感できる。これが、私が著書『LOVE2.0　あたらしい愛の科学』（青土社）を通じて伝えようとしていることだ。練習を積めば、いつでも思いどおりに愛を生みだし、そうする中で、自分自身と関わる相手の双方を健康や幸福、さらなる高みへと導くことができる。

Love is ...

- ポジティブな感情は私たちの意識を拡張し形成し、より良い自分へと変化させる。
- からだの視点に立つと、愛とは、自分と他者がポジティブな感情を介して結び付く無数の瞬間に生まれるものだ。
- 愛は、一定の条件をみたすあらゆる対人的な結び付きに活力を吹き込むことができる、無限に再生可能な資源である。

バーバラ・L・フレドリクソン　Brbara L. Fredrickson

ノースカロライナ大学（アメリカ）心理学教授、同大学ポジティブ情動・精神生理学研究所所長。ポジティブな感情と人間の繁栄に関する分野の第一人者である。米国国立衛生研究所の資金を得たその研究は、教育・ビジネス・保健分野の世界の研究者や実務家に影響を与えている。査読付き雑誌に一〇〇本以上の論文を発表、多くの共著に加え著書として国際的なベストセラー『ポジティブな人だけがうまくいく3：1の法則』（日本実業出版社）、『LOVE2.0　あたらしい愛の科学』（青土社）を刊行している。

103

愛に定年はない

愛を伝える言葉は声に出して言うべき前向きな言葉だ

カーリナ・マータ——フィンランド

愛があれば、年齢を気にしたり、しわを数えたりしない。むしろ逆に、年齢を重ねるにつれて愛の大切さをいっそう深く意識するようになる。人間の感情や、社会的・精神的能力も必ず老いていくわけではない。カーリナ・マータ教授は、ラップランドでの徹底的な調査を通じて、愛を長続きさせる七つの秘訣を見出した。

若い恋人たちは誰もが、この愛が永遠に続くと信じている。だが離婚率は高い。他方で長く添い遂げる夫婦もいるが、彼らにはどんな秘訣があるのだろう。私は、長年連れ添ってきたフィンランド人の夫婦一〇〇組にこの質問を投げかけた。ここでは、彼らが別れない理由とそのためのノウハウを紹介したい。

添い遂げる四つの理由

1　みち足りた関係は健康に良い。

夫婦関係がうまくいっているカップルは、より健康であるだけでなく長生きしている。さらに、みち足りた関係は、ストレスから身を守る効果的な盾の役割も果たしているようだ。孤独、親密な関係の不足、信頼できる話し相手がいないなどの状況は、健康上のリスクをもたらす。

2　夫婦が円満なら子どももすくすくと育つ。

円満な夫婦関係は、子育ての大切な前提である。夫婦の関係性が子どもの幸福や安心感、バランスのとれた発育に繋がるため、両親が仲良く過ごすことが重要になる。

3　競争が激しい能力主義の社会では、円満な夫婦関係を通じて親密さを感じられる。

人間関係が狭まり希薄化する中で、親密な関係の魅力が高まっている。人びとは親密さ、愛情、プライバシーを求めており、親密な夫婦関係はこの欲求をじゅうぶんにみたす。家庭がうまくいっていれば、仕事に集中でき、生活のあらゆる場面で実力を発揮しやすくなる。

4　夫婦仲が良ければ、つらい離婚を経験せずにすむ。

離婚が増えたからといって、離婚自体は気楽にできるものではない。離婚はつらく悲しい体験である。別れたからといって、自分を責めてはいけない。離婚が、唯一の正しい解決策である場合もある。

七つのステップ

1　違いを認め、変化を受け入れる。

誰でも自分の思いどおりのライフスタイルを築き、相手に合わせてもらうほうが楽だろう。だが夫婦両方がたがいの個性や違いを認め、さらには相手がそれらを発揮できるよう促せれば、夫婦関係がうまくいくだろう。変化を受け入れるには、妥協や柔軟性、交渉が必要だが、何もすべての点で譲歩する必要はない。どの問題なら妥協できるか、はっきりさせておくこと。自分を犠牲にしてしまっては、みち足りた暮らしは手に入らない。

2　毎日の暮らしを楽しむ。

人生を生き抜き、成功をおさめるには、毎日の生活を受け入れることが大切になる。日々の暮らしには誰もが手に入れられる宝物が山ほど隠されているが、壮大な体験や贅沢な娯楽ばかり追い求めていると、宝をみつけるのは簡単ではない。平凡な日常なしにハレの日はなく、悲しみを知らずに歓喜の瞬間を味わうことはできない。それどころか、誰もが仕事に追われ疲れきっている日常の中で、愛こそ何よりかけがえのないものかもしれない。家庭内では子どももおとなも――わけても、愛される資格などないようにみえるときこそ――愛を必要としている。

3　愛を伝え相手を幸せな気分にする。

恋人たちは、称賛と感謝の気持ちを込めてたがいにみつめ合う。相手を何度でも繰り返し、幸せで明るく軽やかな気持ちにするにはどうすればいいのだろう。「ありがとう」「こんなすてきなことをしてくれるなんて」「あなたって素晴らしいわ」「あなたは大切な人」といった前向きな言葉は、愛を伝える魔法のフレーズだ。感謝と称賛の思いを胸にしまっておく必要はない。何度口にしても、そうした気持ちがすり減ったり、感謝の言葉自体の効果が失われることはないだろう。どれほどささやかなものでも、ポイティブなしぐさは相手を元気づけ、明るい雰囲気を生みだすことができる。

4　積極的に相手に働きかける。

仕事は、集中して取り組まなければ成果をあげられない。結婚もそれと同じで、相手との関係に時間をさき、積極的に関わろうとする意志によって、長続きする結婚生活が保証される。この積極的な関わりを通じて、夫婦は生涯添い遂げるという約束をたがいに信じることができ、その信頼が強さに変わる。確かな愛は、行く手に広がる未来に目を据える。日々の暮らしと輝かしい夢を分かち合う夫婦は、同じ未来を見つめている。

5　自分を好きになる。

内面のバランスがとれていれば、他人のミスや欠点を受け入れやすくなる。カップル双方が自分らしくいられれ、ありのままの自分に満足できる。調和のとれた親密な関係では、相手がそばにいてくれるという揺るぎない信頼感がカップルにとって財産となり、たがいに自信や自尊心をもてる。これにより、夫婦ともに自分の人生をコントロールする力が高まる。

6　苦難を分かち合う。

恋愛において、相手からのなぐさめや支えはかけがえないものだ。夫婦がたがいに相手をなだめ、寄り添い、新たな展望を示し、どんなに耐えがたい状況に置かれても立ち直り、より良い人生を求める心構えがあれば、その結婚は長続きするだろう。二人で担うことで、重荷が軽く思えることさえある。

7　意見の食い違いを受け入れ、解決する。

完璧な人などいない。誰であれ、口論や意見の衝突は避けられない。二人が仲良くやり、避けがたい対立をどんな形で耐えしのび、解決できるかが大切になる。長く続く夫婦は、喧嘩している時間より仲むつまじく過ごしている時間のほうが長い。楽しいことの方が多いかぎり、何か問題が起きてもやがて消えていく。そのため結婚生活では、いっしょに楽しめることをみつけ、かけがえのない時間をつくったり、少し遠出をしたりして、夫婦愛をどちらにとっても魅力的なものにすることが大切である。

Love is ...

- 人間の感情や、社会的・精神的能力が老いることはない。年齢を重ねるにつれて愛の大切さをいっそう深く意識するようになる。
- 生涯添い遂げたほうがいい理由は、いくつもある。健康や子どもの成長にプラスに働き、能力を発揮しやすくなり、つらい離婚を経験せずにすむ。だが、夫婦いずれも自分を犠牲にしてはならない。
- 七つのステップは、円満な夫婦関係を促す。変化を受け入れ、毎日を楽しみ、愛を伝え、積極的に関わり、自分を好きになり、苦難を分かち合い、意見の対立を受け入れること。

カーリナ・マータ　Kaarina Määttä

ロバニエミ（フィンランド）のラップランド大学教育学部教育心理学教授。テレビやマスコミへの度重なる出演から、国内では「愛の先生」として知られる。長年、多数のフィンランド人の体験にもとづきさまざまな形の人間関係・恋愛関係を研究してきた。愛をテーマにフィンランド語と英語で数々の論文を執筆し、『恋愛の魅力』、『中高年の愛』、『結婚を長続きさせる秘訣』など八冊の著書を発表している。

104

愛について私たちが知っていること

人間関係はすべて一時的なものだ。一番楽しい時期が、ずっと続くわけではない

エレン・バーシェイド――アメリカ

エレン・バーシェイド教授は一九三六年に生まれ、人が恋に落ちる理由とその過程の研究に生涯を費やしてきた。一九七四年、アメリカのある上院議員がこんな「馬鹿げた研究」のために大学に資金を支給するのは恥ずべきことだと批判したが、バーシェイドはあきらめず、国際的に高く評価された研究によって著名な賞を受けた。第一線を退いた彼女は今回、こんなコメントを寄せてくれた。「専門家として文章を書くのは、この本への寄稿で最後にするつもりです。一〇〇〇ワード以内でと言われてがんばりましたが、結局一〇五八ワードになりました。そちらで自由に編集してください」。だが、一字たりとも手を入れていない。つまるところこれが、愛について私たちが知っていることだ。

私は五〇年近く、人間関係の理解を中心に、社会心理学を研究してきた。ほとんどの研究者は、二人の人間が、思考や感情、それに第三者にも容易にみてとれる態度を含め、たがいの行動に影響を与え合っている場合、その二人は恋愛関係にあると考える。パートナーどうしがたがいに大きな影響を及ぼしている、すなわちたがいの依存性が高い場合、それは親密な関係とみなされる。恋愛

関係がなぜどのように生まれるのか、長続きする関係もあれば途切れてしまう関係もあるのはなぜなのかを含め、親密な関係を理解し、これにともなうさまざまな現象を読み解くには、その中で最も魅力的な現象のひとつである愛を理解する必要がある。

私たちは、パートナーとともに経験する自分の思考や気分、感情、その他の行動を指して「愛」という言葉を使う。だが研究により、愛という言葉を誰ひとりとして同じ意味では使用していないことが証明されている。「愛」という言葉の意味（それが表現する感情や思考）は、人によって違うだけでなく、ひとりの人間の中でも、その言葉が使われる関係に応じてまったく異なる意味をもつことがある。同じ人間関係の中でも、使うたびに「愛」という言葉の意味が変わることもある。愛という言葉がもつ無数の意味が、しばしば恋人たちの間に誤解を生む原因になっている。彼らは、相手が口にする「愛している」という言葉が、自分が思うのとは違う意味をもっているかもしれないなどと、考えもしない。

ロマンチックな愛

「愛」という言葉の意味が流動的であるため、研究者は、人間がこの言葉を使う状況にみられる共通点を明らかにしようとし、さまざまな種類の愛をあらわす分類法を提案してきた。とくに目を惹くのは四種類の愛であり、そのうちのひとつで、ほぼすべての分類法に必ず含まれる愛のカテゴリーとして、ロマンチックな愛があげられる。この愛は、「情熱的な愛」「官能的な愛」「恋愛」と呼ばれることも多い。

ロマンチックな愛は一般に、関係が始まって間もない時期に生まれる。この時期には、二人に関係を続ける意志があるかはっきりせず、どちらも相手への性的欲求を感じている。性的欲求は、ロマンチックな愛に欠かせない要素だと考えられる。すなわち、相手に性的な魅力を感じない場合、私たちはその人への感情をロマンチックな愛と呼んだり、自分は今恋に落ちていると言ったりしない。性的欲求は不可欠だが、それだけではロマンチックな愛と呼ぶには不十分である。性的欲求に加え、友愛的な愛という別の種類の愛も必要であることが、研究によって証明されている。

友愛的な愛

友愛的な愛はときに、「友情」あるいは単に「強い親近感」とも呼ばれる。この種の愛は、興味の対象や経歴などの共通点、その他の類似点を基盤として生まれる。私たちが相手への性的欲求と同時に強い親近感も感じる場合、自分はその人に「恋している」と言うことが多い。二人に共通点があるかぎり（たいていあるものだが）、友愛的な愛はかなり安定的に維持される。しかし性的欲求は、時とともに目新しさが薄れて相手の気持ちへの不安が消え、親しい間柄に付きものの喧嘩が増えるにつれ、衰えていくようにみえる。くわえて恋人たちが年をとると、生物学的な変化により性的欲求が薄れることもある。残念ながら中には、パートナーへの性欲減退を自分自身や相手に問題があるせいとみなしたり、二人の関係がうまくいっていないせいだと考える人もいる。だが実は、若い頃のような性欲をいつまでも維持できるのは非常にまれなことだ。一般には、ロマンチックな愛はしだいに色褪せ、二人の関係を長続きさせる上で別の種類の愛が重要な意味をもつようになる。そのひとつが、よく見落とされてしまう共感的な愛である。

共感的な愛

共感的な愛は、ときに「世話をする愛」「利他的な愛」「無私の愛」などと呼ばれ、相手の幸せを願い、たとえ自分が犠牲を強いられたり、相手に対する好意がまったくなくても、パートナーを支え手助けし、相手の苦痛を和らげようとする姿勢を指す。こうした相手を支える行動は、一般に恋愛関係の初期や友人関係などの関係性の中でみられるが、相手との衝突や、あまりに頻繁に犠牲を払って相手を世話することにしだいに嫌気がさす結果、時とともに愛が薄れることもある。私たちはたいてい、相手との関係を通じ自分が幸せになれると信じて親密な関係を続けるため、相手が自分の幸せにほとんど配慮せず、ときにそれを損なうような対応が何度も繰り返されると、二人の関係は終わってしまうだろう。

愛着的な愛

共感的な愛は、もうひとつの理由から、関係を長続きさせる上で重要な役割を果たす。共感的な愛を経て、やがてパートナーに対する愛着的な愛が芽生えることがあるのだ。人間は生物学的な仕組みにもとづき、自分を世話し守り、快適さを与えてくれる相手と愛着の絆を形成するようにできている。愛着的な愛は長い時間をかけて育まれ、相手の知らないうちに芽生える感情だが、いったん絆が形成されると、ロマンチックな愛や友愛的な愛が消えたあとも残り続ける。相手に長年慣れ親しみ、その人からずっと保護され大切にされた過去があるというだけで、愛着的な愛が生まれる。この絆の存在はとりたてて意識されないため、多くの人が、もはや相手への愛情もなく、それどころか激しい憎しみさえ抱き、離婚などの手段で距離をおいたのに、金輪際縁を切ったとたんに辛さを味わって驚かされる。

まとめると、人間関係はすべて一時的なものだ。二人の関係の基盤となる社会・物理的環境の変化や、彼ら自身の生物学的な変化などにより、関係性は時とともに変わっていく。そのため、二人の間にある愛の種類や強度も少しずつ変化していく。残念ながら、一番楽しい時期——多くの恋人たちにとってはロマンチックな愛が最も激しく燃えさかっている時期——がずっと続くわけではない。付き合いの長いカップルの場合、二人が幸せと安心を手に入れる上で、友愛的な愛、共感的な愛、愛着的な愛がもたらす居心地の良さがしだいに大きな重要性をもつようになるだろう。

Love is ...

- 「愛」という言葉の意味は、人によって違い、ひとりの人間の中でも、その言葉が使われる関係に応じてまったく異なる意味をもつ。
- 愛は大きく四種類に分けられる。ロマンチックな愛、友愛的な愛、共感的な愛、愛着的な愛である。
- 人間関係はすべて一時的なものであり、二人の間にある愛の種類や強度も少しずつ変化していく。

エレン・バーシェイド　Ellen Berscheid

社会心理学者。一九六五年にミネソタ大学（アメリカ）で心理学博士号を取得後、同大学で研究を続ける。夫の死をきっかけに、二〇〇五年から徐々に仕事を減らす。ミネソタ大学心理学名誉教授として二〇一〇年に完全に引退した。研究テーマは、対人魅力に関係する現象を中心とする親密な人間関係。『現代社会心理学の動向5 対人的魅力の心理学』（誠心書房）の著者であり、愛に関して多くの論文を執筆している。アメリカ芸術科学アカデミーのフェローに選出され、アメリカ心理学会優秀研究者賞など多くの賞を受けている。

親愛なるレオ

専門家として文章を書くのは、この本への寄稿で最後にするつもりです。今の私の生活は、学術的な研究にそぐわないからです。素晴らしい本を読むのに加え、二匹の犬の世話をし、バラを食い荒らす害虫、ベゴニアを食べるシカ、それに敷地内の湖の岸辺に生い茂るクロウメモドキを退治する――そんな暮らしを送っています。今までゆっくり読書する時間もありませんでした。健康管理や家周りの用事に追われる中、近くに住む家族に会うくらいで、あとはほとんど時間が残りません。私の研究を褒めて頂きありがとうございます。『世界の学者が語る「愛」』の成功を祈っています。今回私に執筆を依頼して下さったことに、感謝します。

エレン

訳者あとがき

親子愛とか人類愛とかはとりあえず措いておいて、いわゆる恋愛について振り返ってみると、日本人がLOVEというものを知ったのは明治時代のことである。初めてLOVEという概念に接した当時の日本人は、それが従来の日本人の性愛とはずいぶん違うものであることを思い知った。

明治維新以前、「愛」という言葉はあまり使われなかったようで、使われたとしても、もっぱら子どもに対する親の愛について用いられた。

「愛」は、訓読みだと、「いと（しい）」とか「め（でる）」とか「う（い）」などと読む。これらは「やまとことば」である。これを「愛」にあてはめたのである。それに対して「アイ」というのは音読み、つまり日本にはなかったものだ。そのため、千年以上経った現在でも、まだ日本に溶け込んでいるとはいえない。それが証拠に、「愛する」「愛している」という表現は、あらたまって言うときにはいいのだが（文章に書くときとか）、私たちが日常的に気楽に口にする言葉ではない。ちょっと照れくさい言葉である。いわば、まだ「身についていない」のだ。

江戸時代以前には、いわゆる恋愛に関しては、「惚れる」「色」「恋」といった言葉が用いられたようだ。「恋愛」という言葉が広く使われるようになったのは明治二〇年代のことである。

だから現代でも、LOVEを日本語に訳すとき、「愛」と訳すべきか、「恋愛」と訳すべきか、悩むことも少なくない。make loveとなると、ご存じのようにセックスを意味するが、愛のないセックス（ゆきずりのセックスとか、金を媒介としたセックスとか）をmake loveとはいわないから、面倒臭い。

江戸時代以前の日本におけるLOVEが西洋のLOVEとどれくらい似ていて、どれくらい違ったのかという問題は、簡単には述べられないので、ここでは触れないが（興味のある方は、ヨコタ村上孝之『性のプロトコル――欲望はどこからくるのか』〔新曜社〕などを参照されたい）、いずれにせよ、いろいろな違いはあれ、昔も今も、西洋にも東洋にも、LOVEはある、ということは間違いないだろう。

だが、愛とは一体何なのかとなると、明確に語れる人はあまりいないだろう。

世の中には、人間にとって重要なものであることはわかるが、それが本質的にどのようなものであるかはよくわからない、というものが少なからずある。幸福とか、善悪とか、正義とか。

愛もそのひとつだろう。ひとりで考えてもよくわからないので、とりあえず誰かが書いていることを読んでみよう、ということになる。プラトンの『饗宴』とか、スタンダールの『恋愛論』とか、現代であればエーリッヒ・フロムの『愛するということ』とか。だが、それらはひとりの人間が愛について論じたものだから、読んだ後も、「なるほど、これですべてがよくわかった」というふうにはならない。

そこで、世界中の100人ほどの学者を総動員して、さまざまな角度から「愛」を論じてもらおうという発想から生まれたのがこの本である。同じ編者による『世界の学者が語る「幸福」』の続編である。

私に言わせれば、幸福と愛を比べると、愛のほうがわかりにくい。幸福は主観的な心理状態で、いわば快感と結びついている。幸福感は一種の快感である。だが、愛は苦しみを伴う。誰かを好きになると、幸福にもなるけれど、この愛を失ったらどうしようという不安に付きまとわれたり、会いたいのに会えなくて苦しかったりする。

そのよくわからない「愛」というものが、本書を読めばすっきりわかる、と言いたいところだが、残念ながら、そうは言えない。

でも、専門分野の異なる大勢の学者の言葉を読むと、愛という曖昧模糊としたものの輪郭がぼんやりと見えてくるのはたしかだ。

ポール・マッカートニーが作曲して、ピーター&ゴードンが歌った『愛なき世界』という歌があるが、愛なき世界とは地獄の別名であろう。ジョン・レノン（たぶん）が作曲したビートルズの『愛こそはすべて』という歌がある。果たして「すべて」かどうかについては、人によって意見が分かれるところであろうが、愛が人生にとって、あるいは人類にとって、最も重要なもののひとつであることについては、反対する人はいないだろう。

平凡な言い方だが、私たちは生涯、「愛」と付き合って生きる。誰でも、一生の間にさまざまな愛を経験するはずだ。だからそれについて考えないよりも、ちょっと考えてみるほうが、よりよい人生が送れるはずである。愛について深く考えれば、より深い愛が経験できるかもしれない。愛について考えるとき、この本が多くのヒントを与えてくれるだろうと思う。

本書を翻訳している途中で、訳者は最愛の妻を失い、しばらく仕事ができなくなってしまったため、一部、翻訳家の森脇陽子さんと森田由美さんにお手伝い頂いた。記して謝意を表します。

鈴木　晶

©Yann Bertrand

■編者

レオ・ボルマンス（Leo Bormans）

1954年生まれ。ベルギーの著述家。「幸福とQOL（生活の質）の国際親善大使」と称される。20年以上、ベルギー政府のために、主体的市民権（市民参加による新しい地域共同体づくり）、積極的コミュニケーション、積極的ジャーナリズムなどに取り組んできた。数年間ユネスコの仕事をした他、ブリュッセルのマティルド皇妃財団の理事をつとめている。2012年、ヘルマン・ファン・ロンパウ（元ベルギー首相、EU欧州理事会の初代常任議長）は、新年の特別プレゼントとして、オバマ大統領をはじめ、世界各国の首脳に『世界の学者が語る「幸福」』（西村書店）を贈った。贈られた人のひとり、コフィー・アナン（元国際連合事務総長）は同書に感動し、著者と共同で、青年たちの国際会議を組織した。2013年、第1回「国際幸福デー」に際して、国連およびブータン大使館の協力を得て、ブリュッセルで大規模なイベントを催した。イベントには500人が参加したが、うち14人は各国の大使だった。そうした派手な催しを組織する一方、「ごく少数の幸せな人たち」だけでなく「すべての人に幸福を」というモットーのもと、特殊なグループ（麻薬中毒者、問題を抱えた若者、老人、知的障害者など）を対象としたワークショップにも数多く関わっている。2013年、本書の刊行と同時に、ブリュッセルとアムステルダムで「愛に関する国際会議」を開催した。本書は最初オランダ語で出版されたが、すぐにフランス語版とドイツ語版が出版され、ロシア語版、イタリア語版も近刊の予定。最近は「幸福のスポット」に力を入れており、自分にとっての幸福の場所とはどこか、それは近くか遠くか、についての大規模な調査を進めている。

■訳者

鈴木 晶（すずき・しょう）

1952年生まれ。法政大学教授、早稲田大学大学院客員教授。専門は精神分析学、舞踊史。翻訳家でもある。東京大学文学部ロシア文学科卒業、同大学院博士課程満期修了。著書に『グリム童話』『フロイト以後』（以上、講談社現代新書）、『フロイトからユングへ』（NHKライブラリー）、『ニジンスキー　神の道化』『バレエ誕生』『バレリーナの肖像』『オペラ座の迷宮』（以上、新書館）など多数。訳書はフロム『愛するということ』（紀伊國屋書店）、キューブラー・ロス『死ぬ瞬間』（中公文庫）、ゲイ『フロイト』（みすず書房）など100冊を超える。

世界の学者が語る「愛」

2017年9月20日　初版第1刷発行

編　者　　レオ・ボルマンス
訳　者　　鈴木 晶
発行者　　西村正徳
発行所　　西村書店　東京出版編集部
〒102-0071 東京都千代田区富士見2-4-6
Tel.03-3239-7671　Fax.03-3239-7622
www.nishimurashoten.co.jp
印刷・製本　中央精版印刷株式会社

ISBN978-4-89013-777-0